新时代
科技
新物种

5G+
BUSINESS
MODEL
GENERATION

# 5G+
# 开启商业模式新生代

胡世良　著

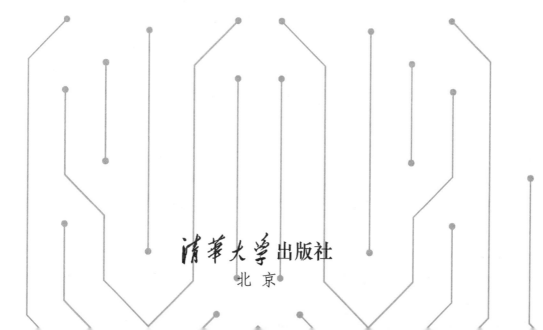

清华大学出版社
北京

## 内 容 简 介

本书在业界首次提出 5G 商业模式七要素模型和 5G 常见的七大商业模式，提出面向客户提供以 5G 数字化平台为核心的 5G 整体化解决方案是 5G 商业模式创新的核心。

本书分为 4 篇共 15 章，以 5G 商业模式七要素模型为核心，结合大量真实案例和行业数据，对 5G2C、5G2B 商业模式进行全面剖析，并重点对 5G+ 工业互联网、5G+ 智慧医疗、5G+ 智慧物流、5G+ 智能电网、5G+ 智慧港口等重点行业商业模式进行分析。

5G 商业模式是当前行业关注的热点，本书的面世对推动我国 5G 高质量发展具有重要价值。本书能帮助读者更加全面地了解 5G 商业模式，是一本读懂 5G 商业模式的必备图书。

本书非常适合行业监管部门、5G 运营企业、科研院所等单位的管理人员、研究人员以及对 5G 商业模式感兴趣的读者阅读。

**图书在版编目（CIP）数据**

5G+：开启商业模式新生代 / 胡世良著 . —北京：清华大学出版社，2021.8
（新时代·科技新物种）
ISBN 978-7-302-58011-9

Ⅰ.①5⋯　Ⅱ.①胡⋯　Ⅲ.①人工智能－应用－商业模式　Ⅳ.①F716-49

中国版本图书馆 CIP 数据核字 (2021) 第 092371 号

责任编辑：刘　洋
封面设计：徐　超
版式设计：方加青
责任校对：宋玉莲
责任印制：宋　林

出版发行：清华大学出版社
　　　　　网　　址：http：//www.tup.com.cn，http：//www.wqbook.com
　　　　　地　　址：北京清华大学学研大厦 A 座　　　邮　　编：100084
　　　　　社 总 机：010-62770175　　　　　　　　　邮　　购：010-62786544
　　　　　投稿与读者服务：010-62776969，c-service@tup.tsinghua.edu.cn
　　　　　质 量 反 馈：010-62772015，zhiliang@tup.tsinghua.edu.cn
印 装 者：三河市国英印务有限公司
经　　销：全国新华书店
开　　本：170mm×240mm　　　印　　张：19.25　　　字　　数：320 千字
版　　次：2021 年 8 月第 1 版　　　印　　次：2021 年 8 月第 1 次印刷
定　　价：89.00 元

产品编号：090543-01

# 前 言————————

## 商业模式的成功才是5G
## 真正的成功

当今世界，5G已成为全球各国必争之地，我国也将5G上升为国家战略。5G不仅是一次信息通信技术的升级换代，更是一场影响深远的全方位变革，推动着万物互联时代的到来。

自2019年6月6日我国5G牌照颁发以来，在国家政策的大力支持下，在产业各方共同努力下，我国5G发展走在了世界前列，5G网络建设加快推进，5G技术创新持续开展，5G终端日益丰富，5G终端销售不断增长，5G应用更是落地开花，有效助力传统行业数字化转型，改变我们的生产和生活方式，为经济社会的高质量发展注入了新动能。

2020年突如其来的新冠疫情打乱了社会经济的正常节奏，对我国经济发展产生了严重影响。经济发展稳步恢复。在应对这次疫情危机中，以5G为代表的新一代信息通信技术在抗击疫情中大放异彩，展示出巨大的发展潜能和广阔的发展前景，并进一步加速了5G应用创新和落地。如今，5G在工业制造、医疗、教育、交通、物流、新媒体、农业、金融、港口、能源、车联网、智慧城市等社会各个行业得到广泛应用，5G赋能千行百业、服务大众的步伐不断加快，"5G+智慧工厂""5G+智慧医疗""5G+智慧港口""5G+智慧煤矿""5G+智能电网"等一大批5G行业标杆不断涌现，5G赋能产业的应用范围不断扩大、程度不断深化、水平不断提高，5G 正成为推动经济社会发展和数字化转型的重要力量。

每一代信息通信技术的发展，都将对人类社会生活产生深远的影响。我们要把 5G 发展好，不仅要坚持网络建设适度超前，形成"以建促用、以用促建"的 5G 良性发展模式，更为重要的是多考虑 5G 商业模式。可以说，商业模式的成功才是 5G 真正的成功。

5G 商业模式的创新在很大程度上决定着企业的成败兴衰，决定着 5G 产业的发展和繁荣。如果 5G 技术创新与商业模式创新能很好地结合起来，必将推动 5G 爆发式增长，必将引爆一场轰轰烈烈的变革，推动人类社会的进步和发展。

那什么是 5G 商业模式？5G 商业模式发展现状如何？应该如何进行 5G 商业模式创新？这些是行业关注的热点问题，如能很好地回答这些问题，对加快我国 5G 高质量发展具有重要的现实意义。

正是本着这一想法，我在两年多前就开始思考 5G 商业模式这一问题，翻阅了大量资料，参加论坛、聆听诸多领导、专家的深刻洞见，深入一线，走访调研，也亲身经历了我国 5G 发展的历程。经过深思熟虑，我创新地提出 5G 商业模式七要素模型，这七大要素分别是：战略定位、产品服务、价值主张、生态系统、运营系统、核心能力和盈利模式，它们共同构成 5G 商业模式的全部内容，并进一步指出，看 5G 商业模式是否成熟、是否有创新性不能只看眼前利益，不能只看盈利模式，更不能因为盈利模式一时不清晰而对 5G 发展失去信心、失去耐心，而应该抓住 5G 商业模式的本质，从 5G 发展的长期性、盈利性、产品服务创新性、平台的影响力、生态系统的健康性等方面系统地把握和推进。可以说，这为我们拨开 5G 商业模式迷雾，以及更好地开展 5G 商业模式创新指明了方向。

5G 是新基建之首。随着我国新基建、5G 商用进程的大力推进以及产业链各方协同努力，5G 加速与社会各行各业的深度融合，我国 5G 正呈现蓬勃发展之势，5G 的发展和赋能促进了各类新业态、新产业、新模式不断涌现，为信息消费市场释放了强劲动能，对扩大内需形成了拉动作用。随着 5G 的发展以及 5G 与云计算、大数据、人工智能、物联网、区块链等技术的融合，一方面 5G 为推动产业数字化转型、新旧动能转化带来非常好的机遇；另一方面 5G 必将催生出更多新的商业模式。

从目前我国 5G 发展来看，5G 商业模式正按照七要素模型的框架在演进、在发展。总体来看，我国 5G 商业模式创新只能算是及格，离商业模式成功尚有差距，还存在一些问题有待实践中不断完善，这些问题概括起来主要有：5G 网络覆盖范围有限，5G 套餐价格偏高，面向 5G2C 市场缺乏杀手级的应用，面向 5G2B 市场产品和服务还停留在提供网络连接这一层面，面向 5G2B 市场数字化平台开发建设运营还有很长的路要走，5G 面向垂直行业应用市场不温不火，5G2B 市场还没有得到规模化发展，仍处于发展的起步阶段；5G 终端价格偏高，行业终端生态尚未形成；5G 跨界融合还有门槛，多元化的盈利模式尚未形成；5G 产业发展在半导体芯片、关键电子元器件等方面还存在"卡脖子"难题，5G 产业链、供应链的安全性面临全球国际市场环境变化的风险依然存在；5G 发展投入大、见效慢还没有改变，等等。这些问题是客观存在的，解决这些问题最好的办法就是发展，要从推动技术和市场的相互促进、调动全社会的创新力量、打造现代化产业链等方面系统推进，我们相信做到这些，5G 发展就一定会取得成功。

当前，我国 5G 正呈现蓬勃发展之势，在推进社会经济高质量发展、促进数字经济发展中发挥了重要作用。但我国 5G 发展现在以及未来 2～3 年内仍处于导入期，5G 商业模式要取得成功，更是"长跑"，仍需要我们不断实践、不断探索，而不能急于求成。

本书以 5G 商业模式七要素模型为主线，共分四篇 15 章。第一篇为基础篇，主要介绍 5G 发展的意义和我国 5G 发展现状及面临的挑战；第二篇为模式篇，主要介绍 5G 商业模式七要素模型和 5G 常见的七大商业模式，并分别对 5G2C 商业模式、5G2B 商业模式进行分析；第三篇为行业篇，重点介绍 5G+ 工业互联网、5G+ 智慧医疗、5G+ 智慧物流、5G+ 智能电网和 5G+ 智慧港口等垂直行业商业模式现状，并对这些行业商业模式进行评估，提出发展建议；最后一篇为行动篇，主要介绍我国四大 5G 运营商 5G 发展现状，并对 5G 商业模式进行了总结和展望。

研究商业模式着眼点是把发现价值、创造价值、传递价值和实现价值说清楚，5G 技术则不是最主要的。我本人也不是学技术出身的，更不是技术专家。当然，了解和把握 5G 技术的基本面是必须的。为写好这本书，我也花了不少时间学习和了解 5G 技术，虚心向行业专家、领导和朋友请教。但我的思路是让大家跳出技术本身，重点把握 5G 商业模式的本质，对影响 5G 商业模式的关键要素进行分析，包括 5G 商业模式七要素模型、5G 常见的七大商业模式、5G2C 和 5G2B 商业模式特点及主要模式等，旨在为 5G 运营企业更好地开展 5G 商业模式创新提供方向性的指引和启示。

本书是研究和探索 5G 商业模式的一次尝试，不可能把 5G 商业模式一下子都说清楚。如今，5G 发展的序幕已经拉开，商业模式仍处于探索之中，还有许多问题需要研究解决，还有很多方向具有不确定性，我只是抛砖引玉，欢迎业界同行、专家和学者批评指正，共同探讨，共同为推进 5G 商业模式创新走向成功而努力。

本书在写作过程中，得到了许多专家、领导和同事的支持和帮助，参考了大量的资料，同时，本书也是我在中国电信研发体系改革、大力推进自主创新的环境下完成的，得到了中国电信以及研究院相关领导的支持和鼓励。本书之所以能顺利出版，得到了清华大学出版社刘洋老师和宋亚敏老师的大力支持，在此一并表示衷心感谢！

最后，希望本书能为 5G 商业模式创新打开一个全新的世界！

# 目　录

● **第一篇　基础篇** / **1**

**第 1 章　5G 发展的意义** / **2**

5G 开启万物互联时代 / 2

5G 成为全球竞争的制高点 / 4

5G 推动信息消费加速升级 / 7

5G 加速推动企业数字化转型 / 9

**第 2 章　我国 5G 发展现状与挑战** / **13**

5G 引领新型基础设施建设 / 13

政策加速 5G 发展 / 17

我国 5G 产业链日趋成熟 / 21

我国 5G 发展面临的主要挑战 / 25

●● **第二篇　模式篇** / **33**

**第 3 章　什么是 5G 商业模式** / **34**

商业模式创新对 5G 发展的重要性 / 34

5G 商业模式的内涵 / 36

5G 为商业模式创新创造无限可能 / 40

如何进行 5G 商业模式设计 / 42

**第 4 章 5G 商业模式创新核心要素分析 / 46**

战略定位：制定清晰的 5G 发展战略 / 46

产品服务：努力为客户提供好的 5G 产品和解决方案 / 50

价值主张：深入洞察客户需求 / 53

生态系统：打造合作共赢的 5G 产业生态圈 / 57

运营系统：打造差异化商业模式的关键支撑 / 62

核心能力：重塑新型企业核心竞争力 / 66

盈利模式：告诉你 5G 如何盈利 / 68

**第 5 章 5G 七大商业模式 / 74**

产品模式 / 75

基于流量的商业模式 / 76

专业化模式 / 79

切片经营模式 / 81

品牌模式 / 84

平台模式 / 87

生态模式 / 90

**第 6 章 5G2C 市场商业模式分析 / 96**

"5G+"打造美好生活新体验 / 97

5G2C 市场分析 / 99

5G2C 商业模式分析 / 106

5G2C 五大商业模式 / 110

**第 7 章 5G2B 市场商业模式分析 / 120**

5G2B 带来万亿元市场 / 121

我国 5G2B 市场发展主要特征 / 126

5G2B 市场商业模式分析 / 132

对 5G2B 市场复杂性的认识 / 138

5G2B 市场六大商业模式 / 145

## ●●● 第三篇 行业篇 / 161

### 第 8 章 5G+ 工业互联网商业模式分析 / 162

5G+ 工业互联网主要特征 / 163

我国 5G+ 工业互联网蓬勃发展 / 168

5G+ 工业互联网商业模式总体布局 / 175

5G+ 工业互联网商业模式评估及对策 / 181

### 第 9 章 5G+ 智慧医疗商业模式分析 / 187

5G+ 智慧医疗概述及主要特点 / 187

5G+ 智慧医疗主要应用场景 / 192

我国 5G+ 智慧医疗商业模式评估 / 197

5G+ 智慧医疗商业模式创新之策 / 201

### 第 10 章 5G+ 智慧物流行业商业模式分析 / 204

5G 赋能现代物流，推动物流业变革 / 205

5G+ 智慧物流发展现状及主要特征 / 207

从应用案例看 5G+ 智慧物流商业模式创新 / 211

5G+ 智慧物流四大商业模式 / 216

### 第 11 章 5G+ 智能电网商业模式分析 / 221

5G+ 智能电网迎来新的发展机遇 / 222

5G+ 智能电网主要应用场景及特点 / 224

我国 5G+ 智能电网发展现状分析 / 227

5G+ 智能电网商业模式评估及发展建议 / 232

**第 12 章　5G+ 智慧港口商业模式分析　/　238**

5G+ 智慧港口主要应用场景　/　239

从典型案例看 5G+ 智慧港口发展现状　/　242

5G+ 智慧港口商业模式评估及发展建议　/　245


**•••• 第四篇　行动篇　/　251**


**第 13 章　电信运营商 5G 发展在行动　/　252**

中国电信，5G 发展在行动　/　252

中国移动，5G 发展在行动　/　258

中国联通，5G 发展在行动　/　264

中国广电，5G 发展在行动　/　269


**第 14 章　努力将 5G 打造成企业成长的第二曲线　/　276**

第二曲线的概念　/　277

电信运营商拓展第二曲线的探索与实践　/　279

5G 成长为第二曲线尚需努力　/　282

如何将 5G 打造成运营商"第二曲线"　/　285


**第 15 章　发展与展望　/　290**

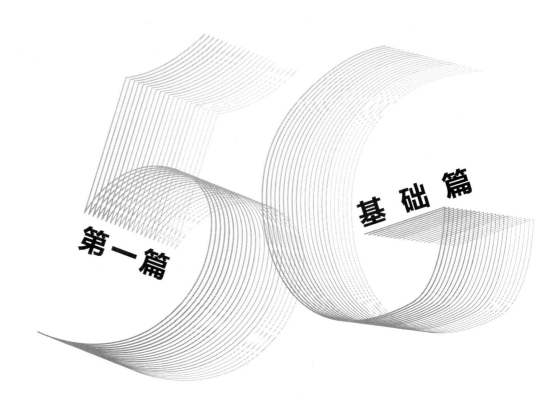

第一篇　基础篇

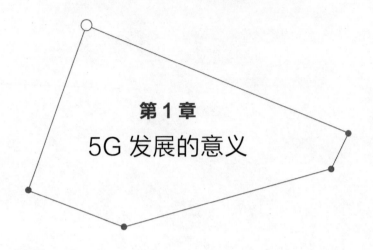

# 第 1 章
# 5G 发展的意义

移动通信发展，差不多每隔 10 年更新一代。

10 年前，我们无法想象今天人们生产、生活、学习越来越离不开智能手机。如今，智能手机已成为人们生活的一部分，吃饭、购物、打车、看视频、网上办公片刻不离。移动互联经过 10 年发展，手机网速提升了百倍，网络能力催生出了丰富的应用，也空前改变了人类生活。

今天 5G 来了，5G 速率比 4G 快 20 ～ 30 倍，网络容量是 4G 的 1 000 倍，时延比 4G 快 10 倍，5G 作为新一代信息通信技术的主要发展方向，真正开启了万物互联的数字化新时代，对建设制造强国、网络强国和数字中国，打造智慧社会，发展数字经济，实现我国经济高质量发展具有重要的战略意义。

## 5G 开启万物互联时代

4G 改变生活，5G 改变社会。为什么 5G 具有划时代意义？这首先得从 5G 的技术特点说起。

什么是 5G？5G 是指第五代移动通信技术。5G 相比 3G/4G，具有高带宽、低时延、广连接、低功耗等特点。因为高带宽，5G 最直观的特点是"无与伦比的快"。5G 的峰值理论传输速度比 4G 快 20 ～ 30 倍。在 5G 网络环境下，下载一部超高清电影只需几秒，甚至不到 1 秒，也就是一眨眼的工夫，用户将充分感受到 5G 的快带来的愉悦。

5G 低时延表现为网络时延仅为 1 毫秒，时延比 4G 快 10 倍以上。5G 的低时延将为自动驾驶、智能制造、智慧交通带来井喷式发展，这在 4G 时代是无法做到的。

广连接是说 5G 网络能实现每平方千米至少接入 100 万台终端设备，网络容量是 4G 的 1 000 倍，能实现随时随地的万物连接。1G 到 4G 解决的主要是人与人之间的通信问题，而 5G 则主要解决人与物、物与物之间的通信问题，可以实现真正的万物互联。

低功耗。当前 4G 网络下许多物联网产品虽然有一定发展，但是仍存在很多瓶颈，其中一个突出问题就是功耗高。以智能手表为例，大多数要每天充电，有时甚至不到一天就需要充电。而在 5G 环境下，物联网产品功耗将大大降低，大部分物联网产品可能一周只要充一次电，甚至一个月只充一次电，使网络设备更换电池或补充能源的频率大幅度减少，这大大改善了用户体验，必将推动越来越多的物联网产品为广大消费者所接受。

5G 不是单纯的网速快，5G 以高带宽、低时延、广连接、低功耗的特点真正开启了万物互联、人机交互的全新时代，5G 与 AI（Artificial Intelligence，人工智能）、大数据、云计算、物联网、边缘计算、区块链等新技术融合，将有力推动社会治理、生产方式、生活方式的深刻变革，将成为推动社会经济转型发展的新引擎。

ITU 定义的 5G 应用的三大应用场景，分别是 eMBB（Evolved Mobile Broadband，增强移动宽带）、uRLLC（Ultra-reliable and Low-latency Communications，超可靠低时延通信）和 mMTC（Massive Machine Type Communications，海量机器通信）。eMBB 主要是服务于消费互联网的需求，能够实现移动高带宽数据接入、3D 或超高清视频、AR/VR 等大流量移动宽带业务，这方面的应用只是 4G 的升级版；uRLLC 主要应用于对网络时延、可靠性要求很高的场景，如工业制造、无人机控制、无人驾驶、远程医疗等行业；mMTC 主要应用在物联网场景，如智能井盖、智能路灯、智能水表电表、智能家居等。

从 5G 的三大应用场景来看，eMBB 满足了人们对手机、移动设备高速上网的需求，降低了流量成本，进一步提高了用户体验，而 mMTC、uRLLC 场景则指向了物联网及垂直行业，更为垂直行业注智赋能，推动传统行业数字化和智能化转型。

我国移动通信产业从 1G 的空白到 2G 的突破、3G 的追赶、4G 的同步再到 5G 的全球领先，5G 不仅解决了人跟人的通信，还将连接万物，在全场景在线、无缝体验、全云化、智慧终端、联接平台化等方面带来革命性变化，更是一次产业跨界融合的拓展，将为我们真正开启一个全移动、万物互联、充满想象的智慧社会。5G 将不再仅仅应用于手机，更多的是与 VR/AR、车联网、无人驾驶、工业互联网、智能家居、智慧城市、智慧农业等行业的融合。

2020 年突如其来的新冠疫情，对我国经济发展造成了较大的冲击，在应对这次疫情中，以 5G 为代表的新一代信息通信技术在疫情防控和助力企业复工复产中发挥了重要作用，也进一步激发了 5G 应用需求，加速了 5G 与社会各行各业的融合，为经济社会发展注入了新动能，基于 5G 网络的智能生活的应用和自动驾驶、远程驾驶、远程医疗、AR/VR 等将会快速发展和普及，并深刻改变人们的生产生活方式。

2020 年 7 月 3 日，3GPP 宣布 R16 标准冻结。R16 标准是 R15 的升级版，R16 标准进一步提升了增强移动宽带能力，可以更好地提供大带宽、高可靠、低时延、广覆盖的业务能力，使得 5G 从人人连接拓展到人物、物物连接，真正使万物互联成为现实。

## 5G 成为全球竞争的制高点

2019 年 6 月 6 日，工信部向中国电信、中国移动、中国联通、中国广电四家企业颁发了 5G 牌照，标志着中国正式迈入 5G 时代，这是行业大事，也是国家大事。这比原计划 2020 年发放 5G 牌照足足提前了一年，目的是在全球新一轮科技竞争中抢占制高点，也是为了给我国经济高质量发展注入新动力。

为什么 5G 是全球新一轮科技竞争的制高点？这首先要弄清楚 5G 竞争在争什么？

我们知道，5G 产业链涉及网络、芯片、模组、元器件、终端、应用等，主要参与企业有电信运营商、芯片厂商、通信设备制造商、模组企业、终端商、系统集成商、互联网公司等。

当前在整个 5G 产业链生态中，直接的竞争主要集中在标准专利、芯片、通信设备和终端，这些都是产业链高端，也是全球芯片厂商、通信设备制造商、终端厂商竞争的焦点。在竞争中胜出者在产业链分工中会是排他性的存在，其将通过技术、规模成本等护城河，牢牢占据产业的核心地位，并获得更多的市场利润。

移动通信一直是国家关键基础设施和经济增长的新引擎，也是科技革命和产业变革的重要驱动力，很多发达国家都将移动通信视为构筑竞争优势的战略必争之地。1G 到 4G 曾由欧美主导，2010 年 12 月美国最大的移动运营商 Verizon 开始大规模商用 FDD LTE，率先开启 4G 商用，意味着美国主导了 4G 技术。4G 的领先地位为美国创造了 1 万亿美元的产出、每年为美国GDP 增长贡献 4 750 亿美元，为美国巩固科技霸主地位贡献巨大。

5G 具备超高带宽、超低时延、超大规模连接的移动接入能力，其性能远远优于 4G，服务对象从人与人通信拓展到人与物、物与物通信，不仅是量的提升，更是质的飞跃，在支撑经济高质量发展中必将发挥更加重要的作用。高通一份行业报告显示，到 2035 年 5G 全球产业价值将高达 12.3 万亿美元，全球 5G 价值链将创造 3.5 万亿美元产出，同时创造 2 200 万个工作岗位。5G 技术将成为未来科技革命竞争的重要力量。可以说，5G 是"第四次工业革命的基石"。哪个国家能够抢占 5G 制高点，哪一个国家就能引领世界新科技潮流。这就是为什么世界科技强国把 5G 作为优先发展领域、争夺 5G 制高点的主要原因。

目前，中国、韩国、美国、日本及欧洲诸国都在不断加大投入力度，以加速 5G 产业发展布局，获取在 5G 领域的更多主导权和话语权。自 2019 年4 月 3 日，韩国率先在全球实现 5G 商用以来，全球 5G 部署节奏明显加快，其体现的是大国争夺下一代信息通信产业机遇，是大国间科技博弈的白热化。

根据 GSMA 统计，截止到 2020 年 12 月，全球共有 149 家运营商在 57个国家和地区提供了 5G 网络商用。预计到 2025 年，全球 5G 用户数将高达

17 亿，而中国 5G 用户数会超过美国、欧洲以及亚洲其他国家和地区 5G 用户的总和，届时以 5G 为主导的移动行业对中国经济贡献将达到近 1 万亿美元。

我国移动通信经历了 1G 空白、2G 跟随、3G 突破、4G 同步的时期。如今，面对全球 5G 发展的激烈角逐，中国必须乘势而上，抢占竞争制高点。近年来，以华为为代表的中国高科技企业在专利标准、芯片以及终端等方面走在了世界前列，实现了我国"5G 领先"。目前中国与美国、韩国、日本等国家在 5G 发展上处于"第一梯队"。

我国在 5G 领域实现领先，主要表现在：一是以华为为代表的中国高科技企业迅速崛起。华为 2013 年销售收入首次超越爱立信，成为全球最大的通信设备商，2019 年华为销售收入达到 8 588 亿元，同比增长 19.1%；2020 年，华为业绩仍然保持了较强的韧性，外力没能阻止华为前进的脚步。2020 年，华为销售收入达到 8 914 亿元，同比增长 3.8%，净利润达到 646 亿元，同比增长 3.2%。在全球前十名互联网公司中，中国占据四席，它们分别是阿里巴巴、腾讯、京东、百度。

二是在 5G 专利标准上处于全球领先地位。根据德国专利数据公司 IPlytics 统计数据显示，截至 2020 年 1 月，我国提交的 5G 专利申请量占比达到 34%，超过三分之一，在全球处于首位。华为以高达 3 147 件 5G 专利排名全球第一位，中兴以 2 561 件 5G 专利排名全球第三位。2021 年 2 月，IPlytics 公布的数据显示，华为以 15.39% 的 5G 专利申请量位居第一，这是华为面临美国持续打压情况下取得的，进一步说明我国在 5G 领域处于全球领先地位。

三是在芯片研发方面，华为已经深度参与，在少数关键领域取得领先。如最重要的手机基带芯片，华为已经具备国际领先的设计能力，华为计算芯片和专用芯片实现自研，如首个 5G 基站核心处理芯片天罡系列，5G 通信基带芯片巴龙 5000，5G 核心网里的核心处理芯片是基于 ARM 架构的鲲鹏芯片，华为还推出自有操作系统鸿蒙 OS 系统；中兴的 7 nm 芯片以及新支点操作系统在高铁、汽车智能驾驶系统等多领域的成功应用，标志着我国从"缺芯"时代进入了拥有自主芯片的时代。

四是华为、中兴、小米、vivo 和 OPPO 等中国手机厂商在智能手机全球市场份额迅速增长，5G 手机走在世界前列。华为凭借强大的技术实力，树立了华为手机品牌高品质的市场地位，在智能手机市场跃居世界前列。2019 年，华为智能手机销量达到 2.4 亿部，成为全球智能手机销量第一的智能手机厂商，其中 5G 手机的销量也是全球第一。近年来，受芯片禁令和荣耀拆分事件的影响，目前华为手机全球市场份额跌出前五位，但不容否认，我国 5G 手机总体实力在全球仍处于领先水平。

可以看出，我国在 5G 领域在全球处于第一阵营，并逐步确立了领先优势。在全球为我国 5G 发展取得的成就惊叹之时，美国以对国家安全构成危险为由对中国高科技企业进行打压。2019 年 5 月美国将华为列入"实体清单"，随后，谷歌宣布停止与华为的合作，华为新的手机将无法预装 Google 的 GMS 系统；2020 年 5 月，美国要求只要使用了美国的设备和技术，芯片企业就必须先得到美国许可才能向华为出售产品；2020 年 7 月，英国屈服于内外部的政治压力，决定禁用华为 5G 设备；受美国禁令的影响，台积电宣布断供华为芯片，不再为华为提供芯片代工服务。

美国打压华为，是为了阻止中国领导下一代通信技术，进而打压中国的高科技发展。美国奉行这样一种科技霸凌主义，本质目的就是要阻断中国的科技进步和经济升级，维护美国的科技霸权和经济霸权。

"没有伤痕累累，哪来皮糙肉厚，英雄自古多磨难。回头看，崎岖坎坷；向前看，永不言弃。"华为面对美国全面封杀的回应悲壮且自信。虽然受美国打压的影响，华为发展受到一定的压力，好在经过多年的积累，华为拥有世界一流的研发实力和创新能力，我们相信华为一定能挺过去，中国一定能在全球 5G 市场赢得最终胜利。

# 5G 推动信息消费加速升级

当前信息消费成为创新最活跃、发展最迅速、辐射最广泛的新兴消费领域之一。5G 发展以及 5G 与大数据、人工智能、云计算、物联网等技术的融合，将进一步加速催生大量新应用、新模式、新业态，不断满足用户不断增长的信息消费需求，推动信息消费升级和信息消费的快速发展，必将对拉动消费需求、引领产业升级和培育经济发展新动能发挥重要作用。

5G 推动信息消费升级。5G 的高带宽、低时延、广连接的特点，将推动信息产品和服务不断丰富创新，为客户带来全新的体验。5G 商用将掀起新一轮换机潮，与 5G 紧密结合的超高清视频等信息产品和服务将率先普及，消费者将接触到更丰富、更高科技的信息应用，从而增强信息消费有效供给，刺激信息消费增长、升级。早在 3G/4G 时代，AR/VR 就出现了，但由于受限于带宽、时延，AR/VR 的发展一直不理想，而 5G 技术的高带宽、低时延特点极大地改善了 VR/AR 体验，如今 AR/VR 进入大众市场，AR/VR 有望成为杀手级应用；再如，移动互联网时代，电信运营商的短信一直发展得不温不火，逐步萎缩；5G 技术促进短信升级换代，2020 年 4 月，中国电信、中国移动、中国联通三大运营商联合发布《5G 消息白皮书》。与功能单一的传统短信相比，5G 消息不仅拓宽了信息收发的广度，支持用户使用图文、音视频、位置、群聊等多媒体多格式信息，更延展了交互体验的深度。新零售、AR/VR 课堂、云游戏、工厂 AGV（Automated Guided Vehicle，自动导引运输车）小车、远程手术……这些都是使用 5G 带来的信息消费升级。

5G 促进信息消费新应用、新业态、新模式不断涌现。新冠疫情期间，5G、人工智能、大数据等"新基建"在疫情防控、服务民生、助力企业复工复产和学校停课不停学中发挥了重要作用，催生了各类新产品、新应用、新模式，带动了信息消费的快速增长。如在应对疫情中，到处看到 5G 的身影，5G+4K 直播、5G+ 远程诊疗、5G+ 智能医护机器人、5G+ 热成像人体测温、5G+ 无人机、5G+ 远程办公、5G+ 在线教育等新应用、新产品不断涌现，"云课堂""云旅游""云游戏""云逛街""云购物""云展览"等让人们足不出户就能做到工作、学习、娱乐三不误……如今，5G 与人工智能、大数据、物联网、云计算等技术的融合，随着边缘计算（Multi-access Edge Computing，MEC）加速落地，5G 正加速赋能千行百业，满足不同垂直行业客户的个性化需求，催生工业、交通、医疗、教育等领域的新应用、新业态、新模式，给用户带来前所未有的信息产品和信息消费体验，拉动"5G+ 垂直行业应用"新消费，推动垂直行业组织模式变革和提质增效，助力垂直行业数字化转型，实现新旧动能转换。

5G 发展拓展了更大的信息消费空间。2018 年，我国信息消费市场规模达到约 5 万亿元，同比增长 11%，占 GDP 比例提升至 6%。近年来，我国信息消费保持快速发展势头，2020 年我国信息消费规模将达到 6 万亿元，信息消费市场充满活力。

信息消费已成为提高人们生活品质、促进经济高质量发展的重要力量。这次新冠疫情催生了"宅经济"爆发式增长，激发了新型信息消费需求，5G 与各垂直行业的融合应用将成为新的消费热点，给消费者带来全新的信息消费体验，创造新的经济增长点。2020 年，我国克服新冠疫情对经济的影响，全年实现 2.3% 的逆势增长，其中以 5G 为代表的新一代信息技术发挥了不可替代的作用，在线化、云化、智能化特征表现明显。如今，社会消费正呈现回暖态势，新型信息消费保持持续增长。2020 年，我国网上零售额达到 11.76 万亿元，同比增长 10.9%，其中，实物商品网上零售额达到 9.76 万亿元，增长 14.6%，占社会消费品零售总额的比重为 24.9%。5G 正加速与经济社会各领域的融合，在线教育、远程办公、视频会议、在线购物、远程医疗、在线问诊、短视频等成为新的亮点，表现出巨大的市场潜力。

我国拥有强大的国内市场，内需潜力巨大，随着 5G 等新一代信息技术的加速应用，新型数字基础设施加快建设，数字化、网络化、智能化进程不断加快，必将进一步拓展更广阔的信息消费市场。根据信通院预测，2020—2025 年，我国 5G 商用直接带动信息消费达到 8.2 万亿元，其中智能手机、可穿戴设备等终端产品的升级换代将释放 4.3 万亿元信息消费空间。

2020 年是我国 5G 加速发展的一年，5G 的快速发展必将为信息消费释放强劲动能，推动信息消费规模和质量同步提升，必将进一步加速社会数字化进程、引领数字产业化发展、赋能产业数字化转型，不断提升我国数字经济创新发展的新优势。

# 5G 加速推动企业数字化转型

当前，新一轮科技革命和产业变革正在全球范围孕育兴起，世界经济数字化转型是大势所趋。现在，社会各行各业都意识到数字化转型的重要性，

　　如何进行数字化转型是全社会关注的热点。越来越多的企业正走在数字化转型的征程上，在不断探索数字化转型之路。

　　那么什么是数字化转型呢？数字化转型的本质是什么？数字化转型动力有哪些？了解这些，有助于我们更好地理解 5G 在数字化转型的重要性。

　　数字化转型是指充分发挥数字化技术对企业运营管理、业务模式、商业模式、产品创新等方面进行变革和创新的作用，改变企业价值创造方式，从而实现降本提质增效，为客户、员工和利益相关者创造新的价值和体验，实现商业的成功。

　　数字化转型本质是运用数字化技术推动生产要素的融合，从而推动企业运营模式的创新，推动企业生产运营全过程的变革，实现企业资源优化配置，进而重塑企业新型竞争优势。数字化转型是企业的全面转型，目的是通过运用数字化技术实现企业持续健康的发展，5G、人工智能、大数据、云计算、物联网、区块链等新一代 ICT 技术成为新的生产要素，这些技术和大数据正成为共同推动企业数字化转型和高质量发展的新动能。

　　在 3G/4G 时代，数字化转型也在推进，但由于 3G/4G 受到带宽、时延等限制，3G/4G 不能满足企业对高带宽、低时延等应用场景的需求，3G/4G 主要应用在消费互联网，从而成就了消费互联网的辉煌，带动了电子商务、移动支付、共享单车、滴滴打车、外卖等 C 端高频应用场景的蓬勃发展。

　　5G 是促进经济社会数字化转型的重要基础设施和关键推动器。与 3G/4G 相比，5G 以全新的网络架构，能够提供至少十倍于 4G 的峰值速率、毫秒级的传输时延和千亿级的连接能力。技术上的突破式进步将全面拓展 5G 的应用范围，从线上到线下、从消费到生产，从平台到生态，推动我国数字经济发展迈上新台阶。根据中国信通院预测，2020 年 5G 间接拉动 GDP 增长将超过 4 190 亿元；2025 年 5G 间接拉动的 GDP 将达到 2.1 万亿元；2030 年 5G 间接拉动的 GDP 将增长到 3.6 万亿元。十年间，5G 间接拉动 GDP 的年均复合增长率将达到 24%。

　　我国自 2019 年 6 月 5G 牌照发放以来，以新基建为契机，在 5G 产业链各方的共同努力下，5G 发展加速推进，取得了可喜可贺的成就，我国 5G 网络建设、5G 用户规模走在世界前列，正为推进企业数字化转型、提高社会治理水平以及促进经济高质量发展发挥着积极作用。

2020 年暴发的新冠疫情导致人们在消费行为、学习方式、工作方式和企业生产方式等方面出现变化，这孕育出巨大的市场机遇，加速了"在线化""云化"和"智能化"的进程。毫无疑问，5G 在"三化"推进过程中发挥着重要作用，在应对疫情防控、助力企业复工复产和学校停学不停课中发挥了重要作用。可以说，这次疫情对我国 5G 产业发展来说，机遇大于挑战。

5G 为行业而生。5G 的迅猛发展满足了实体经济数字化转型对网络的需求，实体经济成为 5G 最重要的应用领域。如今，5G 正加速与各个行业融合，5G 已在工业制造、医疗、教育、交通、能源、物流、能源、媒体直播等诸多领域得到了广泛应用。随着 5G 规模商用的加速推进以及 5G 与传统行业的加速融合，必将催生更多的 5G 行业应用，5G 对医疗、教育、工业制造、农业、车联网等传统行业产生革命性影响，重塑了传统产业发展模式、研发模式，优化资源配置，实现降本提质增效。如工业制造领域，5G 将以深度交互、互联互通，促进海量数据汇聚和研发生产资源共享，为传统行业转型升级注入新的活力，应用 5G 网络以及 5G 与云计算、大数据、物联网、人工智能等技术的结合，带来更为丰富的应用场景，有力推动工业制造企业实现数字化、网络化、智能化，实现机器设备之间的互联互通，打造智能工厂，实现制造单元相互联动、协同生产，能根据工厂动态生产情况实现不同工序流程环节的组织优化；能够对整个产品需求、生产制造、物流配送和售后服务等链条中捕捉到的数据进行实时分析，实现制造全链条的可视化监测和管理，实现灵活协同；能够为终端客户提供高度定制的产品和服务，而且在发生故障时，系统将自动发送警告并协助处理。

2020 年 7 月，中国电信联合华为在青岛建成国内最大规模的 5G 智能电网，采用端到端 5G 独立组网（Standalone，SA）网络建设，引入 5G 全自动多维动态切片解决方案，结合 5G MEC 无处不在的联接能力和超性能异构计算能力，实现了基于 5G SA 切片的智能分布式配电、变电站作业监护及电网态势感知、5G 基站削峰填谷供电等新应用。工作人员通过电力塔杆上的 5G 4K 超高清摄像头来监控输电线路和配电设施，可以及时发现故障隐患，能节省80% 的现场巡检人力物力。借助 5G 的超低时延和超高可靠性，还能快速定位、隔离和恢复电网线路故障，把停电时间从分钟级缩短到秒级甚至毫秒级。再如，美的数字化转型（如推出MIOT工业互联网平台）成效显著：5年内营收、利润均翻番，在整个市场竞争优势明显；在引入全智能生产线后，一条普通空调生产线的换型时间由原来的45分钟降至3分钟，工人数量由原来的160人降至51人。

从3G/4G到5G，不仅标志着移动通信技术的突飞猛进，更且推动了产业互联网的爆发，加速了全社会数字化转型进程。5G已成为新一代信息通信技术的战略制高点，全球正加快5G建设部署，各国政府越来越清醒地认识到，谁先抓住5G的应用落地，谁就抓住了打通实体经济数字化转型壁垒的良机，谁就能够把握新一轮经济社会数字化转型的关键。

当前，我国正积极推进数字产业化、产业数字化，引导数字经济和实体经济深度融合。随着5G技术不断成熟和5G发展的加速推进，5G必将引发一场更大范围、更深层次的数字化转型浪潮，必将助力形成我国强大的数字产业链和数字产业集群，必将进一步加快推动我国数字经济智能化发展。

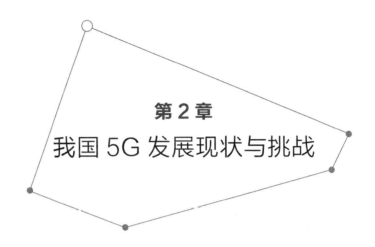

## 第 2 章
# 我国 5G 发展现状与挑战

2019 年是我国 5G 商用元年，2020 年是我国 5G 规模发展关键性一年。随着 5G 商用进程的加快，我国 5G 产业链日趋成熟，5G 必将迎来更好更快的发展。2020 年以来，党中央和监管层密集出台一系列政策，推动我国 5G 加速发展。未来 5G 将与水、电一样，成为经济社会发展的新型基础设施，这对社会经济发展各个方面将产生深远的影响，必将在推动社会经济高质量发展方面发挥引领作用。

## 5G 引领新型基础设施建设

2020 年暴发的新冠疫情，对我国经济发展造成较大冲击。在这种情况下，传统模式很难在新冠疫情大流行的社会环境下进一步发展，环境倒逼商业模式的变革和数字经济的发展，这是应对国内外环境变化的重要措施。正是在这种背景下，新型基础建设（以下简称"新基建"）应运而生。新基建以信息技术为基础，是推动数字经济发展的重要动力。近期来看，新基建是对冲疫情影响、稳投资、稳增长、促消费和实现经济健康发展的"稳定器"；长远来看，新基建作为信息社会的基础，将会激发更多新需求、创造更多新业态、释放增长潜力、推动经济转型升级，更是促进数字经济与实体经济融合、推动传统行业转型升级的"加速器"。加快新型基础设施建设已成为我国立足当前、着眼未来的重大战略部署。

2020 年政府工作报告中指出："加强新型基础设施建设，发展新一代信息网络，拓展 5G 应用，建设充电桩，推广新能源汽车，激发新消费需求、助力产业升级。"这是新基建首次写入政府工作报告，新基建上升为国家战略。

其实，新基建不是最近才提出来的。早在 2018 年 12 月，中央经济工作会议就首次提出了新基建的概念，即新型基础设施建设，指出"加快 5G 商用步伐，加强人工智能、工业互联网、物联网等新型基础设施建设"；2019 年的《政府工作报告》提出"加强新一代信息基础设施建设"，同年的中央经济工作会议强调要"稳步推进通信网络建设"；2020 年 3 月 4 日，中共中央政治局常务委员会召开会议，进一步提出要"加快 5G 网络、数据中心等新型基础设施建设进度"。由此可见，我国提出加强新型基础设施建设，不是为了应对疫情冲击而推出的短期措施，而是着眼于积蓄经济发展新动能的长期举措。

新基建的"新"是相对于传统基础设施而言的。传统基建，俗称"铁公基"，主要包括铁路、公路、轨道交通等基建和公共设施。2008 年金融危机时，国家投入 4 万亿进行基础设施建设，虽然能很快刺激经济增长，但也带来了副作用，主要表现就是房价上涨、产能过剩、环境污染以及对推动经济结构转型没有很大作用，等等。

国家对新基建给出了权威的定义：新基建是以新发展理念为引领，以技术创新为驱动，以信息网络为基础，面向高质量发展需要，提供数字化转型、智能升级、融合创新等服务的基础设施体系。与传统基建相比，新基建具有边际成本递减、边际收益递增、重技术要素投入等显著特征。新基建聚焦领域既是技术密集型的新兴产业，又是支撑经济社会转型升级的基础设施，新基建包括三方面内容：一是信息基础设施，如 5G、人工智能、云计算、物联网等；二是融合基础设施，如智能交通基础设施、智慧能源基础设施等；三是创新基础设施，如重大科技基础设施、产业技术创新基础设施等。

新基建是数字经济的基础保障，也是转型升级的重要支撑。从短期来看，可以作为稳经济、稳增长的助力，发挥新基建对经济发展放大、叠加、倍增作用，对冲疫情对经济的影响；从长远来看，为数字经济注入新动能，可以激发更多新需求、创新更多新业态、新模式，推动中国经济转型升级，行稳致远。

根据国家相关文件精神，新基建主要包括七大领域（见图 2-1），它们是 5G 基站建设、新能源汽车充电桩、大数据中心、人工智能、工业互联网、特高压、城际高速铁路和城市轨道交通，5G 排在第一位。而在这七大领域中与信息技术相关的内容就有四项：5G、大数据中心、人工智能、工业互联网。可以看出，信息技术的内涵在不断扩大，一方面，它是属于智能科技的技术革命，另一方面这些信息技术本身可创造更多的创新突破，助推传统产业转型升级。

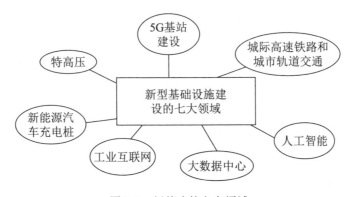

图 2-1　新基建的七大领域

2020 年 3 月 4 日中央政治局会议，强调加快推进国家规划已明确的重大工程和基础设施建设，加快 5G 网络、数据中心等新型基础设施建设。将加快发展 5G 放在更加突出的位置，5G 成为新基建的领头羊。为什么 5G 排在新基建首位，为什么 5G 这么重要？主要原因有以下几点。

（1）5G 是基础设施建设。2G 网络也要建基站，立铁塔，2G 主要是用来打电话、发短信，3G 开启移动互联网时代，可以发图片，4G 可以看视频，催生了很多新产业；5G 本身也属于基础设施建设，与 3G/4G 相比，5G 不仅网速快、带宽大，更为关键的是时延低，低时延这一点，更多是为机器服务的，是万物互联的基础，从而使 5G 可拓展出更宽的应用场景，如自动驾驶、远程医疗等。

（2）加快 5G 建设能带动上下游产业链的发展。我们知道，5G 产业链可分为上游、中游和下游：上游主要是传输类设备以及终端器件（如射频器件、芯片等）；中游是 5G 网络建设；下游是产品应用及终端。5G 产业链涉及企业众多，主要包括电信运营商、设备制造商、终端制造商、芯片厂商、元器件厂商以及更广泛的应用场景相关厂商等。加快 5G 建设，可以带动整个产业链发展。例如，5G 发展必将带动终端的发展，2020 年，我国 5G 手机累计出货量达到 1.63 亿部，占同期全部手机出货量的 52.9%。再如，2020 年我国三大运营商 5G 网络建设投资达到 1 757 亿元，网络建设涉及基站、光纤、通信模组、射频器件、网络设备等，5G 网络建设的大力推进，必将带动这些产业的发展。

（3）推动我国经济结构的转型。就拿终端来说，5G 的发展需要各种各样的智能终端，包括 5G 智能手机、行业 CPE（Customer Premise Equipment，客户终端设备）终端、AR/VR 终端、无人机等，终端发展则需要大量芯片、显示屏、软件、半导体等，半导体的发展又带动光刻机、硅片等发展，这些都是我们国家最缺乏的短板，加快 5G 建设可以促进我国经济向高精尖技术产业的转型，带动我国经济结构的转型，这对我国积极应对当前复杂多变的国际环境具有重要的战略意义。

（4）加快 5G 发展有助于促进经济增长和扩大就业。近年来，我国 5G 网络建设加速推进，产业链上下游投资加大，5G 与社会经济各领域融合不断加快，有效带动了我国经济转型升级，成为我国经济增长和高质量发展的新引擎。根据中国信息通信研究院预测，5G 每投入 1 个单位将带动 6 个单位的经济产出，预计 2020 年至 2025 年，我国 5G 直接带动经济总产出 10.6 万亿元，直接创造经济增加值超 3 万亿元，间接拉动经济总产出约 24.8 万亿元，将直接创造 310 万个就业岗位。

作为新基建的引领者，5G 已经成为支撑经济社会数字化、网络化、智能化转型的关键新型基础设施，在稳投资、促消费、助升级、培育经济发展新动能等方面潜力巨大。新冠疫情期间，5G+ 远程医疗、5G+ 远程办公、5G+ 红外测温等技术和应用，在助力疫情防控和复工复产等方面发挥了突出的作用。

当前，新一轮科技革命和产业变革正在全球范围兴起，其核心驱动力是新一代信息技术。疫情期间，5G 可谓大显身手，进一步激发了社会对 5G 的消费需求。随着我国 5G 加快发展，5G 必将在推动我国经济转型升级中发挥更为重要的作用。

# 政策加速 5G 发展

近年来，国家密集出台加快 5G 发展政策（见表 2-1），为加快我国 5G 发展、实现全球引领发挥了政策性推动作用。早在 2016 年 12 月出台的《"十三五"国家信息化规划》中就提出"加快推进 5G 技术研究和产业化，适时启动 5G 商用，积极拓展 5G 业务应用领域"。

表 2-1　我国近年来 5G 政策一览

| 发布时间 | 政策名称 | 主要内容 |
|---|---|---|
| 2016 年 12 月 | 《"十三五"国家信息化规划》 | 加快推进 5G 技术研究和产业化，适时启动 5G 商用，积极拓展 5G 业务应用领域 |
| 2017 年 1 月 | 《信息通信行业发展规划（2016—2020 年）》 | 支持 5G 标准研究和技术试验，推进 5G 频谱规划，启动 5G 商用。到"十三五"末，成为 5G 标准和技术的全球引领者之一 |
| 2018 年 7 月 | 《扩大和升级信息消费三年行动计划（2018—2020 年）》 | 加快 5G 标准研究、技术试验，推进 5G 规模组网建设及应用示范工程，确保启动 5G 商用 |
| 2018 年 12 月 | 中央经济工作会议 | 加快 5G 商用步伐，加强人工智能、工业互联网、物联网等新型基础设施建设 |
| 2019 年 3 月 | 《政府工作报告》 | 推进光纤宽带和第四代移动通信（4G）网络深度覆盖，加快第五代移动通信（5G）标准研究、技术试验，推进 5G 规模组网建设及应用示范工程 |
| 2019 年 6 月 | 2019 年 6 月 6 日，工信部正式向中国电信、中国移动、中国联通、中国广电颁发 5G 牌照 | |
| 2019 年 10 月 31 日 | 在北京举行的 2019 年中国国际信息通信展览会上，工信部与三大运营商共同宣布 5G 正式商用 | |
| 2020 年 2 月 21 日 | 中央政治局会议提出要推动 5G 网络、工业互联网等加快发展 | |

| 发布时间 | 政策名称 | 主要内容 |
|---|---|---|
| 2020 年 3 月 4 日 | 中央政治局会议提出要培育壮大新型消费，加快 5G、数据中心等新型基础设施建设 | |
| 2020 年 3 月 18 日 | 《关于组织实施 2020 年新型基础设施建设工程（宽带网络和 5G 领域）的通知》 | 重点支持虚拟企业专网、智能电网、车联网等 7 大领域的 5G 创新应用提升工程 |
| 2020 年 3 月 24 日 | 《关于推动 5G 加快发展的通知》 | 全力推进 5G 网络建设、应用推广、技术发展和安全保障 |
| 2020 年 5 月 | 《政府工作报告》 | 加强新型基础设施建设，发展新一代信息网络，拓展 5G 应用 |
| 2020 年 11 月 | 《国民经济和社会发展十四五规划和 2035 年远景目标》 | 系统布局新型基础设施，加快第五代移动通信、工业互联网、大数据中心等建设 |
| 2021 年 3 月 | 《政府工作报告》 | 加大 5G 网络和千兆光网建设力度，丰富应用场景 |

2017 年 1 月，我国制定了《信息通信行业发展规划（2016—2020 年）》，提出"支持 5G 标准研究和技术试验，推进 5G 频谱规划，启动 5G 商用。到'十三五'末，成为 5G 标准和技术的全球引领者之一。"

2018 年 12 月中央经济工作会议明确提出"加快 5G 商用步伐，加强人工智能、工业互联网、物联网等新型基础设施建设"。首次提出"新基建"。

2019 年 6 月 6 日，工信部向中国电信、中国移动、中国联通和中国广电颁发了 5G 商用牌照，中国正式进入了 5G 时代。2019 年 10 月 31 日，在北京举行的 2019 年中国国际信息通信展览上，工信部与三大运营商共同宣布 5G 正式商用，标志着我国正式进入了 5G 商用时代。2019 年 12 月 23 日召开的全国工业和信息化工作会议提出"稳步推进 5G 网络建设，深化共建共享，力争 2020 年底实现全国所有地级市覆盖 5G 网络。"

进入 2020 年新年，突如其来的新冠疫情打乱了人们的生活节奏，对经济发展造成较大的冲击，在这场疫情防控期间，国家先后多次提及 5G，要求加快推动我国 5G 发展。

2020 年 2 月 9 日，工信部印发《关于应对新型冠状病毒肺炎疫情帮助中小企业复工复产共渡难关有关工作的通知》，要求积极推行网上办公、视频会议、远程协作和数字化管理，加快 5G、工业互联网应用部署，引导大企业及专业服务机构面向中小企业推出云制造平台和云服务平台。

2020 年 2 月 21 日，中央政治局会议提出要加大试剂、药品、疫苗研发支持力度，推动生物医药、医疗设备、5G 网络、工业互联网等加快发展。

2020 年 2 月 22 日，工业和信息化部召开加快推进 5G 发展、做好信息通信业复工复产工作电视电话会议。会议强调，要加快 5G 商用步伐，推动信息通信业高质量发展。要加强统筹协调，努力营造良好环境，持续推进 5G 发展；加快建设进度，切实发挥 5G 建设对"稳投资"、带动产业链发展的积极作用；推动融合发展，加快推动"5G+工业互联网"融合应用，促进传统产业数字化、网络化、智能化转型；丰富应用场景，抓住 5G 在网络教育、在线医疗、远程办公等业务发展机遇，释放新兴消费潜力，扩大网络消费，促进信息消费。

2020 年 3 月 4 日，中央政治局会议提出要培育壮大新型消费，加快 5G、数据中心等新型基础设施建设。

2020 年 3 月 6 日，工信部召开加快 5G 发展专题会，会议提出要加快网络建设，统筹抓好疫情防控和复工复产，认真落实分区分级精准防控要求，加快 5G 网络建设步伐；深化融合应用，丰富 5G 技术应用场景，发展基于 5G 的平台经济，带动 5G 终端设备等产业发展，培育新的经济增长点；壮大产业生态，加强产业链上下游企业协同发展，加快 5G 关键核心技术研发，扩大国际合作交流，持续提升 5G 安全保障水平。

2020 年 3 月 18 日，国家发改委、工信部印发了《关于组织实施 2020 年新型基础设施建设工程（宽带网络和 5G 领域）的通知》，重点支持虚拟企业专网、智能电网、车联网等 7 大领域的 5G 创新应用提升工程。

2020 年 3 月 24 日，工信部印发《关于推动 5G 加快发展的通知》，提出要培育新型消费模式，加快用户向 5G 迁移，推动"5G＋医疗健康"创新发展，实施"5G＋工业互联网"512 工程，促进"5G＋车联网"协同发展，构建 5G 应用生态系统，同时提出要加快 5G 网络建设，持续加大 5G 技术研发力度，构建安全保障体系。

2020年3月29日至4月1日，习近平总书记在浙江考察时，明确提出运用大数据、云计算、区块链、人工智能等前沿技术加快建设智慧城市，加快5G网络、数据中心等新型基础设施建设。

2020年5月，在全国两会上，5G再一次成为热词，政府工作报告中提出"加强新型基础设施建设，发展新一代信息网络，拓展5G应用，建设充电桩，推广新能源汽车，激发新消费需求、助力产业升级"。

党的十九届五中全会审议通过的《中共中央关于制定国民经济和社会发展第十四个五年规划和二〇三五年远景目标的建议》中提出"系统布局新型基础设施，加快第五代移动通信、工业互联网、大数据中心等建设"。展望"十四五"时期，加快新型基础设施建设，以新基建筑牢发展新基石，将成为经济社会发展的重点工作之一。

2021年3月，全国两会的政府工作报告提出"加大5G网络和千兆光网建设力度，丰富应用场景。"这是政府工作报告再次对5G发展进行规划，重点不仅要加快5G网络建设，而且要不断丰富5G应用场景，我国5G发展必将全面推进。

同样，我国各地政府也积极出台5G扶持政策，推动5G应用发展。截止到2020年9月，我国各地政府出台行动计划、实施方案、指导意见等各类5G扶持政策文件460个，其中省级62个，市级228个，区县级170个，多地政府对基站建设、用电成本进行补贴，积极开展5G应用示范，持续深化5G产业合作。

综上分析，我们看出，从近年来我国政策来看，尤其是2020年以来，党中央、监管层以及各地政府相继出台一系列政策，支持和推动加快我国5G发展，为我国5G发展创造了良好的政策环境。

5G作为刺激宏观经济发展并推动社会信息化建设的重要举措，5G发展越来越受到全社会广泛关注。在政策、技术、市场和产业链的共同推动下，2020年及"十四五"时期，我国5G发展必将全面提速，必将为我国社会经济实现高质量发展提供强大支撑。

# 我国 5G 产业链日趋成熟

近几年来，我国 5G 从标准制定、技术研发、产品测试到网络建设、频谱资源分配，再到 5G 正式商用，在国家政策的推动下，在产业链各方的共同努力下，我国 5G 发展进入了快车道，5G 产业正呈现蓬勃发展的态势，5G 产业链日趋完善，5G 产业生态正在形成，5G 在稳投资、促消费、助升级、培植经济发展新动能等方面的作用进一步显现。

第一，我国 5G 网络建设加快推进。2019 年 6 月，我国 5G 牌照发放，我国电信运营商加快 5G 网络建设，2019 年年底，5G 基站达到 12.6 万个，5G 网络覆盖 50 多个城市。

进入 2020 年以来，我国 5G 网络建设虽然受到疫情一定的影响，但在新基建的带动下，我国 5G 网络建设加快推进，成效显著。截至 2020 年 9 月，三家基础电信企业在全国已建设开通 5G 基站达到 69 万个，提前完成全年网络建设目标，网络和用户规模全球领先。2020 年我国 5G 基站累计达到 71.8 万个，实现全国所有地级以上城市的 5G 连续覆盖。

5G 网络从非独立组网（Non-Standalone，NSA）到 SA，可实现更多、更完善的应用场景，中国电信、中国移动、中国联通、中国广电都以 SA 独立组网作为 5G 网络建设目标，三大电信运营商 2020 年实现 SA 独立组网规模商用，中国广电力争 2021 年底基本实现广电 5G 全国覆盖。2020 年 11 月，中国电信和中国联通已实现 5G SA 独立组网规模商用。2020 年 7 月 3 日，3GPP 宣布冻结 R16 标准，R16 标准重点支持企业级垂直行业应用，应用场景包括车联网、工业互联及自动化、远程制造、远程手术等。随着 R16 标准的冻结，电信运营商 SA 网络建设必将加速推进，5G 网络将真正实现低时延、高可靠性，能真正满足车联网、工业互联网等行业应用需求，真正带来 5G 垂直行业的发展和繁荣。

第二，我国 5G 用户发展迅猛。2019 年 10 月 31 日，我国 5G 正式投入商用，一年多来，在政策的推动下，我国三大运营商通过套餐升级优惠、信用购机、加大 5G+AR/VR、超高清视频等高带宽应用拓展等举措，推进套餐 + 权益 + 应用的产品体系，用户由 4G 向 5G 加速迁移，5G 用户发展迅猛。截至 2020

年 12 月，已经有超过 2 亿个终端连接到 5G 网络，从中国移动公布的 5G 套餐用户达到 1.65 亿户，中国电信公布的 5G 套餐用户达到 8 650 万户和中国联通公布的 5G 套餐用户达到 7 083 万户来看，我国 5G 套餐用户已达到 3.22 亿户，5G 用户渗透率（5G 用户占移动电话用户总数的比例）达到 20.2%，我国 5G 发展成效显著。

第三，5G 手机蓬勃发展，款式不断增加，价格逐步下降。5G 时代，尤其在中国市场，几乎所有的厂商都积极地拥抱 5G。近年来，我国手机厂商加速 5G 手机的研发，国内华为、vivo、中兴、OPPO、联想等纷纷推出 5G 手机。

在目前上市的 5G 手机中，华为已经推出了 P40 系列、Mate40 系列以及 nova 8 5G 等数十款 5G 手机，覆盖中高端用户。小米、OPPO、vivo 等多个手机厂商加速 5G 手机的上市，小米发布了小米 10、小米 11 等高端 5G 手机，OPPO 发布了 Reno5 Pro+、vivo 发布了 X60 系列等高端 5G 手机。根据中国信通院统计数据显示，2020 年，我国 5G 手机累计出货量达到 1.63 亿部、上市新机型款式累计达到 218 款，占比分别达到 52.9% 和 47.2%，5G 的终端连接数超过 2 亿个。更让产业界感到振奋的是，现在世界前十大手机厂商中中国企业有七家，中国手机品牌已处于 5G 商用终端第一阵营。

相比 3G/4G，5G 手机从诞生到普及正在加速。尤为引人注意的是，在中国 5G 牌照发放只有一年多的时间里，5G 手机售价逐步下降，低于 2 000 元的 5G 手机终端也已经面世，这大大提升了消费者购买 5G 手机的意愿。5G 终端款式的不断丰富、5G 手机价格不断下降，有力地促进了我国 5G 加快发展和普及。截止 2020 年底，我国 5G 套餐用户达到 3.22 亿户，5G 发展超过市场预期。

第四，5G 融合应用创新加速推进。2020 年，从上海进博会，到北京国际信息通信展，再到 2020 年广州世界 5G 大会，我国三大运营商充分展示了 5G 在工业制造、医疗、交通物流、教育、车联网、农业、新媒体、能源、金融、港口等行业的深度融合创新。

从应用来看，众多 5G 应用层出不穷，不再"听得到却难摸得着"。例如，中国移动联合湖南华菱湘钢打造了首个跨国 5G+AR 远程装配系统；联合华为等合作伙伴，在山西新元煤矿建成全国首个井下 5G 智慧煤矿；联合中远海运、东风汽车在福建厦门远海码头发布全国首个 5G 全场景智慧港口；联合浙江爱柯迪公司打造全 5G 柔性工厂……

如今，伴随着 5G 商用进程的加速推进，5G 与云计算、人工智能、大数据、物联网等新一代 IT 技术深度融合，5G 赋能千行百业，涌现出无人驾驶、工业机器人、远程医疗、远程教育、智慧城市、智能制造、智慧农业等多种新应用、新业态、新模式，推动产业实现变革式发展，助力垂直行业数字化转型。

5G 医疗应用：帮助智慧医疗完成远程手术与远程会诊；和人工智能技术的结合使得智能诊断速度更快；使得机器人能够代替人完成医助护理工作。

5G 超清视频与 VR、AR 应用：云办公、云课堂、云视频、云会展、云商贸、云招聘、云签约、云游戏等；实现高清视频实时远端直播；为竞技体育直播带来丰富的视觉感受；改变文化旅游产业格局；降低特殊场景下的教育培训的难度和门槛；丰富电商购物体验。

5G 智慧城市应用：实现对环境进行实时有效的监测；5G 和大数据技术的结合能够使得智慧交通成为可能；以 5G 网络和移动终端为依托，实现无人机安防、应急通信等大带宽、低时延业务，实现城市综合治理的快速定位、视频同步传输、实时调度等。

5G 工业制造应用：5G+ 工业互联网可以帮助企业实现柔性制造，按需生产，供应链及时了解订单信息，这样可以减少库存。目前很多工业制造企业通过 5G+ 工业互联网，实现了设备联网监测、多厂协同、远程控制和无人化生产，基于 5G+ 机器视觉的应用，5G 可以用基于机器视觉的 AI 质检替代传统人工质检，等等，这些都可以帮助工业企业提升生产效率和效益，释放工业生产力。

5G 在农业和救灾中的应用。例如，通过视频航拍农作物，实时传输至后台进行比对，实现农作物生产安全监控、农产品疫情病虫害监测，提升农业生产自动化、信息化和智能化水平。

在教育领域的应用。例如，5G 与超高清视频、VR/AR、全息影像等技术结合，创新教育手段，打造逼真的沉浸式课堂，体验名师亲临现场、教材教具实景呈现的现场感，大大提高了课堂授课的效果，得到师生们的广泛认可。

在应对这次疫情防控的过程中，远程服务、不接触服务的需求旺盛，几乎人人都携带的手机成了最好的工具。5G 直播、5G 远程医疗会诊、5G 智能机器人、5G 视频会议……在抗击疫情中发挥了越来越重要的作用，不断增加人们对 5G 的认知，进一步加速了 5G 应用的发展。

如今，5G 应用正处于快速发展阶段，各种 5G 行业应用正加速创新落地。随着 5G 产业链的日趋发展和成熟，5G 应用创新必将不断深化，5G 行业应用必将得到更好更快的发展，5G 行业应用必将成为推动传统行业数字化、智能化转型的新引擎。

第五，良好的 5G 产业生态正在形成。5G 产业的巨大市场正吸引着产业链各方加入，生态合作正成为推动 5G 产业发展、打造 5G 产业生态的重要驱动力量，越来越受到产业链各方的重视，产业合作成为 5G 发展中一道亮丽的风景线。如 2018 年 12 月，中央广播电视总台与中国电信、中国移动、中国联通及华为在北京共同签署合作建设 5G 新媒体平台框架协议，共同打造我国首个国家级"5G 新媒体平台"；2019 年 3 月，中国联通与联想集团签署合作协议，共建 5G 联合创新实验室；2019 年 9 月，中国移动广东公司与TCL 开展战略合作，双方共同成立 5G 联合创新实验室；2019 年 11 月，中国电信与京东物流签订 5G 战略合作协议，聚焦 5G 应用与发展、智能物流、智慧交通等领域，开展深度合作；2020 年 7 月，中国电信联合华为为青岛国网公司建成国内规模最大的 5G 智能电网。再如，我国三大电信运营商相继成立 5G 产业联盟，联盟合作伙伴不断壮大，如中国电信成立了 5G 产业创新联盟，中国移动成立了 5G 产业数字化联盟，中国联通成立了 5G 应用创新联盟；2019 年 9 月 9 日，中国电信与中国联通签署战略合作协议，开展 5G 网络建设的共建共享，截至 2020 年底，双方共建共享 5G 基站超过 30 万个，为双方节省投资建设资金超过 760 亿元……通过生态合作，共同为客户提供5G 应用和服务，正有力推动我国 5G 产业的健康发展。

综上分析，我们看到，当前我国 5G 产业链日趋成熟，但同时我们也应清醒地认识到制约我国 5G 产业发展的问题仍然存在，我们相信，只要产业链各方精诚合作，携手同行，克服前进中的困难，我国 5G 必将迎来更好更快更持续的发展。

# 我国 5G 发展面临的主要挑战

5G 具有的高速率、大容量、低时延特性，为经济社会各行各业数字化、智能化转型提供了技术平台。依托技术领先、产业先发和市场庞大等优势，5G 产业的快速发展将带动 5G 全产业链的发展，促进我国经济结构调整和经济高质量发展，推动全社会数字化转型。

如今，社会上对 5G 价值和意义说得好多，似乎把 5G 吹上了天，好像 5G 无所不能。世界上任何事物的发展总不会一帆风顺，在发展过程中总会遇到这样或那样的困难。在当前国内国际环境日趋复杂和不确定的今天，5G 在一片赞扬声中也面临着诸多挑战，需要我们正确面对。

## 挑战一：5G 发展投资巨大

5G 是一种全新的信息技术，通过赋能，可有力推动社会治理、生产方式、生活方式的深刻变革，成为推动社会数字化转型的新引擎。如今，5G 成为全社会关注的热点。但 5G 要真正获得更好的发展，投资是巨大的。主要表现在以下几个方面。

一是网络建设投资巨大。5G 网络建设主要包括 5G 核心网建设、承载网建设和基站建设等内容。5G 的频率高于 4G，传输速率更高但覆盖半径更小，因此基站建设密度比 4G 更高，需要建设更多的基站。

在 5G 网络的建设中，存在"三个三倍"现象：5G 基站的密度接近 4G 基站的 3 倍，5G 基站能耗接近 4G 基站的 3 倍，5G 建设成本接近 4G 的 3 倍。5G 基站及相关网络、管线设备还面临选址难、进场难，以及道路、楼宇、杆塔和电力等配套设施重新改造等问题。

截止到 2019 年底，我国 4G 基站达到 544 万个，2020 年，我国 4G 基站达到 575 万个，5G 网络要建设成 4G 网络的覆盖水平，大约至少要建设 1 000 万个 5G 基站，按照每个基站建设成本 30 万元计算，网络建设至少需要 3 万亿元。根据中国信通院预测，到 2025 年 5G 网络建设投资累计将达到 1.2 万亿元。从我国三大运营商 5G 网络建设投资来看，2020 年，中国移动、中国电信、中国联通 5G 网络建设投资规模达到 1 757 亿元，较 2019 年的

412 亿元增长 3.26 倍。

可以看出，5G 网络建设投资规模巨大。这么大的投资单凭运营商自己解决恐怕不大可能，这就需要在投资模式上进行探索，吸引民营资本和社会资本参与 5G 网络建设；同时，也需要国家在投融资政策、基站选址等方面给予政策支持。

二是 5G 运营成本高。5G 网络运营成本主要包括维护成本、功耗支出等。5G 网络建设起来，从运营成本来看，十分高昂。

从维护成本来看，5G 基站覆盖半径小，密集部署基站，将大量增加网络建设维护成本。加上既有的 2G/3G/4G 网络，维护成本会非常高。

从 5G 功耗来看，支出十分庞大。AAU（Active Antenna Unit，有源天线处理单元）功耗增加以及 Massive MIMO（大规模天线）技术的应用是 5G 功耗增加的主要原因，5G 功耗一般是 4G 的 3 倍。5G 基站能耗高，加上 5G 基站密集部署，造成巨大的用电成本。随着 5G 基站的大规模使用，电信运营商用电成本将直线上升。有电信专家预测，5G 要达到 4G 的覆盖水平，电费支出将超过 2 000 亿元。

近年来，电信运营商收入增长面临较大压力，营收和利润都出现了下滑，面临高昂的 5G 运营成本，运营商将背负沉重的运营压力，面临着怎样把投入尽快地收回来的难题。

为加快 5G 发展，降低运营商高昂的 5G 运营成本。近年来，全国各地政府相继出台支持 5G 的政策。目前，山西、山东、江苏、广东、河北、福建、海南等 25 个省、自治区、直辖市出台了相关政策，但仍需要产业链各方通力合作，努力把 5G 基站的建设成本和运营成本降下来。

## 挑战二：5G 关键技术突破面临严峻挑战

自 2018 年 4 月"中兴事件"以来，美国不断加大对中国高科技企业的打压力度，如 2019 年 5 月美国将华为列入"实体清单"；对华为等中国高科技企业极限施压，对华为及其 114 个海外关联实体两类情况纳入美国商务部（Bureau of Industry and Security，BIS）的出口管控；受美国禁令的影响，台积电宣布 2019 年 9 月 15 日起断供华为芯片，不再为华为提供芯片代工服务；2020 年 5 月，美国对华为的禁令进行了升级，华为面临着更加严苛的制裁，不被允许找代工厂商进行芯片代工，台积电、中芯国际都被限制，无法为华为代工，华为自研处理器麒麟处理器被迫停产，麒麟 9000 处理器成为绝唱。除此之外，向联发科和高通购买芯片这条道路也被堵死，联发科如今也已经不能够再为华为供应芯片了……美国的极限施压主要针对的是华为海思半导体和芯片，2020 年 9 月 14 日之后，华为将面临高端麒麟芯片无法制造的难题，客观上来讲，华为将面临一次更加严峻的挑战和压力。

就在我完成书稿之时，2020 年 12 月 18 日，美国又举起制裁大棒，将中芯国际列入"实体清单"，持续打压中国高科技企业，这再次说明解决"卡脖子"难题迫在眉睫。

对于 5G 发展，谁掌握了产业链高端，谁就能在 5G 时代赢得更多的话语权。从全球 5G 产业链来看，我国在半导体材料、芯片制造、光刻机等上游"卡脖子"严重，依赖进口，芯片自给率较低。2020 年我国芯片进口额达到 3 500 亿美元，远超排名第二的原油进口额，2020 年我国芯片自给率仅为 40% 左右。

目前，市场上的 5G 芯片以 7 nm 工艺为主，而国外已开始推出下一代更高工艺水平的芯片，我国在芯片的 IC 制造、装备等环节与欧美芯片企业存在较大差距，尤其是面临美国对华为等高科技企业的极限施压，5G 供应链存在诸多不确定性。

关键核心技术是要不来、买不来、讨不来的。美国的疯狂打压更加激发了我国必须补上 5G 产业链供应链上游短板，加快集成电路、高端芯片、元器件等关键领域的自主研发的决心，为此，2020 年 8 月，国家出台了《新时期促进集成电路产业和软件产业高质量发展的若干政策》，运用举国体制，实现软件重点关键技术的突破，打破软件关键核心技术国外垄断的壁垒，力争芯片国产自给率 2025 年达到 70%。

芯片的研发是到了啃硬骨头的时候了，不能因为遇到困难而放弃，更不能因为投入巨大就退缩。芯片实现自主研发需要发挥举国体制优势，加大投入，形成国内集成电路产业链领先企业的协同发展模式，实行集中攻关。我们相信，我国在集成电路、高端芯片等关键技术领域一定能摆脱国外的垄断。

## 挑战三：缺乏杀手级的应用，5G 发展仍处于导入期

自从 2019 年 6 月工信部发放 5G 牌照以来，5G 成为全社会关注的热点，"行业热"成为 5G 发展一道亮丽的风景线。各种 5G 论坛、5G 展览会、5G 视频会议、5G 生态合作大会、各类关于 5G 的新闻报道、各类 5G 发展研究报告、5G 白皮书等纷至沓来，国家关于推动 5G 加快发展的政策密集出台，5G 网络建设加速推进，5G 应用示范不断涌现，5G 套餐用户超过 3 亿⋯⋯5G 发展呈现一派繁荣昌盛的景象。

5G 要真正发挥"新引擎"作用，最为关键的是应用，没有应用的发展和普及，5G 产业将失去持续增长的动力。在我国，5G 发展已有 1 年多时间了，在一片热闹繁荣的背后，我们也清醒地看到，5G 应用发展相对滞后——缺乏杀手级应用。

面向 5G2C（5G to Consumer，又写成 5GtoC，是指面向公众消费者提供的 5G 服务）市场，我国 5G 发展迅猛，5G 牌照发放一年多来，2020 年，我国 5G 套餐用户达到 3.22 亿，从用户购买驱动因素来看，最主要的是 5G 上网速度快以及高价值流量，应用还不是驱动 5G 用户发展的主要原因，这是当前我国 5G2C 发展的隐忧。反观，全球最早商用 5G 的韩国，5G 用户渗透率在全球处于领先，一个重要原因就是应用驱动。目前韩国约 40% 的 5G 用户使用 AR/VR 服务，韩国 5G+AR/VR 发展比较成熟。

2G 时代，刷出了微博；3G 时代，跑出了微信；4G 时代，带火了抖音。现在行业将 5G2C 的爆品押在 AR/VR 上。我们分析认为，AR/VR 难以成为 5G 杀手级应用，一项调查显示，38% 的受访者将"用户体验"列为当今 AR/VR 普及面临的最大障碍，37% 认为内容缺乏是 AR/VR 发展面临的最大挑战，32% 受访者认为成本是 VR 大范围普及的最大瓶颈。可以看出，内容缺乏、客户体验不好（主要是指戴着 AR/VR 眼睛不方便）是制约 AR/VR 普及的主要原因。此外，要成为爆品一定得是像微信、抖音这样的大众化产品，而 AR/VR 是小众市场，这决定了其难以成为 5G2C 的爆品。

我们知道在 3G/4G 时代，移动互联网重在 2C 领域，我国互联网公司有着非常好的创新，打造出了滴滴出行、支付宝、微信、抖音等重量级的应用。

如今，面向 5G2C 市场，市场上仍未出现杀手级 5G 应用产品，而且内容和应用创新仍相对滞后，内容开发生态尚未形成，这决定了 5G2C 市场仍需深耕。

5G2B（5G to Business，又写成 5GtoB，是指面向企业提供的 5G 服务）是 5G 最大的市场。如今，5G 已经广泛应用在工业制造、医疗、教育、交通、物流、能源、金融等行业，各种行业应用标杆案例层出不穷，但总的来说，5G 垂直行业应用大多仍处于试验和探索阶段，而要取得大规模应用和发展还需要一个过程。主要原因是：一是 5G 网络覆盖不够，让一些企业还无法享受到 5G 网络；二是 5G 技术产业支撑能力有待提升。虽然 R16 标准已经冻结，5G 标准尚未完全落地，5G R16 仍需要 1～2 年才能商用，网络切片和边缘计算等关键技术尚未达到规模商用部署要求；三是各个垂直行业信息化程度参差不齐，对 5G 缺乏了解，个性化的 5G 行业应用解决方案难以大规模复制推广，以及 5G 商业模式仍处于探索之中，也制约了 5G 行业应用的规模发展；四是 5G 行业应用存在行业壁垒、产品壁垒和融合壁垒，5G 技术与垂直行业无缝连接也面临挑战，5G 真正实现无人驾驶、工业自动化等也并非易事；五是目前相当一部分企业客户，尤其是中小企业，4G、Wi-Fi 及光纤基本能满足它们的信息化需求，对 5G 需求并不迫切。虽然疫情防控促使 5G 在工业制造、医疗、教育等垂直行业加速落地，但上述五大原因客观决定了 5G 在垂直行业的拓展可能需要更长的培育期，5G 垂直行业应用发展和普及需要一个长期的过程。

面向垂直行业市场，由于各垂直行业之间存在较大的差异，行业与行业之间的需求可能是完全不一样的，而且 5G 行业应用呈现"碎片化"特征，可复制性弱，不利于大规模推广。在这种情况下，一种应用很难复制到全部市场，很难爆发出类似于个人消费市场规模的杀手级应用，而需要逐个行业突破，聚少成多，从量变到质变。

## 挑战四：5G 商业模式仍处于探索阶段

5G 作为新基建的领头羊，对稳投资、带动产业链发展和助力经济高质量发展的作用不言而喻。5G 要发展好，商业模式创新至关重要。当前我国 5G 产业蓬勃发展，但商业模式不清晰，仍处于探索阶段。主要表现在：

（1）5G基于连接、流量、网络切片等带来的增量收入，不足以弥补电信运营商高额的建网成本和巨大的电费支出，所以，对于电信运营商来说，进入5G时代，不能走依靠连接的老路，而要积极探索多元化的商业模式。

（2）投资模式不清晰。某些垂直行业领域对于5G网络投资建设认知不够全面，对到底是由运营商来投资还是由垂直行业客户来投资认识不清楚，垂直行业客户认为网络应该是运营商业务范畴，与自身关系不大，一定程度上造成电信运营商与垂直行业商业需求对接不够，在面向垂直行业客户网络建设投资模式上需要进一步探索。

（3）参与各方如何实现共赢前路漫长。5G应用领域广泛，5G每一个不同领域的建设都是庞大复杂的系统工程，同时涉及的参与方众多，投资规模巨大。参与各方如果不能在合作中获得利益，将难以调动各方的积极性，目前仍处于5G网络建设快和应用发展慢的阶段，5G投资回报、各方利益充分保障尚需一个过程。

（4）5G面临融合应用创新的挑战。5G要发挥价值，5G与社会各个行业融合是重要条件。由于各个行业尤其是工业制造业生产设备多、产业链长、流程复杂、价值创造环节多、专业技术要求高、标准和协议不够统一、行业需求复杂、业务场景分散且碎片化，而且各个行业千差万别，这给5G跨行业、跨领域融合带来了困难，产业链整合难度加大；跨界合作缺乏运营经验，运营商、设备商、5G垂直行业企业间的行业壁垒仍然较高，企业间融合融通、相互促进的产业生态尚未形成。

（5）盈利模式不清晰。5G2C盈利模式相对比较清晰，对于电信运营商来说，当前，5G盈利主要来源于连接收费，盈利模式仍比较单一，更加多元化的盈利模式尚未形成。短期来看，这是可以接受的，但要是长期没有清晰的盈利模式，5G发展和建设将无法形成商业闭环，不利于5G产业持续健康地发展。

由于5G2B市场比较复杂，参与方众多、需求碎片化、场景多样化、融合复杂化、客户主体多元化、合作模式多样等，给盈利模式设计带来了困难，如收费方多且比较复杂。以自动驾驶为例，两个相邻城市内5G基站可能由两家运营商负责建设，路侧单元和传感器可能由各自城市的交通管理部门负责建设。如此一来，当一辆轿车跨市自动驾驶时，产生的费用可能需要在上述四个单位之间进行分配——采用何种方式、如何进行收入分成就成了一大难题。在 5G 一些应用领域，付费方不清晰，如在智慧城市领域，5G 应用很多具有公益性，直接收费比较困难。此外，面向垂直行业的不同服务、不同场景，对于网络的带宽、时延、速率、连接、QoS（Quality of Service，服务质量）的要求、网络资源消耗以及对于运营商运维体系的复杂程度要求不同，给实时计费带来挑战，等等，这些问题都需靠商业模式创新来解决。

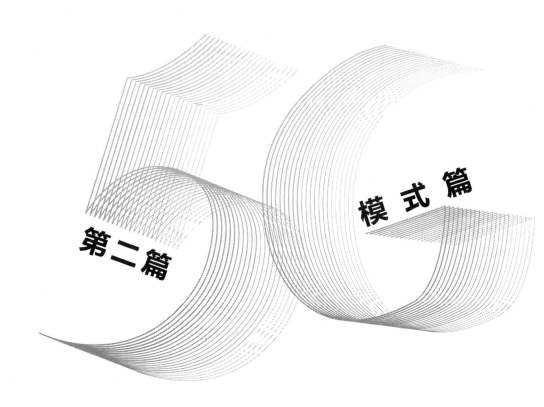

第二篇　模式篇

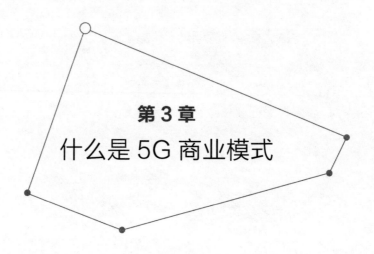

# 第3章
# 什么是 5G 商业模式

如今，5G 成为全球争夺的热点，也是社会各界关注的焦点，现在大家不光谈 5G 速率有多快、时延有多低、连接有多广、技术有多先进、对经济发展有多重要，更应该多想想 5G 商业模式如何创新。

商业模式创新是促进 5G 产业健康、为企业带来持久的竞争优势和持续的收入增长的关键。当前，5G 商业模式不清晰是业界普遍关注的问题，5G 产业要持续健康地发展，就必须高度重视 5G 商业模式创新。

5G 具有高速率、低时延、广连接的特点，可以满足消费者对虚拟现实、超高清视频等更高带宽的网络体验需求；5G 的发展能够有力推动各行各业数字化转型，加快智能制造、自动驾驶、智慧医疗等应用的落地，真正实现万物互联。相比 3G/4G，5G 将对社会生产生活产生深远的影响。毫无疑问，5G 时代为企业开启新一轮转型创造了无限的想象空间，5G 未来发展不能走 4G 注重流量经营的老路，而要坚持走商业模式创新之路，以模式创新推动 5G 高质量发展。

## 商业模式创新对 5G 发展的重要性

近年来，国家监管层发文多次提及要积极探索和完善 5G 商业模式，说明国家在战略层面认识到 5G 商业模式创新的重要性和紧迫性，可以说，商业模式创新关系 5G 发展的成败。

当今世界，一家企业或一个新产品要取得成功，取决于两大因素，一是技术创新，二是商业模式创新，二者缺一不可。不管 5G 技术有多先进，如果没有商业模式的成功，5G 将难有作为。

图 3-1 是商业模式创新和技术创新四象限矩阵，从图 3-1 中可以看出，只有技术创新而没有商业模式创新，或者只有商业模式创新而不重视技术创新，一般都难以成功。只有商业模式创新与技术创新共同驱动，一个产业或一项产品才能真正实现爆发式增长。

图 3-1　商业模式创新 / 技术创新四象限矩阵

案例一：2007 年 9 月苹果 iPhone 推出市场，取得了巨大的成功，不仅仅是因为苹果公司采用了新技术，而且是其把新技术与卓越的商业模式有效结合起来的结果。苹果公司真正的创新是让用户享受到极致的用户体验，同时苹果公司也开创了"硬件 + 软降 + 服务"软硬一体化的商业模式，从而引领了智能手机革命。

案例二：360 安全卫士之所以在杀毒软件市场胜出，不仅仅是因为在技术上、杀毒的质量方面领先，而且推出永久免费的商业模式。

案例三：大约 30 年前，乔布斯和几个苹果公司的员工来到神秘的"施乐PARC"，他第一次看到"视窗"演示大约一分钟后，竟然跳起来大叫道："你们为什么不应用这些技术开发产品呢？这真是最了不起的东西！这就是技术革命！"然而，视窗并没有成就施乐，却成就了微软和苹果。

施乐的尴尬正是技术创新和商业模式创新的割裂造成的。施乐帕洛阿尔托研究中心（Palo Alto Research Center，PARC）本身在技术创新上并没有辜负施乐的期望，但由于其技术创新和商业模式创新是割裂的，技术创新迟迟无法转化为企业利润，导致 PARC 成为纯粹的成本中心，不能创造市场价值，最终变成施乐的最大负担。

5G 是第五代移动通信技术的简称。与 3G/4G 相比，5G 在用户体验速率、连接设备数量、时延方面具有明显优势。速率上，5G 基站峰值速率和用户体验速率达到 20 Gbps、100 Mbps-1Gbps，分别为 4G 的 20 倍、10 倍；连接设备数量每平方公里可达 100 万个终端，是 4G 的 10 倍；网络时延由 4G 时代的 10 ms 降低到 1 ms。5G 技术是一种技术创新，具有低时延、广连接、大带宽三大特点，5G 与社会各行业的融合，真正实现了万物互联，推动了人类社会进步和人们生产生活方式的变革。

如今，5G 已广泛应用于社会各个行业，尤其是这次新冠疫情进一步激发了 5G 的应用需求，但仍存在 "5G 网络建设快、应用发展滞后" 的局面。5G 产业要实现爆发式增长，不仅仅需要 5G 技术的不断创新，更需要 5G 在商业模式上实现突破。只有技术创新和商业模式创新双轮驱动、有机结合，5G 产业才能真正迎来爆发式增长。因此，任何一家企业要抓住 5G 发展机遇，最为关键的是要思考设计一个好的商业模式，让企业价值能最大限度地变现。

面对 5G 巨大蓝海，5G 要发展，就必须坚持 5G 的商业模式创新和技术创新有效结合。只有这样，才能为 5G 开启更为广阔的应用场景和市场空间。但是，5G 商业模式创新一定不能走 2G/3G/4G 时代的老路。5G 时代，5G 商业模式如何创新值得期待。

# 5G 商业模式的内涵

商业模式是 20 世纪 90 年代才开始被广泛使用和传播的一个新名词，关于商业模式的书籍也比较多，对商业模式的定义有几十种。有些人将商业模式描述为企业如何赚钱的方式；有些人认为商业模式是为客户创造价值的过程；有些人将商业模式狭隘地理解为盈利模式，魏炜、朱武祥两位北大清华教授将商业模式定义为利益相关者的交易结构，包括定位、业务系统、盈利模式、关键资源能力、现金流结构和企业价值六个方面；著名管理学教授陈春花给出商业模式五要素：价值主张、成本模型、盈利模型、供应链管理、核心能力。

综合商业模式各种理解和我的长期观察、研究，我认为商业模式是整合企业内外部要素为客户创造价值的运营系统，并在满足客户需求、实现客户价值过程中实现利益相关者共赢或持续盈利的整体解决方案。商业模式是以为客户创新价值为起点，以实现企业价值为终点，任何商业模式最终都回归到"企业如何盈利"这个最原始的问题上来。

那么什么是 5G 商业模式？它具有哪些特征呢？首先我们要对 5G 发展特征进行简要回顾，这有利于我们更好地给出 5G 商业模式的比较科学的定义。

从 5G 发展来看，呈现以下几个特征：5G 具有高带宽、低时延、广连接三大特点，是一种新兴的移动通信技术；5G 技术的应用，将有力推动社会治理、生产方式、生活方式的深刻变革；5G 产业链长，参与企业众多；5G 主要面对垂直行业客户、消费者两大市场，2B 是 5G 主要市场；对于垂直行业客户来说，5G 只是技术手段，5G 是赋能的，而不是万能的；5G 商业模式主要是针对 5G 运营企业来说的，5G 运营企业就是在满足客户需求、为客户提供 5G 一体化解决方案过程中参与的产业链各方企业，包括发挥主导作用的企业，如电信运营商、设备制造商和垂直行业客户等。对于参与服务广大客户的 5G 产业链各方企业，以及 5G 运营的主导企业，5G 商业模式框架和定义都一样适用。下文提到的 5G 运营企业主要是指 5G 运营的主导企业。

根据上述对商业模式的理解和 5G 发展特征的认识，本书给出 5G 商业模式的新定义：

5G 商业模式是指 5G 运营企业根据明确的战略定位，通过整合内外部要素形成生态共同体，共同为客户创造价值的稳固的运营系统，并在满足客户 5G 应用需求、实现客户价值过程中实现生态各方合作共赢和持续盈利的整体解决方案。

根据 5G 商业模式定义，我们构建了 5G 商业模式七要素模型（见图 3-2），从七个维度透视 5G 商业模式的创新体系，七个维度分别是战略定位、产品服务、价值主张、生态系统、运营系统、核心能力和盈利模式。这七个要素相互联系、相互作用，它们共同构成 5G 商业模式的全部内容。

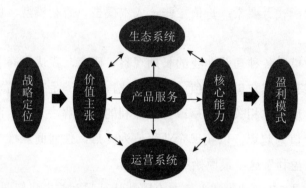

图 3-2　5G 商业模式七要素模型

## 战略定位

面向 5G 市场的巨大蓝海，参与企业众多，竞争也十分激烈，5G 运营企业要获得商业模式的成功，必须明确自己的战略定位，要回答企业 5G 发展总体战略是什么，战略目标是什么，面向客户需求我们哪些要做哪些不要做，为哪些客户服务不为哪些客户服务，明确战略定位是 5G 运营企业实现商业模式创新必须回答的问题，这决定了商业模式创新的方向和成败。

## 产品服务

5G 发展最终靠产品，产品是 5G 发展的核心，也是商业模式创新的根本所在。5G 商业模式创新本质就是打造好的产品，5G 产品的成功在很大程度上就是商业模式的成功。5G 以其先进的技术优势渗透于人们的生产生活，为 5G 时代的应用创新打开了无限想象空间。因此，我们要顺应客户需求的多样性、个性化、综合化发展的趋势，发挥 5G 技术优势，加速 5G 与社会各方面的融合，努力为客户提供好的 5G 产品和解决方案。

## 价值主张

价值主张是指企业做什么对客户是有意义的，即对客户真实需求的深入洞察和准确把握。对于 5G 运营企业来说，我们必须清晰地理解客户的价值主张是什么，这里的客户包括普通消费者、垂直行业客户和合作伙伴。对于 5G 运营企业来说，当前最为重要的是回答好客户的价值主张是什么，这需要企业能够准确把握客户的消费需求，努力为客户创造价值，这有助于 5G 运营企业更好地整合产业链优势资源以为客户提供更好的产品和服务，实现共创共赢。

## 生态系统

5G 产业的最大特点就是产业链长，任何一家企业不可能通吃。5G 运营企业为了满足客户 5G 应用需求必须要加强产业链的合作，整合产业链优势资源，形成生态共同体，共同满足客户个性化、差异化、智能化的 5G 应用需求。因此，打造健康的 5G 生态系统是 5G 商业模式的核心内容，好的商业模式，一定是打造了一个具有竞争力的 5G 生态系统。当然，成功的商业模式一定是能让产业链上的所有合作伙伴都能获益，只有这样合作伙伴才会和你站在一起。

## 运营系统

运营系统实际上就是 5G 运营企业为最终满足客户 5G 需求而开展的各项经营管理活动的总和。一个好的商业模式一定在运营系统上具有很强的执行力和竞争力，也是竞争对手难以模仿的。生态运营、成本模式、产品提供、企业管理、队伍建设、机制体制等都是运营系统的重要内容。

## 核心能力

电信运营商这些年来的转型发展有突破，但成效并不显著，主要表现在收入增长低速运行、新兴业务收入占比较低等。形成这样局面的直接原因是缺乏适应市场环境变化的企业核心竞争力。面对新形势，传统优势和经验已失去竞争力，传统的优势和经验会在不断变化的环境中变成劣势。面对 5G 新风口，尤其是面对垂直行业的巨大市场，电信运营商要在 5G 时代更好更快地发展，就必须进行创新和重组，重塑适应 5G 时代的核心竞争力，尤其要提高自主创新能力、应用创新能力、跨界资源整合能力和拥有 5G 垂直行业的专业化运营能力，从而避免 5G 时代陷入管道化的风险。

### 盈利模式

5G 到底如何盈利？5G 商业模式创新一定要把盈利模式想清楚。5G 时代，电信运营商盈利模式不能走 3G/4G 时代流量经营模式的老路，不然的话，5G 的巨大投资难以收回。由于 5G 是生态共同体共同为客户提供服务，盈利能不能有效分配，能否让产业价值链上的各个环节都合理受益，共同成长，这是关键。如果生态合作各方跟你合作都能分配到应得的收益，它们一定会和你站在一起，所有参与各方也能在合作中实现成长。

5G 商业模式创新是上述七大要素共同创新的结果，也有可能，就是七大要素中某一个要素的创新，也会产生新的商业模式。因此，提升 5G 商业模式设计能力至关重要，做到这一点，关键要具备 5G 思维。5G 思维是：发展 5G 最为重要的是想一想与哪些利益相关者合作，如何构建生态共同体共同满足用户 5G 差异化需求。这说起来容易，但需要企业经营管理者在实践中不断培养商业模式视角和思维，帮助企业走上商业模式创新之路。

# 5G 为商业模式创新创造无限可能

从 1G 到 4G，每一次技术变革，运营商扮演的角色是基础设施建设者，投资巨大，受益最大的是设备商、终端厂商、内容提供商和互联网公司，如华为、中兴、高通、腾讯、小米、滴滴出行等。

从商业模式发展来看，1G 和 2G 时代，由于移动市场处于卖方市场，运营商只要建网就不愁没有用户，经营模式就是建网发展用户，提供的服务主要是语音、短信以及 WAP（Wireless Application Protocol，无线应用协议）应用；高资费、模式单一是这一时期的主要特点。

3G 时代，带宽大大提高，理论最高速度达到 100 Mb，随着智能手机的发展、普及和移动互联网应用的高速发展，3G 用户数量快速增长，2013 年我国 3G 用户突破 4 亿，运营商流量经营得到快速发展，流量经营是 3G 时代运营商主流模式，流量经营成为拉动运营商收入增长的主要动力。虽然运营商积极开展平台模式、生态模式等，积极进入新兴业务领域，以抓住移动互联网机遇，但良好的愿望一次次被打破。

2013 年 12 月 4 日，工信部向三大运营商发放 4G 牌照，标志着 4G 时代的到来。与 3G 时代相比，4G 网速提升了约 10 倍，资费进一步下降，无限流量套餐开始出现，而且渐渐成为用户的首选和市场主流。

4G 时代，运营商最大的成效就是 4G 用户规模发展和流量经营。仅仅 4 年时间，我国 4G 用户规模就达到 10 亿，2018 年，我国 4G 用户达到 11.7 亿。无限流量套餐深受用户欢迎，流量呈现迅猛发展之势，移动流量收入成为拉动企业收入增长的第一动力。如今，无限量套餐逐步普及，流量经营红利逐步消失。

4G 时代，社交、信息流、按需服务、短视频、直播等应用爆发式增长，涌现出一大批高速增长的科技企业，如滴滴出行、今日头条、字节跳动等。然而，运营商在拓展移动互联网等新兴业务领域，虽然在商业模式上积极探索实践，成立专业化公司、推进平台经营、打造商业生态，但真正打造市场叫得响、有规模、处于行业领先的新产品比较少，新兴业务发展并不理想，可以说，运营商错过了移动互联网大发展这一时代机遇。

当前我们正阔步进入 5G 时代，5G 为全社会带来深刻变化的同时，也为电信运营商扭转经营困境带来新的增长极。可以说，5G 为电信运营商转型发展提供了难得的机遇，是对电信运营商转型发展的一次全面的检验。5G 网络具有大带宽、低时延、高可靠、广覆盖的特点，结合人工智能、移动边缘计算、端到端网络切片、无人机等技术，在虚拟现实、超高清视频、车联网、无人机及智能制造、电力、医疗、智慧城市等领域有着广阔的应用前景，5G 与垂直行业的"无缝"融合应用必将带来个人用户及行业客户体验的巨大变革，带来各种新应用、新模式、新业态。

如今，无人驾驶、远程控制、远程医疗、智慧电网、智慧能源、AR/VR

教学……各类 5G+ 新场景、新应用、新业态正向我们走来，需求的多样性、应用的多样性，就需要发展更多的商业模式，才能促进 5G 产业的持续发展。商业模式是 5G 发展的重要一环，为更好地促进 5G 产业的健康发展，加快 5G 商业模式创新刻不容缓，这需要我们开展科学有效的商业模式的策划和设计。

# 如何进行 5G 商业模式设计

5G 商业模式绝不是设计盈利模式这么简单，从 5G 商业模式七要素模型我们也可以看出，5G 商业模式最为本质的是生态系统和运营系统，而且要围绕产品服务创新这一中心展开，这给我们的一个重要启示就是：5G 商业模式设计决不能沿袭传统的线性思维，要从线性思维向立体思维转变，运用商业模式画布这一分析工具进行商业模式设计。

## 商业模式创新的立体思维

如今，商业模式创新成为 5G 发展的关键，好的商业模式可以更好地促进 5G 产业健康发展、助力 5G 产业链各方做大做强；相反，没有好的商业模式，必将影响我国 5G 产业的长远发展。

当前，我国 5G 产业发展的热词可概括为"网络建设""融合应用""技术创新""生态系统"，我们每一家 5G 产业链上的企业都是产业上一个"原子"，离开产业"原子"就没有活力。

我国 5G 商用已有一年多的时间了，5G 已在诸多行业得到广泛应用，各类行业应用标杆不断涌现。纵观 5G 应用落地，一个共同特点就是电信运营商、设备制造商等产业链上企业合作共同为客户提供 5G+ 应用，助力各行各业效率变革、质量变革和动力变革。好像生态合作就是 5G 商业模式。其实打造 5G 商业生态只是为客户创造价值、打造企业新优势的基础逻辑，有了好的生态，就能为商业模式创新提供源源不断的动力。

为更好地推进 5G 商业模式创新，我们应突破传统的思维定式，需要我们站在不同的视角，对企业所处的环境以及面临的选择给出清晰的定义，这对我们更好地把握 5G 发展机遇、提升企业竞争力和面向客户的价值创造力具有重要意义。

（1）站在行业发展的角度，企业要积极融入 5G 产业发展体系之中，企业要么加入一个有竞争优势的生态共同体，要么主动创造一个 5G 生态共同体。

（2）站在客户的角度，重新审视客户的痛点和需求，这是商业模式实现价值创新的基础。

（3）站在企业边界的角度去看企业，需要 5G 运营企业积极推进跨界经营，进入哪些行业，如何提升跨界融合能力，明确选择的客户和产品到底是什么。

（4）站在生态系统的视角，一个企业通过改变、重新构造商业模式，实现跟同类生态系统中其他企业的竞争优势的差异。

基于上述 4 个不同的视角，企业在设计商业模式时，要跳出企业的边界看企业，跳出生态系统的边界看企业，跳出行业边界去看一个企业，要站在客户的角度看企业该怎么样做。对这 4 个方面的认识，企业应该进一步明确在 5G 生态共同体中的定位，是选择进入一个生态共同体还是创造一个生态共同体？进而怎样为新的生态系统设计一个商业模式？怎样在这一既定的商业模式下把公司的战略制定出来？

基于 4 个不同视角，我们得出这样一个结论，企业选择不同的生态共同体，商业模式是不同的，表 3-1 是两大不同生态共同体下的商业模式总体设计。

表 3-1　不同生态共同体下商业模式设计

| | 企业在生态共同体中的定位 | 商业模式设计的主要考虑 |
| --- | --- | --- |
| 企业选择进入一个生态共同体 | 企业是 5G 生态共同体的参与者 | 企业应该做好自己的事情，在生态中发挥优势，做长长板，与主导企业开展战略合作，积极融入生态 |
| 企业创造一个生态共同体 | 企业是 5G 生态共同体的组织者 | 发挥企业影响力，做好战略定位，选择合作伙伴和用户，共同为客户提供 5G 一体化解决方案，做好盈利模式设计，实现价值分配，让参与各方获益 |

从表 3-1 中不难看出，不同生态共同体下，企业商业模式设计是不同的，作为生态共同体的参与方，最为重要的是做好自己的事情，在 5G 产业链某一环节做精做强，这是最为关键的；作为生态共同体的组织者，需要系统进

行商业模式设计，这需要从战略定位、客户选择、产品定位、合作伙伴选择、盈利模式设计、运营管理、价值分享等方面系统设计，这方面内容我们在第四章详细论述。

## 商用模式画布方法论的应用

好的 5G 商业模式不是拍脑袋、凭感觉想出来的，更多的是通过科学的工具和正确的方法进行分析和拆解，进行多次整合优化后才得出的结果。商业模式设计的工具和方法有很多，如 SWOT 分析法、情景分析法、战略地图分析法、商业模式画布等，我们这里重点介绍商业模式画布这一分析工具。

商业模式画布是描述和分析企业如何发现价值、创造价值、传递价值、获得价值的基本原理和工具。通常就是将商业模式画到纸上，然后通过分析、讨论、论证，不管多么复杂的商业模式，在一个结构性的商业画布里面，基本一张纸就可以把商业模式说清楚。

商业模式画布能做到商业模式的可视化，将商业模式中的元素标准化，并强调元素间的相互作用，商业模式画布是一个非常有效的工具和方法，每个企业、每个组织，都应该运用商业模式画布，好好规划一下自己的商业模式。

目前 5G 发展最大的难题就出在商业模式这一环节，商业模式仍处于探索之中，我想要规划好 5G 商业模式，可以运用商业模式画布这一工具，给出商业模式画布这么一张纸，好好地归纳总结出 5G 商业模式，这是非常必要的。

商业模式画布一般包括客户细分、价值定位、渠道通路、客户关系、关键活动、核心资源、合作伙伴、合作模式、投资建设和收入来源十个方面的内容。结合 5G 技术和产业发展的特点，运用 5G 商业模式画布对这些核心要素进行了适度优化（见图 3-3），包括以下 10 个方面的内容。

（1）客户细分：找准 5G 的目标客户？

（2）价值定位：客户关注什么？需要哪些产品和服务？这些产品和服务呈现怎样的特征？

（3）核心资源：拥有什么核心资源和优势，从而保证所有商业行为的执行和落实？

（4）关键活动：满足用户需求最需要做哪些关键性的事情？

（5）渠道通路：与客户怎么建立联系，并使得用户能够为使用 5G 技术埋单？

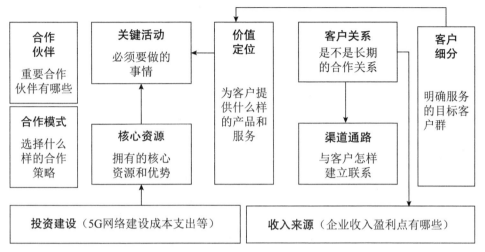

图 3-3　5G 商业模式画布示意图

（6）客户关系：通过什么方式或机制保证与用户建立长期的合作关系？

（7）合作伙伴：需要和哪些上下游重要企业进行深度合作？

（8）合作模式：与合作伙伴怎样合作，能够共同为客户提供 5G 产品和解决方案，实现共赢。

（9）投资建设：面向客户 5G 网络建设、平台建设等成本性支出怎样？巨大的投资资金如何解决？投融资模式怎样？

（10）收入来源：企业主要收入来源有哪些？

在实践中，通过调研、分析、讨论、论证等方式，回答上述 10 个问题，这样就会对 5G 商业模式有着更全面、更理性的认识，有助于我们找到有效的 5G 商业模式。

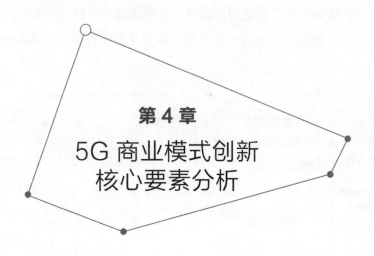

**第 4 章**

# 5G 商业模式创新
# 核心要素分析

商业模式创新决定了 5G 发展的成败。5G 商业模式创新是一项系统工程，绝不仅限于盈利模式。我们在第 3 章对 5G 商业模式概念给出了七要素模型，为企业开展 5G 商业模式创新提供了有效的指引，这七个要素分别是战略定位、产品服务、价值主张、生态系统、运营系统、核心能力和盈利模式，本章重点对这些要素进行详尽论述，以更深入地探索 5G 商业模式创新之道。

## 战略定位：制定清晰的 5G 发展战略

一个好的战略定位能明确企业的发展方向，能更好地发挥企业的优势，拓展企业有优势的业务，能使企业更好地适应市场环境的变化，确保企业在市场竞争中保持差异化的竞争优势。

5G 时代的到来真正开启了万物智联的全新时代，不仅为行业带来无限可能，更将千百行业数字化转型带入全新阶段。根据中国信息通信研究院预测，2020—2025 年，我国 5G 商用带动的信息消费规模将超过 8 万亿元，直接带动经济总产出达到 10.6 万亿元。5G 产业的巨大市场正吸引产业链各方纷纷加入，形成了万马奔腾的发展态势。

俗话说：战略决定成败。面对 5G 市场的巨大蓝海，任何企业要在 5G 时代获得更好的发展，就必须更加重视战略经营，明确 5G 发展战略。如果企业 5G 发展缺乏正确的战略指引，企业就像航行在大海的航船迷失方向一样，难以驶向胜利的彼岸。更进一步说，如果 5G 发展战略选择错误，则很可能使企业坐失 5G 时代的历史机遇。因此，企业 5G 要发展好，就必须根据内外部市场环境的变化，制定正确的 5G 发展战略，这应该引起参与 5G 产业发展的中国企业的高度重视。

每一家参与 5G 发展的企业都可以在 5G 时代找到企业发展的机遇，就看你有没有发现机遇的战略眼光，有没有抓住机遇的战略经营能力。看一看中国移动"5G+"战略，可以发现中国移动 5G 发展战略的引领性！

2019 年 3 月 4 日，中国电信董事长杨杰调任中国移动，担任中国移动董事长，杨杰董事长到任中国移动两年多来，做了一件十分重要的工作，就是制定中国移动面临新形势的公司发展战略，从中国移动的创世界一流"力量大厦"到"5G+"战略可见一斑。

面临第四次工业革命和 5G 发展的信息化浪潮，中国移动深入思考 5G 技术实质和发展规律，以独到的眼光洞悉 5G 发展趋势，逐渐形成了以"5G+"为核心理念的 5G 行动计划，于 2019 年 6 月在上海举办的世界移动大会上，中国移动率先发布"5G+"战略。

"5G+"战略包括 4 个方面的内容：一是"5G+4G"；二是"5G+AICDE"三是"5G+Ecology"；四是"5G+X"。中国移动通过推进"5G+4G"协同发展、"5G+AICDE"融合创新、"5G+Ecology"生态共建，实现"5G+X"应用拓展，真正使 5G 成为社会信息流动的主动脉、产业转型升级的加速器、数字社会建设的新基石。

自 2019 年 6 月，我国 5G 牌照发放一年多来，中国移动以"5G+"战略为指引，根据市场环境变化，不断丰富和发展"5G+"战略，强化战略实施和落地，重点聚焦智慧工厂、自动驾驶、智慧医院、智慧电力、智慧钢铁、智慧港口、智慧矿山等 15 个细分行业，打造了 100 个集团级 5G 龙头示范项目和 2 340 个省级特色项目，成立了 5G 产业数字化联盟，联盟合作伙伴超过 2 100 家，推出了"双百亿"计划，打造了"并购＋参股＋创投"三大投资平台，促进了产业链整体升级。

正是基于"5G+"战略的牵引，中国移动5G发展走在行业的前列。截至2020年12月，中国移动5G套餐用户达到1.65亿，开通5G基站39万个，建成全球技术领先、规模最大的5G SA商用网络。

一个好的5G发展战略不仅包括5G发展总体战略，而且还包括分战略；总体战略明确了企业5G发展的总体定位、发展目标和主要路径；分战略主要包括市场战略、技术战略、产品战略、品牌战略、生态战略和资本经营战略等，它们共同构成企业5G发展的战略体系。

市场战略是对企业市场拓展的谋划，是对企业目标市场选择，市场营销整体性、长期性、基本性问题的谋略。对于参与5G产业发展产业链上的每家企业来说，要明确你的目标客户、市场策略十分重要。

企业技术战略是对企业面对5G发展的技术创新、产品研发的总体谋划。在当前国内外环境日趋复杂的形势下，提升5G自主创新能力比以往任何时候都紧迫，对于5G产业链上的每家企业来说，面向未来，加快技术创新步伐、提高自主创新能力应是企业应对竞争、提升国际竞争力的必然选择。

产品战略是对企业为客户提供哪些产品和服务的谋划。回顾电信运营商从1G到4G的发展历程，电信运营商增长主要靠的是连接的规模发展，其表现在宽带、移动用户规模的发展和手机上网流量迅猛增长上，然而代表未来转型方向的新兴业务发展不尽人意。如中国电信2020年物联网业务收入只有21.69亿元，占公司收入的比例只有0.58%，中国移动2020年物联网收入92亿元，占公司收入的比例为1.36%，中国联通2020年物联网收入42亿元，占公司收入的比例为1.53%。面对5G的巨大蓝海，电信运营商应避免走以往2G～4G的老路，努力为客户提供"网络＋终端＋平台＋应用"5G一体化解决方案，满足客户整体化解决方案需求。但我从近年来电信运营商诸多5G行业标杆案例来看，运营商为客户提供的主要还是5G网络服务，这非常令人担忧。所以说，面对5G巨大市场，电信运营商应进一步明确企业的5G产品战略。

品牌战略是面向5G市场选择什么样的品牌名、品牌模式、品牌定位的总体谋划。品牌是企业市场竞争制胜的利器，是企业软实力的重要体现。

面对 5G 全新的市场，为客户提供新的产品和服务，客观上要求企业启用全新的品牌，以新的品牌定位展现企业新品牌、新形象、新战略。对于 5G 发展，谁的品牌经营得好，谁就会在 5G 市场竞争中赢得用户，赢得先机，赢得主动。

生态战略是企业开放合作的整体性的谋划。5G 产业链涉及终端、网络、平台、应用、软件、元器件、芯片等诸多环节，要满足客户不断增长的 5G 应用需求，这决定了企业要积极实施生态战略，坚持开放合作，善于嫁接并整合外部资源，借力借势，创新合作模式，实施跨界经营，实现生态赋能，推进生态运营，努力打造 5G 运营企业与合作伙伴、客户之间的运营高效、相互协同、多方共赢的 5G 产业生态。

资本经营战略是企业开展收购兼并、战略投资、成立合作共同体、创新孵化等资本经营活动的总体谋划。当今世界，越来越多的公司围绕打造商业生态、寻找新的业务增长点、提升企业核心竞争力开展资本经营活动。5G 要发展好，5G 运营企业要充分利用资本经营这一杠杆，做好资本经营规划，加大资本经营投入，培养和打造资本经营专业人才队伍，根据企业发展战略，有序、有效开展资本运作，不断提升企业资本经营水平。

战略定位主要解决的是面对 5G 蓝海市场，企业朝什么方向走、做什么不做什么、发展靠什么等问题。这些问题回答好了，企业 5G 战略就明确了。在实践中，只要坚持战略定力，并在实践中不断落地完善，企业一定能在 5G 产业大发展中获得更好更快的发展。上海移远面临 5G 新基建的巨大市场，专注于无线通信模组的供应商，积极与上下游企业深度合作，产品广泛应用于车载运输、智慧能源、无线支付、智能安防、智慧城市、无线网关、智慧工业、智慧生活、智慧农业等众多领域，上海移远的聚焦战略帮助移远走向成功，在业内获得了极大认可，市场份额领先。如今，上海移远成为全球领先的无线通信与 GNSS（Global Navigation Satellite System，全球导航卫星系统）定位模组供应商。

# 产品服务：努力为客户提供好的 5G 产品和解决方案

产品是企业持续发展的基础。企业发展靠什么，这一答案不言自明，就是靠产品，没有持续的产品创新，企业发展必将后继无力，最终走向失败。诺基亚固守功能性手机而对苹果智能手机不屑一顾，最终被微软以可怜的 72 亿美元收购，从此在人们视野中消失。摩托罗拉、索尼等企业正是因为没有持续的产品创新，市场反应迟缓，从而跌落神坛。

我国 5G 产业要健康发展，要抢占全球竞争制高点，真正成为推动社会经济转型的新引擎，同样靠产品。只有 5G 产业链各方通力合作，为广大客户提供好的 5G 产品和解决方案，更好地满足社会不断增长的 5G 应用消费需求，我国 5G 产业才能不断发展壮大，我国 5G 运营企业才能共享 5G 大发展带来的红利。

我国移动通信经过 1G ～ 4G 的演进，如今正向 5G 迈进。从 1G 升级到 5G，移动通信技术不断升级，推动社会不断发展，而 5G 技术对人类社会生产生活影响更大。我们知道 1G 时代出现了语音业务，2G 时代出现了短信和语音，到了 3G 时代，也就是进入了移动互联网时代，各类移动互联网应用不断涌现，3G 时代成就了微信；到了 4G 时代，开启了视频时代，带火了直播、短视频、移动支付等业务。而 5G 带来什么样的产品呢？

要回答这一问题，还是要从 5G 技术特点来作以简要分析，5G 作为一种新一代移动通信技术，具有高带宽、低时延、高可靠性和广连接的特点，在 3G/4G 时代，因带宽、速率、时延达不到要求，很多业务虽然在 3G/4G 时代已经起步，但客户体验差，无法满足客户需求。如在 4G 时代，AR/VR 已经出现，但发展不温不火，主要就是因为 VR/AR 需要消耗大量数据流量，对网速和时延要求较高，4G 网速、时延达不到要求，5G 来了这些问题都可以解决。如今，面向 5G2C 市场，5G+AR/VR 有望成为杀手级应用。

5G 能提供什么产品，从 5G 三大应用场景（见图 4-1）中给出了答案，eMBB 主要是满足个人消费者对高带宽、高速率移动宽带业务的需求，如 5G+4K/8K、5G+AR/VR、5G+ 超高清视频、云游戏等，目前面向 5G2C 市场这些高带宽的业务已经推出，而且技术也比较成熟。

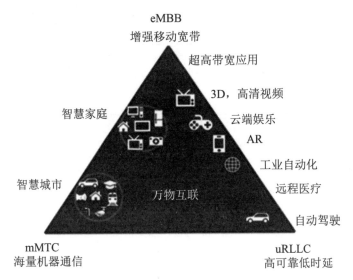

图 4-1　5G 三大应用场景

　　mMTC 和 uRLLC 主要面向物物连接和垂直行业市场，mMTC 主要是面向以传感和数据采集为目标的应用场景，如智慧城市、智能家居、智慧农业等；uRLLC 主要面向工业制造、无人机、自动驾驶、远程医疗等垂直行业。如今基于 mMTC 和 uRLLC 的应用从试验走向现实，5G 创新应用加速落地，远程医疗、无人驾驶、智慧工厂、智慧港口、无人机巡航……而且呈现较快的发展势头。

　　5G 作为大带宽无线技术，5G 把我们现在的大数据、云计算、物联网、人工智能、区块链、工业互联网等新兴信息技术串联起来，可以说现在是新一代信息技术融合发展、渗透到各行各业的时代。随着 5G 与物联网、大数据、云计算、人工智能、区块链等信息技术的结合，以及 5G 与切片技术、MEC技术的结合，赋能千行百业，5G 未来应用场景将更加丰富，5G 未来发展充满无限可能。

　　那 5G 产品包括哪些内容呢？对于广大消费者来说，使用 5G 产品的根本目的是带来好的体验和社交娱乐的愉悦；对于广大垂直行业客户来说，使用 5G 产品最根本的是解决企业发展中的问题，以达到降本提质增效的目的。当然，要满足用户根本利益诉求，还是通过有形和无形的 5G 产品来实现。无论是 5G2C 市场还是 5G2B 市场，5G 产品应包括网络、终端、平台和应用四大板块（见图 4-2），以整体化解决方案满足用户个性化、差异化需求。

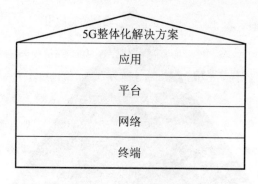

图 4-2  5G 产品架构图

（1）网络是满足客户 5G 业务需求的基础产品。对于广大消费者来说，即使你拥有 5G 手机，如果没有 5G 网络，同样享受不到 5G 超高速的上网速度的快感，更加享受不到 AR/VR 沉浸式体验。因此，5G 网络是 5G 发展的基础，也是面向 5G2C 市场的基础产品。同样对 5G2B 市场，5G 网络更是满足垂直行业客户场景化、定制化需求的基础。面向垂直行业的 5G 网络产品主要是提供专网服务，满足行业客户高质量的业务需求和高可靠性、安全性、隐私性的要求。专网服务首先在企业厂区做到 5G 全覆盖，并且利用 5G 技术改造企业内网，实现设备、机器、终端等互联，并利用 5G 与云计算的结合，为企业带来更便捷、更安全的云服务，并充分利用网络切片、MEC 等技术确保企业数据安全和数据传输超低时延。如今，随着 5G SA、网络切片技术的成熟，5G 专网在各个行业中的建设和应用将会全面展开，市场潜力巨大。

（2）终端是满足客户需求的外延产品。5G 终端是 5G 应用实现的重要载体，5G 终端的发展和普及对 5G 商用成功至关重要。对于个人消费者来说终端主要是 5G 手机、AR/VR 眼镜、智能可穿戴设备等。对于行业客户来说，5G 行业终端很多，如工业 PON（Passive Optical Network，无源光网络）终端（PON 终端，通常称为光猫）、CPE、无人机、摄像头、机器人、模组、AGV 等，拓展 5G 垂直行业市场，行业终端的智能化和网联化是根本，而且终端在推进以数据驱动企业数字化转型过程中作用巨大。

（3）平台是满足用户 5G 业务需求的核心。面对 5G2C 和 25GB 两大市场，

5G 发展离不开平台。电信运营商要服务好垂直行业，要在 5G2B 市场获得更多的价值增值，至关重要的是打造支撑垂直行业客户业务发展的数字化平台，有了平台才能拓展更加多元的商业模式。面对 5G2C 市场的平台主要有超高清视频云平台、5G 新媒体平台、5G AR/VR 内容平台等，通过打造这些平台更好地满足广大消费者应用需求；同样，面向 5G2B 市场，平台主要应用于设备管理服务、生产过程管控、企业经营管理以及产品研发设计四大场景。例如中国电信打造的天翼云工业互联网平台可以为工业制造企业进行设备数据采集，并通过中国电信的 5G 工业 PON 网络将数据汇聚到平台，借助大数据分析模型，实现数字化转型升级。面向 5G2B 市场，平台是实现价值增值的重要内容，也是 5G 运营企业联合合作伙伴共同努力的方向。

（4）应用是满足用户 5G 需求的关键。消费者购买 5G 手机关键是要有好的应用，能满足用户高体验娱乐化的需求，这才是 5G 产品的核心。因此，应用创新至关重要。目前面向 5G2C 市场应用主要是超高清视频、5G+4K/8K、5G+AR/VR、云游戏等。面向 5G2B 市场，从大的方面有 5G+智慧城市、5G+工业互联网、5G+智慧物流、5G+远程医疗、5G+智慧教育、5G+智慧能源等应用领域，5G 赋能垂直行业具体应用主要包括满足垂直行业场景化需求的应用以及 5G 融入企业生产运营各环节带来的融合创新应用，如 5G 无人机巡检、远程控制的无人驾驶、高清视频监控、设备的健康监测等。这些应用的提供为传统行业数字化转型注入了新动力。

为客户提供"网络+终端+平台+应用"5G 产品体系，也称为 5G 一体化解决方案。从用户需求来看，5G 一体化解决方案是满足客户需求的方向，如何为客户提供一体化解决方案，最为关键的是把握客户核心价值需求，联合合作伙伴，实现共同研发，共享繁荣。

# 价值主张：深入洞察客户需求

价值主张是商业模式的重要内容。什么是价值主张？企业提供的产品和服务对客户是有价值的、有意义的，并通过为客户提供产品和服务传递企业的价值理念。价值主张的核心内容有四点：一是我们要明确企业的目标市场在哪里？也就是选择为谁创造价值。二是了解和把握客户的痛点需求和核心价值需求。三是企业提供的产品和解决方案能为客户创造价值，能够解决客户的痛点。四是价值理念是简洁的、独特的、容易传播的。

可以看出，价值主张的核心就是坚持以客户为中心，以客户为中心是5G发展的根本。2019年5月，华为公司总裁任正非在一次接受记者采访时说，华为的所有哲学就是以客户为中心，为客户创造价值。中国电信董事长柯瑞文在多次重要讲话中都指出：5G发展的出发点和落脚点是坚持以客户为中心，什么是5G，用户说了算。5G商业模式要取得成功，就必须取悦客户，成就客户，帮助客户成功，所有这一切就必须始终坚持以客户为中心，为客户创造价值。正如现代管理学开创者彼得·德鲁克认为，企业的核心职能是"创造客户、创造需求"。对于5G运营企业来说，最重要的是通过创造性方式，前瞻性发掘社会的各层次5G消费需求，积极响应并有效地满足客户需求。唯有如此，5G才能得到更好更快的发展，5G商业模式才能走向成功。

## 价值定位决定需求创新

商业模式的竞争，本质上是需求创新和价值创造能力之争。商业模式其实就是指为客户创造什么样的价值，以及如何去创造这一价值。因此，一个成功的商业模式，必须从价值定位入手，有了独特的客户价值主张，就能提高客户价值，从而吸引和留住客户，企业也就能在激烈的市场竞争中立于不败之地。

价值定位的核心是为客户创造价值，要以解决客户存在的问题和客户关心的核心诉求进行准确定位。只有价值定位准确有效，商业模式才可能取得成功，否则，再好的产品设计、再低的定价、再多的广告宣传也将无济于事。如奇虎360为网民提供"杀木马、防盗号、免费杀毒"的安全卫士，很好地满足了网民安全需求，有效地遏制了木马泛滥的趋势，受到市场极大欢迎，从而迅速成为互联网安全市场的第一选择。

如果我们能够进行正确的客户价值定位，我们就能精准地找到目标市场和客户尚未满足的需求，那么，商业模式的创新就将水到渠成。反之，如果我们不能进行科学的客户价值定位，也就无法找到正确的目标市场和潜在的客户需求，那么，商业模式创新也就无从谈起。5G 商业模式的价值定位主要包括准确的目标市场定位和把握客户核心价值需求两部分内容。

## 准确的目标市场定位

每一个企业首要工作就是选择客户，确定服务对象。对于进入 5G 产业发展的企业来说，一开始，我们千万不能指望推出的产品能满足所有用户的需求，必须找到一个精准的目标市场作为切入点，并设法满足客户需求，只有为客户提供独特的价值，企业才可能取得成功。因此，进行准确的市场定位，有效选择目标市场，即明确为哪些客户服务，放弃哪些目标市场，应是企业首要考虑的问题。

行业市场是 5G 的重要市场。5G 与各行各业的融合开启了万亿元级的市场，不同的行业由于生产运营模式、关键技术构成等存在差异，5G 对行业的应用价值也有不同，运营商无法做到全行业"通吃"，但可以先聚焦几个行业，打造自身独特优势。为了加快 5G 应用落地拓展，聚焦行业、聚焦重点客户、聚焦应用场景、聚焦能力、聚焦生态应是运营商 5G 发展的重要策略。

精准的目标市场定位要求我们能够对客户画"素描"，就是什么样的客户会使用，在什么场景下使用，需求是否强烈，市场可能有多大。我们对客户描绘得越准确，客户痛点把握得越精准，产品开发、产品提供就越有针对性，就越有可能取得市场的成功。

精准的目标客户定位、有效的应用创新，是 5G 发展现在及未来最为关键的因素。5G 的高带宽带来了超高清视频、4K/8K、3D、AR/VR、云游戏等核心应用，为客户带来了全新的沉浸式客户体验。5G 的广连接、低功耗主要面对物联网业务需求，面向智慧城市、环境监测、智慧农业、森林防火、智能家居等应用场景；5G 的高带宽、低时延能满足工业互联网、无人驾驶、远程医疗等应用场景的需要。目前，5G 应用从 C 端到 B 端逐步普及，呈现良好的发展态势。关键我们要了解和把握目前是哪些用户在使用 5G？使用和消费过程中体验怎样？5G 用下来有什么问题？对 5G 业务提供、收费模式有什么建议？等等，掌握这些信息对我们精准把握客户需求、开展应用创新、推进商业模式创新具有重要意义。

面对 5G 产业发展的巨大商机，明确"谁是我们的客户"，企业要明确为哪一类客户服务，不应为哪一类客户服务，这是企业赢得竞争优势的源泉。这客观需要进入 5G 市场的企业强化市场细分，有效选择目标市场，搞好客户关系。在此基础上，运用互联网＋思维、5G+ 思维，集中资源，坚持专注、聚焦、快速，关注客户体验，持续推进应用创新。唯有如此，企业才能真正成为占领目标市场的领先者。

## 把握客户核心价值需求决定成败

如今，我们经常在机场、餐厅、娱乐场所、咖啡厅等公共场所，看到越来越多的人随身携带平板电脑、智能手机，通过 3G/4G 网络上网，感受无线互联的乐趣。商业模式的价值主张，也可以说是企业业务的"关键卖点"，"关键卖点"哪里来？说到底"关键卖点来自对客户核心价值需求的精准把握"。那什么是客户的核心价值需求呢？

所谓核心价值需求就是目标市场客户日常工作生活中要加以解决和满足的刚性需求。核心价值需求的核心是"价值创造"，核心是用户痛点的解决、需求的满足和价值的提升。因此，只有为客户创造价值的产品和服务才能最终获得市场的成功。

打车软件之所以受到用户的欢迎，关键是打车软件有效解决了"乘客打车难""出租车空驶率"这一矛盾，满足了出租车、乘客买卖双方的刚性需求，打车软件实现了迅速扩张，诞生了滴滴出行等独角兽公司。

5G 应用在新冠疫情防控中大显身手，凝聚了数字化转型共识，加速了5G 与经济社会各领域融合发展的步伐，5G 已经在工业互联网、智慧医疗、媒体直播、智慧城市、车联网和交通物流等行业领域得到广泛应用。从行业用户对 5G 网络核心需求来看，主要体现在以下几个方面：一是能承载多类业务；二是数据安全、与其他网络隔离和独立运营；三是独享网络资源，而且成本要足够低；四是自主网络运维的诉求；五是专网和大网有很好的融合。面向行业用户核心价值需求，电信运营商应充分发挥技术和网络优势，构建5G2B 的端到端运营体系，应努力为行业用户提供一站式专网服务，助推传统行业转型升级。

发现并满足 5G 用户核心需求是商业模式成功的原动力。大量事实证明，成功的企业都善于把握客户核心价值需求。发现、挖掘、满足用户核心价值需求当然不是一件容易的事情，但也并非遥不可及。当前，5G 成为全社会、全行业关注的热点，企业要取得成功，就需要深入研究客户，把握客户核心价值需求，加快应用创新，这是创新的开始，也是实现"与众不同"的关键所在。

现在，很大一部分 5G 从业者，把 5G 商业模式等同于盈利模式，一谈到 5G 发展，首先考虑的是如何赚钱、如何盈利，而他们往往忽视了商业模式成功最重要的一点：怎样精准确定目标市场，怎样洞察、满足客户的需求。这种本末倒置，往往导致出现"重网络建设、轻应用创新""重生态合作、轻核心能力建设""重用户规模发展、轻产品服务创新"等现象，最终可能影响 5G 产业的发展。我们只有深入洞察客户需求，努力为目标市场提供差异化、场景化、智能化的产品和解决方案，打造多方共赢的产业生态系统，企业方能最终赢得客户，赢得市场，才能提高企业的竞争新优势。

## 生态系统：打造合作共赢的 5G 产业生态圈

开放合作成为当今世界的最大特点。如今，任何企业都不可能拥有经营所需的所有资源，而必须与外部企业合作，打造良好的产业生态系统，才能做大市场、做大产业，实现共同发展、共同繁荣。如今，企业之间的竞争已从以产品为中心、以客户为中心的竞争上升到企业生态系统之间的竞争。

2019 年是 5G 元年，全球主流运营商都在积极开展 5G 商用。3G、4G 催生了移动互联网，带来了移动互联网 10 多年的繁荣和发展，5G 将开启万物智能互联时代，带来无限的应用想象空间和商机。5G 对我国参与 5G 产业发展的企业来说是一次重大的发展机遇，为更好地推动 5G 产业发展、促进企业转型升级，打造具有竞争力的 5G 商业生态正成为 5G 运营企业的重要战略选择。

图 4-3 是 5G 产业链全景视图，可以看出，5G 产业链包括上游、中游和下游，5G 产业涉及芯片、模组、射频器件、网络设备、终端、网络运营服务、

应用服务等诸多环节，5G 也是一个端到端的生态系统，涉及芯片提供商、无线模组厂商、电信运营商、设备制造商、仪器仪表厂商、智能硬件企业、应用及平台提供商、软件服务商、系统集成商等。很显然，5G 具有产业链长、环节多、参与的企业多、需求个性化和复杂化、应用广泛性等特点。5G 产业要获得更好更快发展的关键是产业链各方共同努力，协同推进，哪一方发展不成熟都将影响 5G 的商用步伐和 5G 产业的健康发展。

| 上游<br>（器件、芯片、设备等） | | 中游<br>（终端及运营商） | 下游<br>（应用服务） | |
|---|---|---|---|---|
| 芯片模组 | 光器件 | 终端（个人终端、行业终端） | 高清视频 | 物联网 |
| 射频器件 | 光纤光缆 | 网络运营（中国电信、中国移动、 | 云游戏 | 车联网 |
| 基站天线 | 网络设备 | 中国联通、中国广电） | AR/VR | 工业互联网 |

图 4-3　5G 产业链全景视图

电信运营商面向用户推出各种 5G 产品和解决方案，离不开与产业链上下游企业的合作。因此，加强与产业链合作伙伴、客户和政府的广泛合作是 5G 商业模式创新的关键。实践中，电信运营商要以更加开放的姿态，推进与产业链合作伙伴开展多形式的合作，积极开展资本运营，实施跨界经营，通过合作做大 5G 市场，实现多方共赢，构建 5G 发展的新型生态，走出一条融合发展的创新之路。尤其是基于网络切片满足垂直行业个性化需求，更需要电信运营商与产业链合作伙伴和客户开展深入的合作，赋能生态合作伙伴，赋能千行百业，从而为客户提供行业应用的整体化解决方案。

"要么创造生态，要么融入生态"。正是 5G 具有产业链长、环节多、参与的企业多等特点，商业模式创新和生态系统建设首先要明确企业在 5G 在产业链中的地位。对于融入生态的企业来说，找准定位、做长长板是根本；对于创造生态的企业来说，遵循生态规律，努力打造合作共赢的商业生态是商业模式创新的核心内容。

## 打造以客户为中心的 5G 生态圈

在 2019 年 9 月 19 日召开的第十一届天翼智能生态产业高峰论坛上，中国电信集团柯瑞文董事长指出：5G 生态的中心是客户。面对 5G 巨大风口，

5G 运营企业应坚持打造以客户为中心的 5G 生态圈，构建"客户 + 产品 + 开放合作"三层次架构的生态圈视图（见图 4-4），从图 4-4 可以看出，5G 生态圈的核心层是客户，中间层则是产品，主要包括网络、平台、终端和应用，它们共同构成面向客户提供 5G 一体化产品体系，最外层则是面向产业链合作伙伴的开放合作。因此，打造 5G 生态圈客观要求 5G 运营企业遵循 5G 发展规律，坚持以客户为中心，以产品创新为引领，加强与产业链合作伙伴合作，共同做大 5G 市场，实现共赢发展。

图 4-4　5G 生态圈视图

（1）坚持以客户为中心、为客户创造价值是 5G 生态发展的根本。谁掌握了用户，谁就有业务拓展的空间和在整合产业链上博弈的话语权，平台、终端、应用、连接、合作只是布局生态系统的手段。

坚持以客户为中心的关键是提升客户体验，为客户打造好的产品和解决方案，这客观需要 5G 运营企业努力提升客户洞察能力、自主创新能力、资源整合能力和平台运营能力。

（2）打造强大的 5G 开放平台。5G 发展，可以说处处是平台，如 MEC（Mobile Edge Computing，移动边缘计算）平台、切片经营平台、行业应用平台（如工业互联网平台、面向消费者的 5G 智能高清视频平台）、5G 开放实验室、5G 联合创新中心、5G 产业联盟等，这些平台相互联系、相互作用，共同构成了 5G 开放运营平台。

打造 5G 开放平台，要求 5G 运营企业坚持开放合作、共创共享、共生共赢的发展理念，积极推进 5G 产业创新联盟建设，以打造 MEC 平台、5G 数字化平台、5G 开放实验室、5G 联合创新中心等创新平台为依托，充分发挥电信运营商云网融合优势，为千行百业数字化转型开放网络与平台、应用研发、端到端的产品体验与测试、营销渠道等能力，实现生态赋能，推动产业合作，共同做大 5G 市场，实现共同发展。

（3）打造一体化产品体系，努力向一体化解决方案提供商转变。5G 生态系统建设必须立足大连接战略，加强 5G 精品网络建设，做大 5G 用户规模，这是 5G 生态建设的基础。在 5G 产品创新上，要打造"网络＋平台＋终端＋应用"的一体化的产品体系，尤其在终端、行业解决方案提供上要积极探索、提升能力、提升客户服务附加值，要积极进入 5G 内容应用领域，开拓内容应用的新蓝海。

（4）坚持开放合作。打造 5G 生态圈本质上就是以为客户提供 5G 一体化产品体系为中心，汇聚产业优势资源，实现优势互补，共创共生共融，共同发展。因此，开放、开放、再开放是打造生态圈必须遵循的原则。在开放合作领域上，聚焦工业互联网、智慧城市、医疗、车联网、教育、金融等领域，整合产业优势资源，实现强强联合；在开放合作内容上，重点围绕行业标准制定、应用创新、终端研发、技术攻关、模式创新等开展联合研发和应用创新；在开放合作方式上，加大资本经营投入力度，积极开展战略联盟合作，如成立联合创新中心、开放实验室、5G 产业联盟、产业基金；紧紧围绕培育新的业务增长点和打造 5G 商业生态，积极开展创新孵化、兼并收购、战略投资、成立合资公司等多元化的资本经营方式，以资本经营筑牢 5G 产业生态圈。

## 互利共赢，打造生态价值共同体

企业商业模式演进中，从价值链到价值网再到生态系统是企业适应市场环境变化、提升竞争力的必然趋势。5G 商业生态要牢靠，更加健康，更有竞争力，必须打造生态价值共同体。

生态价值共同体具有如下三大特征：一是生态各方目标一致，拥有共同的价值、共同的理念、共同的追求；二是生态各方在合作中相互信任、相互协作、相互支持、相互促进；三是生态各方都能在合作中获益，实现多方共赢。

打造牢不可破的生态价值共同体，最为重要的是让生态各方都能从合作中获益，都能从合作中发展。天下熙熙皆为利来，天下攘攘皆为利往。如果合作看不到利益，这种合作是不会长久的，也不会牢靠的。要让产业链上下游合作伙伴与你站在一起，共创共融，实现价值分配，能为产业链合作伙伴带来切实的利益，助力合作伙伴成长和竞争力的提升。

这里的利益不仅是指合作要能为合作伙伴带来经济利益，而且要能为合作伙伴和客户带来赋能权益。这两种利益是相互统一的，短期来看，要为合作各方带来赋能权益更为重要；长期来看，要为合作各方带来实实在在的经济利益。

2018 年 12 月，中国移动成立了 5G 产业数字化联盟，为更好地聚力产业合作伙伴，打造开放共赢的 5G 新生态，中国移动推出联盟成员"四优先"权益，即 5G 优先体验——优先应用中国移动 5G 网络的体验与测试环境；大数据优先赋能——优先使用中国移动庞大用户的海量数据、精准画像；渠道优先推广——优先入选中国移动产品库、方案库，享受中国移动全网销售渠道、标杆推广；产品优先宣传——优先获得中国移动北京、上海、广州峰会宣传，以及全国 1 000+ 场次培训、1 000+ 场次产品推介。

"四优先"权益是中国移动赋能合作伙伴的重要体现，同时，中国移动还推出了百亿生态引入计划和百亿分享计划，让合作伙伴切实感受到合作带来的利益，从而不断壮大生态朋友圈。如今，中国移动 5G 产业数字化联盟合作伙伴超过 2 100 家。

打造 5G 生态价值共同体要求构建产业链各方相互协作、相互支持的治理体系。价值共同体成员之间除了需要明确的价值主张、成员之间的能力和合作外，成员之间搭建起合理的生态治理结构至关重要。各成员在共生互利的基础上，基于分工，按照价值共创的规则和机制，进行多边交流和合作推进，共同维护合作的稳定性、一致性，避免合作中出现的摩擦和冲突，以实现共创价值和共生共融。

今天领先的企业相信价值共同体的力量，它们愿意并准备为此付出必要的时间和精力。它们认为与价值共同体成员一起经营，是一种有效应对挑战和寻求突破性发展的方法。一家企业不可能为所有的人提供全部产品，但通过推进生态价值共同体的构建，企业就能更接近这个目标。因此，打造生态价值共同体是企业追求的目标，也是评价商业模式成功的核心内容。

面临 5G 时代的到来，打造强大的 5G 生态价值共同体任重而道远。在整合与被整合之间，企业需要找准位置，提升服务能力，同生态合作伙伴共谋发展。在推进 5G 生态圈建设过程中，应始终坚持以客户为中心的高质量发展观，以应用创新为引领，以重塑新型核心竞争力为根本，聚焦垂直行业应用市场，广泛开展产业合作，携手共进，共同打造 5G 生态圈，在促进 5G 产业大发展中实现互利共赢、利益共享和共同成长，真正使 5G 成为推动企业持续增长的新引擎。

# 运营系统：打造差异化商业模式的关键支撑

成功的企业有很多，如阿里巴巴、腾讯、华为、大疆创新、海尔、小米、海底捞等，成功的商业模式也有很多，如小米的"手机 +AIoT"傲视群雄、阿里巴巴的平台生态将阿里巴巴打造成电子商务帝国、华为的创新使华为手机走向巅峰，等等。这些企业的成功、商业模式的创新令人崇拜，很多企业试图 Copy 这些企业的做法，但成功者甚少，为什么成功的模式你学不会？主要原因是这些企业拥有强大的运营系统，你或许只能学会这些企业某一个或两个做法，但你难以复制这些成功企业的运营系统。商业模式创新并走向成功靠的是强大的运营系统。

## 商业模式运营系统的三大内容

商业模式创新和成功靠的是强有力的运营系统。那什么是运营系统呢？

运营系统是企业围绕着商业模式创新开展一系列运营活动的组织、安排和推进的总和。商业模式要做到差异化、有竞争性，关键在于采取有效行动，推进各项活动的落地实施。

5G 商业模式创新是一项系统工程，企业必须建立行之有效的运营系统给予强有力的支撑。可以说，运营系统的成功也就是商业模式的成功，最终就是企业的成功。建设运营高效的运营系统，主要包括以下三项内容。

（1）强化商业模式创新的目标管理。基于 5G 战略，做好 5G 商业模式创新，一定要明确目标。实现目标要做到三点：一是目标要得到企业高层的支持；二是目标要清晰；三是目标要能够检验。

商业模式创新目标主要包括定性的目标和定量的目标，定性目标主要有：5G 商业模式创新要做到具有独特性、差异性；打造良好的 5G 产业生态；核心竞争力明显提升等。定量目标主要有：5G 用户规模和收入的目标；5G 的市场份额；合作伙伴数量达到多少；行业应用标杆达到多少；关键里程碑的目标有哪些等。

（2）制订实现目标的关键举措和资源计划。要实现商业模式创新的目标，一定要有举措，有资源，不能盲从，要有系统的章法，这就要紧紧围绕目标制订行动举措和资源需求计划。

行动举措主要是围绕商业模式创新目标在策略上进行系统布局，主要包括客户需求分析和市场细分、网络建设、产品和解决方案策略、合作策略、合作模式、技术创新策略、开放赋能策略等。要实现商业模式创新目标和推进各项措施的落实，需要制订好资源计划，资源保障是确保目标实现和各项工作有效推进的基础。对于 5G 运营企业来说，5G 是当前企业发展的重点，企业应将资源向 5G 领域倾斜。

（3）有序推进各项举措的落地实施。企业要在 5G 市场有好的商业模式，取得市场的成功，一定体现在具体行动上。行动是最好的商业模式。行动一方面表现在：将企业 5G 战略、商业模式创新以及体系化的运营系统落实到员工日常行动中去，做到标准化、规范化、系统化，如麦当劳难以复制的"QSCV"运营系统实践就是贯穿于员工日常行动中。另一方面体现在，根据企业 5G 战略、商业模式创新目标以及一揽子举措，做好整体行动布局，按照行动计划高效推进，做到突出差异化，行动体系化，执行有序化。这里举一个例子，中国移动在 5G 战略、商业模式创新、5G 发展方面的确走在行业的前列，靠的就是在 5G 发展行动上系统性有步骤地整体推进，表现在：

在体制创新上建立了"1+3+3"组织运营体系，在终端引领上推进"终端领先计划"，在产业生态打造上，强化 5G 产业联盟建设，打造生态权益，实现"四个共同"（即需求共同发现、产品共同创新、项目共同交付、价值共同创造）等；在应用创新上，联合合作伙伴，不断推出各类行业应用标杆。

## 运营系统建设需注意的关键问题

在上述分析中，我们给出了运营系统三大内容，即目标管理——规划制定——行动落实，要运营好，要执行好，在实践中关键是要提升运营软实力。

（1）将"坚持以客户为中心、坚持以人为本"的理念贯穿商业模式创新全过程。商业模式创新的核心就是为客户创造价值，商业模式创新最终是靠人去思考、创新和执行的。因此，在商业模式创新过程中要始终坚持以客户中心，要将以客户为中心贯彻落实到企业运营的价值发现、价值创造、价值传递、价值实现的全过程和企业员工的行动上，鼓励广大员工积极思考、勇于创新、强化执行。

（2）以管理理论、方法为指导，充分掌握和利用现代管理方法，为提升企业运营能力奠定坚实的基础。提升企业运营能力的现代管理理论和方法主要有平台理论和方法、战略联盟理论、核心竞争力理论、市场细分理论、平衡计分方法……在实际中要善于运用这些理论和方法，不断提高企业驾驭企业转型的能力。

（3）切实把握运营的技巧。同样是做运营，有的非常成功，有的做得很糟糕。其中一个重要差别就是有没有掌握运营的技巧。商业模式要创新，一定是在某一方面做得很出色。因此，在运营时，要努力在这方面深耕，要在正确的时间选对的人做正确的事；运营要有竞争力，一定是多方协同，多聚并举，共同发力，这样才能达到意想不到的效果；各项运营活动推出要把握节奏，找准时机，但又要讲究先后顺序，不能没有章法，要一环扣一环，循序渐进；每做一样活动和推出一项新举措，一定要把这样活动做好，千万不能为做而做，流于形式，这需要事先做好调研和策划，等等，这些都是运营中需要注意掌握的技巧。

（4）反对照搬照抄领先企业的做法。为什么成功企业你学不会？成功的企业往往在技术、产品、生态、品牌、管理、模式等方面形成了优势，这是系统化、体系化的，这是一般模仿不来的，也就是成功的企业是难以复制的。你模仿也许只知其一，不知其二，模仿和盲目跟风者难以成功。因此，我们在推进商业模式创新实际运营中，一定不能盲目跟风，而是要根据企业内外部环境的变化，借鉴成功企业的经验和做法，努力打造符合企业发展战略的运营系统。因此，5G 商业模式创新要做到差异化，有竞争力，就不能盲目跟风，跟风没有出路，只会被竞争对手越拉越远。

（5）遵循规律，按规律办事。商业模式能否创新，关键就是要遵循客观规律，包括市场经济规律、企业发展规律、互联网发展规律、生态发展规律、创新发展规律和 5G 发展规律。如打造生态的基石是生态圈建设的基本规律，这客观上要求企业花大力气做精做优做大基石业务，在此基础上不断拓展新的业务领域；平台生态是互联网经济发展的必然趋势，这要求企业努力打造开放的有影响力的平台，以平台提升汇聚产业链合作伙伴的能力，实现平台经营和生态系统建设的完美结合；再比如，生产力和生产关系相适应规律要求企业实现组织模式的变革，重新审视企业组织模式，建立以产品事业群为标志的柔性化的专业化的组织运营模式，强化内部各战略单元和部门之间的协同，以适应技术、市场、业务等市场环境的变化。把握规律、按规律办事客观要求企业认识规律，利用规律，不能违背规律，而是要实事求是，按规律办事，违背规律必将受到规律的惩罚。如 5G 发展如果建立在没有显著核心竞争力基础上的广泛合作是脆弱的，是不可持续的，也不可能打造具有竞争力的生态系统。

管理大师彼得·德鲁克曾说过：管理不在于"知"，而在于"行"。运营回答的是怎么做、如何做的问题，但前提是 5G 发展战略和目标是正确的，否则就是在错误方向上前进，那就是错上加错，越努力越失败。执行不力、运营无方，再好的 5G 战略也不过是写在纸面上和挂在墙上的口号，正所谓"运营决定成败"。对于 5G 运营企业来说，打造强有力的运营系统是企业实现商业模式创新的成功秘诀，强化运营创新必将助力企业走向成功。

# 核心能力：重塑新型企业核心竞争力

我们经常看到或听到很多企业商业模式的成功案例，例如：苹果公司软硬一体化商业模式铸就苹果的辉煌；华为手机的高端精品模式使华为拿下智能手机全球市场第一；阿里巴巴的平台生态商业模式帮助阿里打造成为全球最大的电子商务平台……为什么这些公司商业模式如此成功，表面上看十分简单，其实商业模式成功的背后是企业拥有强大的核心能力，这也是这些公司成功模式难以模仿的根本原因。

企业核心能力是竞争对手难以模范、能为客户创造价值、使企业获得竞争优势的一种独特的技能或技术。核心能力具有以下几个特点：一是核心能力是无边界的；二是核心能力是动态的，不是一成不变，一劳永逸的；三是核心能是长期积累形成的，不是一时半刻就具备的。

企业核心能力建设很重要，很多企业积累了很多能力，在企业发展中发挥了重要作用。当市场环境变化了，企业以往长期形成的核心竞争力是否能在新的环境下发挥作用，这是需要我们认真思考和回答的，这是企业打造独特的商业模式、实现企业持续发展的关键。

电信运营商核心竞争力也很重要，电信运营商优势有很多，有网络优势、客户资源的优势、自有渠道的优势、品牌优势、全业务优势……如果外部环境变了，仍固守传统的做法和沿袭固有的优势必将影响企业的发展，甚至使企业逐步走向衰落的境地。这方面的例子很多。如诺基亚一度是手机行业的王者，诺基亚手机全球市场份额最高曾超过 40%，其最辉煌的时候市值高达 1 151 亿美元，然而诺基亚手机业务部门于 2013 年 9 月被微软仅以 71.7 亿美元收购，这意味着，曾经辉煌的诺基亚走下神坛。诺基亚的失败在很大程度上就是因为固守传统功能性手机，对智能手机的趋势视而不见，从而导致战略决策失误，错失移动互联网发展的大好机遇。

近 10 年来，电信运营商面临一个又一个机会，从互联网到移动互联网，再到物联网的大发展，如今进入 5G 智能互联时代，但运营商始终没有摆脱低速增长的窘境。为什么会造成这一局面，其中原因是多方面的，有提速降费的原因，也有基础电信业务趋向饱和的原因，但更主要的是新兴业务发展不理想，成功的新兴业务更少，这说明电信运营商在为客户创造价值、打造产品差异化方面缺乏竞争力以及在满足人们不断增长的美好生活需要方面尚有差距，导致新兴业务发展不理想的主要原因就是用传统积累的核心优势来发展新兴业务，而不是重塑新型核心竞争力。要知道，环境变了，传统的优势也许不再是优势了，反而成为制约新兴业务发展的陷阱。这样用传统模式、传统优势、传统机制来做新兴业务，其结果就是新兴业务发展不可能取得突破性发展，从而使企业错失一次又一次的历史机遇，这方面的教训是深刻的，也值得正在转型的我国企业吸取和借鉴。

如今，我们正阔步进入 5G 智联时代，面对 5G 新基建带来的新风口，对电信运营商来说，这是企业摆脱经营困境、实现持续发展的又一次历史机遇，决不能再次错过。核心能力是动态的，不是一成不变的，要做到这一点，运营商必须重塑新型核心竞争力，这是 5G 商业模式创新、实现 5G 快速发展的关键所在。

电信运营商 5G 要有好的发展，能为企业带来更多的收入增量，关键在于企业能不能为客户提供独特的 5G 产品和解决方案。不仅要为客户提供网络连接服务，更为重要的是要为客户提供包括网络、平台、应用等在内的一体化解决方案，这是不断满足客户整体化解决方案需求的必然要求，客观上要求运营商重塑新型核心竞争力，重点提升"三大核心能力"，即 5G 自主创新能力、5G 业务提供能力和 5G 协作运营能力。

党的十九届五中全会指出：把科技自立自强作为国家发展的战略支撑，加快建设科技强国。面对国际环境的变化，提升自主创新能力、实现科技自立自强更为重要和紧迫。提升自主创新能力客观要求企业加大科技创新投入，突破关键技术的瓶颈，实现重大技术攻关，推动 5G 技术标准、专利工作、重大技术攻关等方面取得新突破，在 5G 网络架构、5G 异构网络、边缘计算、承载网、5G 技术场景等方面实现自主掌控，不断提升自有品牌终端开发技术的创新能力。

提升 5G 业务提供能力以为客户提供一体化解决方案为目标，不断提升满足客户多元化需求的能力，重点提升网络切片定制化能力、一体化解决方案提供能力、场景化需求满足能力、客户洞察能力和端到端的客户体验能力、市场营销和服务能力。

提升协作运营能力重点是推进 5G 专业化运营，打造 5G 专业化队伍，提升跨界整合产业资源能力、5G 生态合作平台以及 5G 数字化平台开放运营能力、大数据挖掘和运营服务能力以及执行能力。面对 5G 车联网的巨大市场，中国移动加快布局，成立了中移智行车联网公司，重点拓展智慧公路、自动驾驶、飞联网等智能交通市场，这是中国移动面向 5G 时代重塑企业新型核心竞争力、推动企业专业化发展的有效尝试。

创新正成为中国经济最重要的推动力。如果你创造了一种新的商业模式，而且拥有支撑商业模式创新的核心能力，那你离成功就不远了。否则，模式创新本身不能保证你成功！

如今，5G 在我国正呈蓬勃发展之势，5G 已在社会各个行业得到广泛应用，正成为推动经济转型的新动能。对于我国电信运营商来说，要实现 5G 模式创新和 5G 快速发展，真正成为推动企业转型发展的新引擎，我也在这里大力呼吁电信运营商要"重塑企业核心竞争力"，要在战略层面做好顶层设计，有序推进。

今日世界，面临百年未有之大变局，企业面临的国内外环境日趋复杂，任何企业只有不断顺应市场技术发展的趋势，重新审视企业的核心能力，努力打造适应新形势要求的新型核心竞争力，企业商业模式创新才有坚实的基础，商业模式创新才能最终走向成功。

## 盈利模式：告诉你 5G 如何盈利

2020 年 8 月，我国三大电信运营商公布了 2020 年半年度财务业绩，三大运营商业绩回升，走出低谷，其中一个重要原因就是 5G 价值逐步显现。如中国移动客户加速向 5G 迁移，推动 5G 量质并重发展，5G 业务拉动移动用户价值提升。2020 年 6 月底，中国移动的 5G 套餐用户达到 7 020 万户，5G ARPU 较迁转前增长 5.9%，5G DOU 增长 23%。

可以看出，5G 正成为电信运营商扭转企业经营困境、拓展收入来源新的业务增长点。5G 能为运营商拓展哪些收入来源，这是 5G 的盈利模式所回答的问题，而且盈利模式是 5G 商业模式的核心内容，主要解决的是收入来源、如何收费以及收费的分配等问题。这里我重点从电信运营商角度探讨 5G 的盈利模式。

首先，我们简单回顾一下 1G-4G 运营商的盈利模式。

1G 收入来源是语音通话；

2G 收入来源主要有语音和短信业务；

3G 真正开启了移动互联网时代，运营商收入增量主要来源于手机流量经营收入，手机流量收入保持了较高的增长；

进入 4G 时代，开启了移动互联网发展的新时代，流量呈现爆发式增长，无限流量套餐成为众多用户的选择，流量收入仍是运营商收入增长的主要来源，但随着人口红利的逐步消失，以及国家提速降费的政策要求，流量红利见顶，运营商逐步陷入增量不增收的困境，增量不增收"剪刀差"逐步扩大。

纵观 1G-4G，电信运营商收入增长主要是依赖连接的规模发展，盈利模式比较单一，运营商逐步被"管道化"。这种状况到 5G 时代必须改变，必须拓展 5G 全新的盈利模式。唯有如此，电信运营商才能扭转企业经营困境，才能促进企业持续健康地发展。

5G 的高带宽、低时延、高可靠、低功耗、广连接的特点，可以更好地应用于增强型移动宽带（如 360 度全景 VR 直播）、超高可靠与低延迟通信（如无人驾驶、车联网、远程医疗、智能制造）以及大规模机器类通信等业务场景，为 5G 拓展多元化的收入来源创造了条件。发展 5G 最终是要取得效益，主要包括社会效益和经济效益，这就需要运营商以更加务实的作风，探索多元化的营收模式。5G 时代的 eMBB、mMTC、uRLLC 三大应用场景以及 5G 开启万物互联为 5G 拓展多元化收入创造了条件。5G 拓展多元化收入来源主要表现在以下几个方面：

## 连接收费

主要面向个人客户、政企客户，连接收费主要包括基于流量的套餐收入、面向大连接场景的连接收入以及 5G 专线收入等。2019 年 11 月 1 日，我国三大电信运营商正式推出 5G 套餐，这都是连接收费。如中国电信 5G 套餐资费标准共分七档，价格在 129 ～ 599 元不等。最低价是 129 元 / 月，包含 30 GB 全国流量和 500 分钟全国通话；最高的是 599 元 / 月，包含 300 GB 全国流量和 3 000 分钟全国通话。值得注意的是，5G 套餐并不是不限量套餐，超出部分，按照 3 元 /GB 元计算。可以看出，5G 资费高于 4G，随着用户的规模发展，这必将为电信运营商带来持续的增量收入。

## 基于 2C 的新应用、新服务为运营商带来新的收入

这主要是基于 B2C 和 B2B2C 两种模式，主要包括电信运营商自营或与内容合作伙伴合作，为客户提供超高清视频、VR/AR、云游戏、视频直播、4K/8K、云课堂等应用，运营商直接向用户收取，并与合作伙伴进行分成。5G 峰值速率提升到 20 Gbit/s，延时理论上可降低至 1 ms，AR/VR 市场空间广阔，AR/VR 有望成为运营商面向个人消费者的"杀手级"应用，有望为企业带来新的收入来源。

## 垂直行业为运营商带来全新的增量收入

5G 为行业而生，与 3G/4G 相比，5G 在垂直行业应用上为运营商带来全新的增量收入。根据 GSMA 预测，2030 年 5G 将带给运营商 7 000 亿美元的市场。如今，5G 已经广泛应用到工业制造、交通、能源、医疗、教育、物流、能源等垂直行业领域，推动垂直行业数字化智能化转型。同时为运营商带来新的收入来源。面向垂直行业客户收入来源主要有：

（1）基于网络切片的收费模式。5G 时代，运营商能够根据不同垂直行业和特定区域定制化网络切片以满足用户个性化需求，对于垂直行业用户，可以直接向运营商购买或租用网络切片，根据不同行业应用的等级实行差异化的收费模式。用户也可以为 5G 的某一个特殊切片场景单独进行额外的消费，例如对于演唱会的 5G+VR 直播，用户可以单独购买虚拟观看门票，通过 VR 设备在任何地点近距离感受明星的现场魅力。

（2）基于提供行业解决方案的收费模式。对于垂直行业，比如工业制造、远程医疗、智能电网，运营商要依托 5G 的优势，加强与这些企业的合作，为客户提供一整套的解决方案，实现一企一策，按年度收取服务费，或按项目收取一次性项目费。为工业制造企业、园区等提供专网服务也是提供解决方案的一种方式，为垂直行业客户提供"终端硬件＋网络方案＋平台＋场景

化应用"是运营商为客户提供全面的一体化的 5G 行业解决方案。解决方案收费模式附加值更高，但需要运营商提升垂直行业的业务创新和整合运营能力。

（3）为行业客户提供网络维护和服务收费。电信运营商在网络建设、网络维护上具有优势，对于用户自建专网，运营商发挥自身优势，为客户提供专网维护等服务，这也可以为企业带来收入。

（4）其他收入来源。如垂直行业客户网络设备租赁费、基站的租赁费、技术服务费、咨询服务费等。

## 基于打造面向客户的平台衍生的前后向收入模式

无论是面向 5G2C 还是 5G2B 市场，打造开放的数字化平台是 5G 商业模式创新的重要内容。正如阿里巴巴成功打造天猫平台为阿里带来多元化收入模式。可以想象，一旦平台成功了，基于 5G 数字化平台的盈利模式就会更加丰富和更加多元化，如平台增值服务费、平台会员费、开放数据等能力变现、后向的广告费等。

上述我们重点回答了 5G 收入来源这一问题，更为重要的是，在设计 5G 盈利模式时，需要考虑以下 3 个重要的问题。

（1）收入实现方式。是分成收入、租赁收入、合同收入，还是一次性收入、持续性收入？如在 B2B2C 商业模式中，电信运营商为腾讯、阿里巴巴等互联网企业提供专用的定制化 5G 网络切片，互联网企业面向客户提供内容服务，用户付费给互联网企业，运营商则通过内容服务分成获得收入，这就是分成收入。再如，面对垂直行业市场，目前电信运营商为客户提供解决方案是通过与客户签订合同的方式，客户按照合同支付费用，这就是合同收入。

（2）收入定纲，即定价量纲。与 3G/4G 相比，5G 计费维度是多维的，不仅包括按照流量收费，还需要考虑带宽、速度、时延、安全性、连接数等因素，实行多量纲定价。中国移动率先推出的 BAF 商业模式，实现多量纲计费，能满足客户"按需点菜"的需求；中国联通根据客户需求，实行一客一策，推出基于场景的多元化收费模式；中国电信从 2G/3G/4G 的使用量到 5G 的使用量、切片量、连接量、时延等级和速率等级为衡量标准，实行从单一量纲到多量纲转变，这些都是采用多量纲收费模式。

（3）收费定价。关于 5G 盈利模式我们给出了收入来源、收入实现方式以及多量纲计费，但最为关键的是如何定价。定价也是 5G 盈利模式的重要内容。首先介绍一种方法叫价值定价。定价定得好不好、巧不巧关键看能不能为客户创造价值。为客户创造的价值大，定价高一点或分成多一点也是合理的。针对 5G2C 市场，价值主要表现在为消费者带来更快的上网体验、更愉悦的娱乐享受；针对 5G2B 市场，价值主要体现在帮助客户提质降本增效等方面。价值度量越清晰、越可以量化，定价越科学有效。

当然，定价方式还有很多，如差异化定价、阶梯式定价、弹性定价等。差异化定价就是根据目标市场的不同、用户使用产品服务的不同、使用服务等级的不同采取差异化定价。如客户对带宽、速率要求高的，定价可以高一点；客户对时延、安全性要求高的，定价可以高一点。阶梯式定价就是用户使用 5G 业务越多单价越优惠。目前电信运营商流量套餐资费设计基本是采用阶梯式定价。弹性定价主要是指根据价格弹性进行定价的一种策略。对于价格弹性大（一般价格弹性大于 1）的用户，采取优惠的定价策略。由于需求量上升高于价格优惠，从而确保总体收入的提升；对价格弹性较小（一般价格弹性小于 1）的用户，可实行提高定价的策略。应用弹性定价的关键是计算出价格弹性，价格弹性可以通过采用价格敏感度测试等方法计算得出，但在实践中也可以根据客户经济实力、对 5G 需求紧迫程度、5G 能给客户带来的价值大小综合判断。

5G 盈利模式我从收入来源、收入实现方式、收入定纲、收费定价四个方面进行了论述，为 5G 运营商设计 5G 盈利模式提供了方向性指引。5G 盈利模式关键取决于 5G 运营企业能为客户提供什么样的产品和服务？产品服务越丰富，产品服务越受用户欢迎，收入来源就会越多元化，收入就会不断增长。所以说，拓展更广阔的 5G 盈利模式，还是得老老实实从产品做起，这也是深化供给侧结构性改革的内在要求。

总之，5G 时代为电信运营商拓展多元化收入开创了广阔的空间。但同时我们看到，5G 盈利模式正呈现"个性化""场景化""碎片化"三大特征，与 3G/4G 时代相比，5G 收费模式更复杂，对计费模式、营销模式、研发模式提出了新的要求，电信运营商若不改变传统的思维模式，5G 商业模式实现最后的惊险的"跳跃"将面临更大的挑战。

最为关键的是，进入 5G 时代，电信运营商一定要从追求连接规模发展向价值经营方向转变，从封闭式业务模式向生态开放共赢方向转变，从单一量纲向多量纲收费模式转变，一定要下定决心切入用户核心流程，在 5G 行业应用创新、5G 内容服务、平台打造上实现跨越式发展，这才是 5G 未来收入的主要来源，也是运营商走出管道的泥潭的根本出路，这客观需要电信运营商未雨绸缪，在企业组织、机制、市场、研发、技术、文化等方面系统推进，攻坚克难，不断提升面向 5G 时代的价值创造能力。

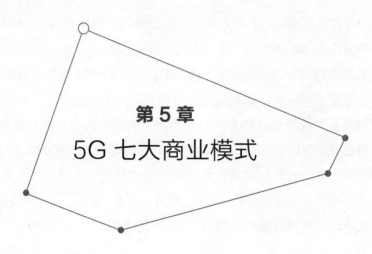

# 第5章

# 5G 七大商业模式

近年来，伴随经济下行压力，我国电信业增长步入低速增长的阶段，2019 年 1—6 月，我国电信业务收入同比下降 0.03%，首次出现负增长，随后逐月回升，2019 年我国电信业务收入同比增长 0.8%。2020 年新冠疫情激发了宅经济、在线业务需求和 5G 应用需求，随着我国经济形势逐步好转，我国电信行业收入增长走出低谷，2020 年，我国电信业务收入同比增长 3.6%，中国电信、中国移动、中国联通通信服务收入分别同比增长达到 4.5%、3.2% 和 4.3%，三大运营商业绩回升，但收入持续增长仍面临更大压力。

如今，我们正迎来 5G 智能互联时代的到来。随着互联网 +、智能 +、5G+ 加速推进，5G 将成为推动经济发展、扩大内需、加快数字化转型的新引擎，真正开启 5G 智能经济新时代，为社会治理、企业生产经营和人们生产生活带来深远的影响，更为电信运营商扭转收入增长困境、推动企业转型升级创造新的机遇。

我们正进入最好的时代，发展 5G 是对电信运营商企业转型升级的一次全面检验。5G 发展的最终目标是实现社会效益和企业经济效益的增长，这不仅取决于 5G 网络建设和技术创新，更为关键的是要实现商业模式创新，因为商业模式的创新能为企业带来持久的竞争优势和持续的收入增长。当前，5G 商业模式正处于探索之中，我们站在运营商的角度来看，5G 发展总体来看主要有七大商业模式，即产品模式、基于流量的商业模式、专业化模式、切片经营模式、品牌模式、平台模式和生态模式。

# 产品模式

5G 发展的本质到底是什么？只要一切回归商业本源答案显而易见，就是产品。商业模式描述的是发现价值、创造价值、传递价值和获取价值的一系列活动的总和。这里的"价值"一词关键就是为客户打造好的产品、业界领先的产品。电信运营商 5G 要有好的发展，一定是产品驱动、应用驱动、平台驱动和解决方案驱动。深化 5G 供给侧结构性改革，打造好产品才是 5G 发展的根本。

5G 产品模式的发展方向在哪里？如何才能实现 5G 商业成功？5G 为行业而生，毫无疑问，行业应用市场应是包括电信运营商在内的 5G 运营企业重点拓展的业务领域。同样，5G2C 市场，内容服务也是电信运营商转型发展重点拓展的领域。

面向消费者，电信运营商不仅要能为客户提供高速率、高带宽、低时延的体验，更要为客户提供"连接＋应用＋权益"的产品体系，其中高带宽内容应用平台建设更为关键，我们要以丰富的 5G 内容和应用赢得用户、提升客户价值，实现企业价值增长。这一方面需要运营商开展与 5G 内容应用合作伙伴的广泛合作，自主或联合合作伙伴开发内容应用平台，做好平台运营，努力提升平台影响力；另一方面运营商要积极探索进入 5G 内容应用的领域，开拓内容应用的新蓝海。在 3G、4G 时代，面向 2C 市场，中国互联网公司有着非常好的创新，打造出滴滴出行、支付宝、微信等重量级应用，5G 时代基于 5G 技术会诞生何种杀手级应用值得期待。

面向行业客户，电信运营商不仅要提供连接、边缘计算、切片、云计算等网络服务，更需要实现由提供网络连接服务向提供 5G 一体化解决方案方向转变，满足行业用户场景化、定制化、智能化需求，这是企业推动 5G 高质量发展的客观选择。

5G 产品主要包括网络、平台、应用、终端以及解决方案等，打造好的 5G 产品，客观要求电信运营商坚持以客户为中心，注重客户体验，提升技术创新能力，推动 5G 融合创新，实现由提供连接为主向提供一体化解决方案方向转变。

根据 Keystone Analysis 和华为的联合研究，到 2025 年，5G2B 行业市

场规模将超过 6 000 亿美元，其中 5G2B 行业市场的连接市场规模约为 2 420 亿美元，而基于连接之上的计算、平台与应用的市场空间约为 3 700 亿美元。5G2B 非连接的市场空间是连接的 1.53 倍，从这一点来看，更加坚定了我的判断，也就是电信运营商应坚定从连接向提供 5G 一体化解决方案方向转变。

为客户提供 5G 一体化解决方案，要求我国电信运营商做到以下几点：一是充分发挥网络优势，积极打造边缘计算、网络切片等核心能力，为行业客户提供"边、管、云"融合的网络切片，赋能千行百业，推进各行各业数字化转型；二是面向重点行业领域，着力发展基于 5G+MEC、云计算、大数据、人工智能、物联网、虚拟现实等技术的应用场景、解决客户核心价值需求的数字化平台和应用的开发，努力打造垂直行业客户好用、可管、可视的数字化平台，推动线上线下、端到端价值链的全面协同，为行业客户提供整体化的行业解决方案，加快拓展 5G+ 新模式、新业态；三是电信运营商要深度切入行业客户的生产经营全过程，为行业客户提供企业管理信息化服务，运用技术手段，实现行业客户全流程打通，实现不同设备的无缝连接，提升运营管理效率，并提供专业咨询服务，实现服务增值；四是携手产业链合作伙伴，共同为垂直行业客户提供一体化解决方案。电信运营商要坚持共享、共创、共融和共赢，以 5G 产业联盟、5G 开放实验室和 5G 联合创新中心为平台，以应用创新为引领，坚持开放合作，整合产业优势资源，实现优势互补，强强联合，发挥产业链各方优势，共同开展联合研发和应用创新，共同为客户提供一体化解决方案；五是聚焦工业制造、医疗、金融、交通、现代农业、能源等重点行业，实现集中突破，联合合作伙伴，打造一批 5G 行业一体化解决方案新标杆，为实现向一体化解决方案提供商转型总结和积累有效的经验和模式。

## 基于流量的商业模式

流量经营是电信运营商 3G/4G 时代重要的商业模式，同样在 5G 时代也一样是电信运营商的重要商业模式。为更好地开展流量经营，发挥 5G 高质量网络价值，我们首先对 3G/4G 时代流量经营作一回顾。

2009 年 1 月 7 日，我国发放了 3G 牌照，2013 年 12 月 4 日，我国正式颁发 4G 牌照。随着 4G 网络建设加快推进和 4G 用户的快速增长，移动上网流量增长迅猛。从图 5-1 可以看出，2014 年，我国移动用户月户均移动互联网接入流量超过 200 MB，仅为 205 MB/ 户 / 月，到 2019 年这一数据迅速上升到 7.82 GB/ 户 / 月，较 2014 年增长了 37 倍，到了 2020 年，DOU 迅速上升到 10.35 GB/ 户 / 月，2020 年 12 月当月 DOU 达到 11.92 GB/ 户 / 月。随着流量的快速增长，流量收入成为运营商收入增长的重要动力。在这期间，运营商积极响应国家提速降费政策，流量资费不断降低，但是因为降价带来的流量迅速增长，带动了电信运营商移动流量收入的快速增长，如今，流量收入成为电信运营商的支柱型收入来源。如 2020 年，中国移动手机上网流量同比增长 39%，手机上网 DOU 达 9.4 GB，无线上网流量收入达到 3 856.79 亿元，同比仅增长 1.77%，收入占比达到 55.4%。2020 年，中国电信手机流量收入达到 1 306.55 亿元，较 2019 年增长 6.0%，收入占比达到 35.0%。但我们同时看到，三大运营商手机流量的增长速度远高于移动流量收入的增长速度，移动量收"剪刀差"进一步扩大，流量红利逐步消失，手机流量经营面临着拐点的到来。

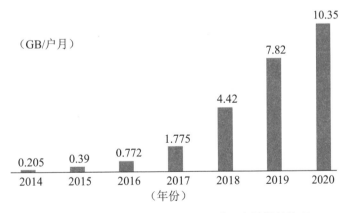

图 5-1　近几年我国户均移动互联网流量增长情况

2019 年 6 月 6 日，我国 5G 牌照的发放标志着我国正式进入 5G 商用时代。5G 的高带宽、高速率、低时延和广连接为 5G 拓展更大的应用空间，必将带动流量的快速增长，为运营商摆脱经营困境带来新的增长。从韩国 5G 运营实践来看可见一斑。

　　韩国三大移动运营商自 2019 年 4 月推出 5G 服务以来，5G 发展较快，截至 2020 年 6 月，韩国 5G 用户达到 737 万户，5G 渗透率达到 10.58%，韩国 5G 基站达到 12.1 万个，完成 85 个大城市及主要交通动脉的 5G 网络覆盖。截至 2020 年 12 月，韩国 5G 用户达到 1 192 万户，5G 渗透率达到 17%。随着 5G 用户的快速增加，其流量增长迅猛。与 4G LTE 流量相比，SKT 平均每位用户 5G 数据使用量增长了三倍以上，增长主要是由游戏、VR 和媒体使用量的大幅增长推动的。LGU+5G 用户每月数据使用量达到 30.6 GB，数据流量增长了三倍，5G ARPU 比 4G 高出 37%，达到近 50 美元。韩国电信通过提供具有吸引力内容等策略提升用户 ARPU，并取得明显效果。截止到 2020 年 3 月，韩国电信 5G 用户 ARPU 值平均同比增长 23%，达到 26.3 美元。

　　同样，在我国，随着 5G 网络建设的加快推进，5G 用户的快速增长，5G 用户流量增长显著。相关数据显示，中国移动 2019 年 12 月单月 5G 套餐用户 DOU 为 16.9 GB，5G 套餐用户的 DOU 是 4G 用户平均 DOU 的 2.18 倍。5G 用户流量增长的主要原因可概括为：一是我国 5G 网络建设的加快推进，2020 年，我国 5G 基站累计达到 71.8 万个，深圳、北京率先实现全市 SA 独立组网全覆盖；二是电信运营商加快高价值 5G 应用的拓展。中国移动面向广大公众用户，推出了超高清直播、云游戏、云 VR 等特色业务；中国电信积极发展天翼超高清、云游戏、云 VR 等 5G 应用，中国联通积极打造 5G 能力聚合开放平台，重点发展 HD/4K/8K 视频、AR/VR、云游戏等特色业务。5G 应用发展对提升移动用户价值增长作用明显。2020 年，中国移动手机上网 DOU 提升 39%，达到 9.4 GB，移动 ARPU 达到 47.4 元，降幅收窄 4 个百分点；中国电信 5G 业务持续拉动移动用户价值增长，移动用户 ARPU 降幅持续收窄；中国联通移动用户 ARPU 达到 42.1 元，同比增长 4.1%，手机上网总流量增长 16.5%，手机用户月均数据流量达到 9.7 GB。

　　5G 时代，流量经营好，同样可为企业增长创造出更高的价值。5G 流量要经营好，一方面要做好 5G 流量套餐设计。套餐设计以"连接＋应用＋权益"的模式进行，套餐可以按照月使用费、流量、最高下载速率和权益等进行分档，供用户选择。如表 5-1 是英国沃达丰按最高下载速度分档次的收费方式。每月 23 英镑/26 英镑/30 英镑即可享受最高 2 Mbps/10 Mbps/150～250 Mbps

下载速度的无限流量套餐。

表 5-1　英国沃达丰的 5G 套餐

| 套餐档次 | 月　租 | 最大下载速率 | 卖　　点 |
| --- | --- | --- | --- |
| Unlimited Lite | 23 英镑 | 2 mbps | 适合浏览网页，使用社交媒体和流媒体音乐 |
| Unlimited | 26 英镑 | 10 mbps | 适合观看高清视频、分享照片并进行视频通话、下载和更新应用程序、流媒体单人游戏 |
| Unlimited Max | 30 英镑 | 网络能提供的最高速率 | 体验 VR 等新技术，观看电视直播、4K 超高清视频和多人在线游戏 |

另一方面，更为重要的是做好流量价值经营。要发挥好 5G 网络高速率、低时延、广连接的特点，大力发展超高清视频、AR/VR、云游戏等 5G 高价值应用和服务。这需要电信运营商加强与内容提供商合作，推出 VR 教育、游戏、视频、体育、影视等各类专属流量包、定向流量包等服务供用户选择，按照内容价值直接向用户收费，这种模式就是"基本套餐＋内容付费"的模式。同时，电信运营商要努力提升内容制作能力，推进专业化经营，在做实做精做强内容方面积极探索。面向 2C 市场，韩国运营商高度重视为消费者提供好的服务和体验，除了提供更高清的视频服务外，主要从 VR、AR 方面来为消费者提供 5G 独特的服务。SK Telecom 提供 5G+VR，价格为 15 万韩元，若订购 5G 最高档套餐则免费，订购 5G 低档套餐享受 50% 的折扣。在 5G 应用上重点发展明星偶像、VR 教育、VR 健身课程、电影、VR 旅游、棒球赛 VR 直播、游戏等。

与韩国目前 5G 用户 DOU 大约为 30 GB 相比，我国 5G 流量增长仍有空间，预计 2022 年我国 5G 用户 DOU 将达到 30 GB/ 月。在今后一段较长的时间内流量收入将是运营商 5G2C 市场收入的重要来源，更为重要的是应做好流量价值经营，避免管道化风险。

# 专业化模式

5G 为行业而生，垂直行业市场是未来 5G 市场竞争的焦点。毫无疑问，行业市场是产业链各方 5G 发展的重中之重，也是电信运营商转型升级的一次全面检验。

　　记得2019年6月，我参观了上海MWC全球移动大会，来到中国联通展台，与联通参展人员进行了交流，了解到他们来自联通智慧医疗中心、物联网运营中心、智能制造研究院，我当时对联通这一做法表示高度认可。可以说，面向5G时代的到来，专业化运营是包括运营商在内的5G运营企业适应市场环境变化进行组织模式创新的必然要求。

　　面对行业市场，提供5G一体化解决方案对知识、技术、人才、运营要求较高。实践中，应极力推进专业化运营模式，提升满足客户一体化需求的专业能力。专业化运营应重点做好以下几方面工作。

　　（1）强化集团公司总部在5G发展中的定位。集团公司以政企部或大市场部作为全集团5G发展司令部，主要负责制定公司5G发展规划，负责全集团5G发展的统筹指挥、资源调度和整体协调。

　　（2）成立专业化5G创新运营主体，开展专业化的创新运营。5G创新运营主体主要包括5G垂直行业事业部、5G运营中心、5G联合创新中心、5G专业化公司、5G研发中心和研发机构（如中国移动在上海、成都、雄安成立的三大产业研究院），5G专业化创新主体要明确定位，组织专业化团队，负责5G垂直行业一体化解决方案的产品规划、产品研发、市场拓展、生态系统建设、服务保障、实验室建设等。

　　（3）5G创新运营主体应聚焦垂直行业市场，专注于产品，专注于市场，深耕细作，强化技术创新，注重客户体验，把产品做到极致，从而为客户提供一体化的解决方案，力争成为垂直行业市场的"隐形冠军"。

　　（4）要聚焦，不能四面出击。由于5G具有产业链长、环节多、参与的企业多、需求个性化和复杂化、应用广泛等特点，对于进入5G产业的企业来说，要聚焦5G产业链某一环节或某一市场，集中资源、集中力量，做精、做专、做深、做强，而不能为市场所诱惑，四面出击。

　　专业化模式要取得成功，一是要重塑企业新型核心竞争力，努力提升自主创新能力、一体化解决方案提供能力、跨界经营能力和面向垂直行业的运营能力；二是要按照划小承包的要求，实行专业化运营的独立自主经营，实现对5G各创新主体充分授权，从而激发5G各创新主体拓展5G2B市场的积极性、主动性和创造性；三是在人才队伍建设、考核激励、机制体制、企业文化等方面为垂直行业市场拓展提供强有力的支撑，努力打造一支适应 5G 发展的高素质的专业化的复合型的人才队伍。

如今，在国家政策、技术创新和市场需求的共同推动下，2020 年我国 5G 发展全面提速，5G 发展进入最好的时代。对于包括电信运营商在内的 5G 产业链各方，只有切实把握 5G 发展带来的新机遇，找准企业定位，推动应用创新、模式创新和技术创新，加大研发投入，强化科技创新，加强产业合作，积极融入生态，打造生态，企业方能共享 5G 发展带来的红利。

# 切片经营模式

在 4G 时代，运营商实现了从语音业务经营到流量经营的跨越。如今，流量经营红利逐步消失，用户 ARPU 下降，企业收入增长乏力。随着 5G 时代的到来，5G 作为数字化社会的关键基础设施，不仅服务于个人用户，而且能更好地满足各行各业数字化转型的需求，也为运营商转型发展创造了新的机遇。面对不同场景对网络功能、性能的多种需求，网络切片应运而生。与 4G 网络相比，网络切片可以说是 5G 网络最鲜明的特征之一，网络切片不仅是一种技术创新，更带来了一种新的商业模式，拓展 5G 网络的价值维度和市场空间，为运营商创造新的收入增长点，驱动运营商商业模式由 4G 时代的流量经营模式向 5G 时代的切片经营模式转变。

5G 网络具有高带宽、低时延、广连接的特性，要面向多连接和多样化业务的，需要能够像积木一样灵活部署，方便地进行新业务快速上线 / 下线，网络切片是一种按需组网的方式，可以让运营商在统一的基础设施上针对不同的行业切出多个虚拟的端到端网络，每个网络切片从无线接入网到承载网再到核心网都是安全隔离的，可保证切片之间业务互不影响，适配各种类型的业务应用和业务诉求。

图 5-2 是 5G 网络切片示意图，下面我们对 5G 网络切片模式作一分析。

5G 网络切片是一种虚拟专网技术，也是一种向客户提供 5G 定制网络的业务，通过配置网络参数，向客户提供定制 SLA（Service Level Agreement，服务等级协议）保障的逻辑网络。网络切片涉及核心网络（控制平面和用户平面）、无线接入网、IP 承载网和传送网。通过切片技术，可以实现对 5G 网络资源进行灵活切分，快速定制出满足不同客户差异化需求的虚拟网络，同时充分共享网络资源，实现按需定制和建网成本的动态平衡。从垂直行业 5G 应用场景来看，都是融合 5G uRLLC、mMTC 和 eMBB 三大应用场景，从垂直行业应用需求来看，不同行业差异较大，但对网络的安全性、高质量都有较高的要求。运营商可以根据客户所在的区域、不同的行业和使用场景提供不同的切片网络，如高带宽网络切片、海量连接网络切片等。

为满足垂直行业客户 5G 需求，网络切片技术和边缘计算技术的结合十分关键。例如：智慧交通要求网络具有高可靠、低时延性以满足其安全性；智能抄表要求满足海量连接需求以存储采集数据；智能电网则要求网络具有大带宽、低时延性以进行实时监控和故障定位，这些不同应用场景的需求可通过相对独立的多样化的网络切片来满足，从而为智能工厂、车联网、远程医疗及公共安全等不同行业提供 5G 端到端的大带宽、低时延、高可靠的灵活定制化服务，实现业务的快速上线和更极致的用户体验。

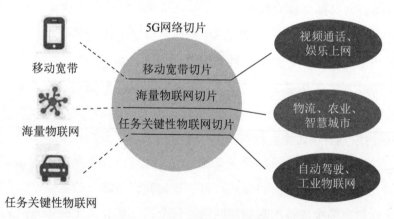

图 5-2　5G 网络切片示意图

网络切片具有可定制、可隔离、可编排的特点。切片经营模式本质上也是产品模式，是指运营商能够根据客户差异化需求将 5G 物理网络切割成多个端到端的不同类型且逻辑独立的虚拟网络，以网络切片分级快速灵活满足客户多场景、个性化、差异化需求。切片经营模式主要包括 B2C、B2B、B2B2C 三种模式，B2C 面向个人提供差异化带宽前向切片服务，B2B 是面向垂直行业用户提供前向切片服务，B2B2C 面向 OTT（Over The Top，过顶传球，意思是通过互联网向用户提供各种应用服务）企业提供后向切片服务。运营商可以直接面向企业和个人销售网络切片，也可以将专用的网络切片批量销售给有实力的 OTT 企业如腾讯，腾讯再提供给用户使用，收取服务费，运营商参与分成。

切片经营模式实现了由单量纲向多量纲的转变，电信运营商可以根据客户对连接数、时延、速率、带宽、QoS 保障等要求，并根据目标用户、产品形态、服务品质等要求，提供定制化的网络切片，制定差异化切片收入模型，提供差异化定价策略，实现一企一策。

图 5-3 给出了 5G 网络切片运营核心环节，从中看出，做好切片经营的关键是以"切片商品化"为导向，以建设切片平台为抓手，实现切片模块化设计、自动化部署、端到端保障和在业务部署中实现隔离。5G 网络切片具备可定制、可交付、可测量、可计费的特性，运营商可以把切片作为商品面向行业客户运营，同时还可以进一步将切片相关能力开放，打造 NSaaS（网络切片即服务）的经营模式，更好地满足行业用户的定制化需求。通过开放的接口，行业客户可以把切片和自身应用相结合，像使用自建的专网一样自由地使用和管理切片网络，实现更便捷的服务。

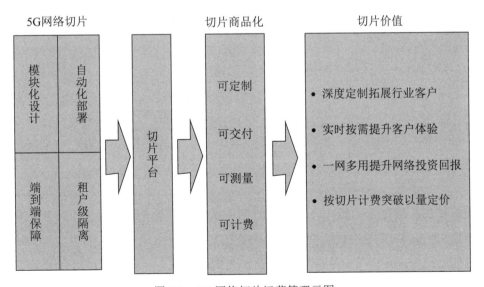

图 5-3　5G 网络切片运营管理示图

5G 网络切片经营，要根据客户的差异化需求，做好切片设计、切片管理和切片营销，打造切片商城，引入 AI 技术，为客户提供标准化智能切片、定制化智能切片和开放化智能切片，不断提升切片满足客户服务水平。同时，自动化运营和运维可以实现更快的定制、自助服务和可扩展性，这将提升客户体验和满意度，从而推动业务快速部署并提高运营商 ARPU。通过网络切片部署和运营的自动化，网络切片可以在业务部署过程中实现隔离，减少业务和网络功能的集成，从而加速新业务的推出，在满足个人、企业差异化需求中实现价值提升和变现，不断提升运营商的新业务收入。

# 品牌模式

品牌是企业的重要资产之一，是企业软实力的重要体现。成功的企业无不重视品牌经营。拓展 5G 市场同样离不开品牌经营，对于包括电信运营商在内的 5G 运营企业来说，拓展 5G 市场是采用品牌延伸策略还是启用全新的品牌呢？下面进行分析。

品牌延伸就是把一个现有的品牌名称使用到一个新品类的产品上。虽然品牌延伸具有减少新产品市场推广成本、有利于降低新产品的市场风险、有利于丰富品牌形象等优点，但面对大众时代进入个性化时代的大环境，简单的品牌延伸策略越来越受到挑战。

品牌延伸就是企业把所有的新产品都采用同样一个品牌，这样做，不但不能让新品类借助既有品牌的认知优势进入消费者心智，更有可能稀释和损害既有品牌的认知，造成品牌联想冲突。有时候品牌非常强大，做一些延伸可能影响不大。但在绝大多数情况下，品牌延伸造成的损失都是惨重的。

让我们看一些品牌延伸失败的案例。进入智能手机时代后，诺基亚智能手机采用品牌延伸策略，将它们的智能手机称为"诺基亚智能手机"，摩托罗拉、黑莓、HTC 等手机制造商在智能手机时代也是沿用原先的品牌名。如今，这些手机制造商在智能手机市场已淡出人们的视线。再比如，IBM 个人电脑之所以以失败告终，一个重要原因就是将 IBM 品牌延伸到了个人电脑上；曾经风光无限的雅虎走下神坛,离我们远去,雅虎失败的一个重要原因就是实行品牌延伸策略。

目前,电信运营商新产品品牌策略基本上是实行"天翼""和""沃"品牌的延伸策略,如天翼宽带、天翼高清、天翼物联、天翼 4G、天翼视讯、天翼阅读、天翼云等。同时,我们看到,电信运营商新业务的发展差强人意,真正在市场做得好、叫得响的新业务并不多,新业务发展不理想,一个不可忽视的原因就是实行品牌延伸。

当今世界,当你创建一个新品类的时候,最好要启用一个全新的品牌。苹果公司 2007 年推出第一款智能手机,启用了 iPhone 这一全新的品牌,从而在智能手机市场广受用户欢迎;阿里巴巴进入电商有淘宝、天猫两大品牌,进入支付领域有支付宝这一品牌,进入互联网金融领域有娱乐宝、余额宝等品牌,从而形成有效的品牌区隔,这是阿里巴巴成功的关键。再比如,腾讯进入不同业务市场也是采取新品牌策略,如腾讯进入第三方支付市场的品牌为财付通、微信支付,进入即时通信市场的品牌是微信;等等。因此,对于进入新的业务领域来说,企业应该使用新的品牌。

其实,电信运营商也在尝试进入新品类启用全新的品牌策略。如中国移动曾经的"全球通""神州行""动感地带"十分成功,中国移动的"飞信"曾经是即时通信市场的领先者,最高时用户超过 5 亿,再如中国电信的"易信",曾经进入亿级俱乐部,如今都风光不再……它们失败的原因是多方面的,最为根本的是企业机制体制、经营模式、人才队伍不适应新业务发展的需要,导致这些新产品没能做得更好,但这并不能说明"进入新品类启用新品牌"这一策略的失灵。

电信运营商要发展、要转型,必将不断拓展新的业务领域,进入新的品类,开拓新的市场,这客观要求电信运营商更加重视品牌经营,应谨慎使用单一品牌策略,更不能简单地进行品牌延伸,而是要实施多品牌经营战略。进入新的品类,一定要启用全新的品牌,要充分利用互联网新媒体开展线上线下的品牌传播,迅速占据消费者的心智,努力打造具有影响力的新品牌。

如今,5G 时代的到来为电信运营商开启新一轮转型创造了难得的历史机遇,5G 更是对运营商转型升级一次全面的检验。当前,电信运营商正加快

5G 商用步伐，在 5G 网络建设、应用创新、技术创新、生态合作、终端研发等方面全面推进，新产品、新技术、新模式、新业态不断涌现，彰显了电信运营商决胜 5G 时代的信心和决心。

毫无疑问，5G 是电信运营商进入的新蓝海，也是运营商扭转经营困境的战略支点。因此，在 5G 品牌策略上，不能简单复制"天翼""和""沃"品牌，进入 5G 市场一定要启用全新的品牌，以展现运营商新一轮转型发展的新形象、新战略。可以说，谁的品牌经营得好，谁就会在 5G 市场竞争中赢得用户，赢得先机，赢得主动。

根据毕马威测算，当前，5G 技术在主要垂直行业的全球市场潜在价值预计可达 4.3 万亿美元，5G 产业市场潜力巨大。毫无疑问，5G 发展为 5G 产业链各方开启新一轮转型发展创造了新的机遇，尤其是垂直行业市场潜力更大。5G 运营企业进入 5G 新的市场，如 5G 终端市场、5G 行业市场、消费者市场，应使用新的品牌，启用新品牌远远比品牌简单延伸在消费者心智中更有竞争力。

运营商 5G 品牌要经营好，有两个努力方向：一是打造 5G 好的产品；二是树立好的品牌。产品是品牌的基础，没有好的产品，企业品牌无论怎样宣传，无论怎样经营，也不可能为广大消费者所接受，更谈不上打造出卓越品牌。因此，对于电信运营商来说，要做强 5G 品牌，必须要从产品、服务、平台、生态做起，应以满足客户需求和提升客户体验为核心，聚焦用户需求、应用场景、行业应用，携手合作伙伴，努力为用户提供好的 5G 内容服务和行业应用整体化解决方案。

在 MWC2019 上海世界移动大会上，中国电信、中国移动、中国联通都启用了新的 5G 品牌标志（见图 5-4），但这并不是 5G 的品牌，而只是 5G 品牌标识，至今我国 5G 运营商还没有真正的 5G 品牌，这需引起 5G 运营商高度重视。中国电信以"Hello5G 赋能未来"、中国移动以"5G+ 未来无限可能"以及中国联通以"5G$^n$ 让未来生长"，赋予 5G 品牌新的核心价值；在品牌命名上中国移动使用了"智慧企业"这一新品牌名，积极推动全球通、神州行、动感地带三大客户品牌全面回归和全新升级，这些充分说明电信运营商对 5G 品牌经营的重视。

图 5-4  三大运营商 5G 新标识

从深化 5G 品牌经营来看,拓展 5G 市场应启用新的品牌,要做强做响做大 5G 品牌,除了做好 5G 产品外,还要强化品牌细分,针对个人、家庭、企业启用全新的品牌,要起一个响亮的好听的品牌名,做好品牌定位,明确 5G 目标市场,不断丰富和完善 5G 品牌独有的价值、鲜明的个性与富有想象力的文化内涵,加强 5G 线上线下的品牌宣传,讲好品牌故事,制定品牌宣传、品牌使用和保护等一系列规范和流程,做到 5G 品牌经营的制度化、规范化、体系化,为实现 5G 高质量发展蓄势积能,助力企业加快实现成为具有全球竞争力的世界一流企业的战略目标。

## 平台模式

平台模式应用广、威力大,淘宝、腾讯、海尔、苹果等都是平台模式的成功企业。平台模式之所以威力巨大,一是平台是一个双边或多边市场;二是平台具有网络外部性;三是平台具有规模收益递增的特征。

得平台者得天下。平台模式同样适用于 5G 发展,电信运营商 5G 要持续健康地发展,就必须致力于打造强大的 5G 数字化平台。从大的方面来看,电信运营商发展 5G,一头对接各生态合作伙伴,如设备商、集成服务商、软件提供商、终端厂商等,一头对接广大用户,从这点来看,电信运营商发展 5G 本身就是一个大的平台。

进一步深入分析来看,电信运营商发展 5G,可以说处处是平台,这些平台主要有:边缘计算平台、切片经营平台、数据和共享平台、5G 物联网连接管理平台、5G 行业应用平台(如工业互联网平台)、面向消费者的 5G 应用平台（如智能高清视频平台）、5G 开放实验室、5G 联合创新中心、5G 产业联盟等，这些平台相互联系、相互作用，共同构成了电信运营商的 5G 开放运营平台。

可以看出，平台是 5G 发展的核心，抓住了平台也就抓住了 5G 发展的"牛鼻子"。平台模式是 5G 发展的重要商业模式，平台模式的成功在很大程度上就是商业模式的成功。

## 5G 数字化平台的分类

从 5G 发展的诸多平台来看，5G 数字化平台主要分为以下五大类。

（1）技术平台。其主要是基于云原生新一代互联网平台架构，以技术实现业务快速部署或提升技术服务能力为目标，通过 5G 技术与垂直行业技术以及与云计算、大数据、AI、区块链等新一代信息技术的融合，打造一个创新型、智能型、服务型和开放型的技术平台。与 5G 相关的技术平台有很多，如 5G 边缘计算平台、基于 5G 的人工智能算法平台、5G 云服务平台、5G 数字化能力开放平台、专网平台等。下面简要介绍一下 5G 边缘计算平台。边缘计算是在靠近客户侧，融合网络、计算、存储、应用核心能力的开放平台。边缘计算能满足客户对于数据不出场、超低时延、超大带宽等方面的需求，实现高清视频回传、远程控制等应用场景，具有广阔的市场前景。边缘计算平台以 API 形式提供能力开放服务，可以更好地满足客户对低时延、高流量、高算力等应用开发的需求。

（2）应用平台。5G 能够满足客户对高带宽、低时延、广连接的需求，目前包括运营商在内的 5G 运营企业通过打造应用类平台以满足产业发展和客户应用需求。如搭建 5G 供需对接平台在当前形势下对更好地推动 5G 融合发展具有重要意义，5G 供需对接平台就是应用平台；关于应用类平台还有很多，如 5G 物联网开放平台、智能高清视频平台、5G 超高清视频平台及各类工业互联网平台和工业 APP、移动医疗应用平台等。

（3）管理平台。其主要是指 5G 运营企业为垂直行业客户提供一体化解决方案，切入用户生产经营管理流程，共同为客户打造业务管理平台，从而帮助客户提高企业运营管理效率。如智慧港口的 5G 智慧港口综合业务管理平台、智慧电网的可视化综合管理平台和工业制造企业的设备连接管理平台等，这些都属于业务管理平台。

（4）创新平台。其主要是指聚集整合创新资源，集中力量开展 5G 产品研发、标准制定、技术攻关、模式创新和应用孵化等，加快 5G 技术研发和创新，为解决 5G 发展瓶颈问题提供支持。创新平台主要包括 5G 开放实验室、5G 联合创新中心、5G 创新园区、5G 创新孵化基地、5G 双创平台和 5G 融通创新平台等，这些都是创新平台。

（5）生态平台。像 5G 产业联盟、工业互联网联盟等就是典型的生态平台。生态平台要发挥作用，关键在于做好生态运营。实践中，可通过举办 5G 应用创新大赛、论坛和研讨会等方式，加强合作伙伴之间的交流和沟通，促进联盟成员之间开展各类合作，推动产业生态的发展和繁荣。

## 平台成功的保障

平台模式可以为 5G 运营企业拓展更大的发展空间，5G 平台模式要取得成功，关键在于要坚持平台开放，提升平台核心竞争力，创新商业模式，强化平台运营，努力打造平台生态。

（1）坚持平台开放。一方面，平台运营企业要坚持开放合作的姿态，广聚合作伙伴；另一方面，就是坚持平台能力开放，实现平台能力和企业资源开放赋能。

（2）提升平台核心竞争力。核心竞争力可以给企业带来长期的竞争优势，是企业立身之本。拥有核心竞争力是做大 5G 平台、广聚合作伙伴的关键。核心能力可以是技术，也可以是产品、商业模式，等等。对于参与 5G 产业发展的产业链各方，要成功打造 5G 开放平台，应努力打造平台核心竞争力，尤其是要提升平台开发和运营能力。

（3）创新商业模式。平台开放能否最终取得成功还要看商业模式是否有创新性，商业模式创新直接决定了平台的生命力，评价商业模式是否有创新性主要包括：能否聚集越来越多的合作伙伴和第三方开发者；能否为用户提供好的产品和良好的客户体验；能否形成良好的生态系统，使价值链各方各取所需，互利共赢；能否帮助客户更方便地解决企业发展中的问题；等等。

在实践中，应紧紧围绕上述问题开展商业模式创新，最终目标是做大平台用户规模、提升平台影响力、拓展多元化的盈利模式。

（4）打造平台生态。打造平台生态是 5G 平台成功的重要标准。打造平台生态必须遵循平台经营规律，坚持产业思维和平台思维，坚持以为客户创造价值为核心，提升平台运营能力，努力为利益相关者创造价值。一旦平台生态建立起来，整个产业的价值就可能向平台企业倾斜，平台就可以在产业中起到引领作用。

无论是在移动互联网时代还是今天的 5G 智联时代，平台仍是企业前进和努力的方向。对于 5G 运营企业来说，不仅要为垂直行业客户提供 5G 网络或 5G 专网产品，更要为客户提供平台产品服务，因为平台一旦成功，其价值和影响力之大足以让 5G 运营企业占领产业链高端，帮助其走向成功。

# 生态模式

随着创新时代的到来，新技术、新模式、新业态不断涌现，企业之间的竞争已从以产品为中心、以客户为中心的竞争上升到企业生态系统之间的竞争。"要么创造生态，要么融入生态"成为行业竞争的游戏规则。如今，生态战略正成为众多企业的重要战略选择。苹果、谷歌、腾讯、淘宝、华为、小米等公司之所以取得成功，关键在于打造了一个强大的商业生态圈。

5G 发展涉及芯片、模组、网络、传输设备、终端、应用等诸多环节，5G 也是一个端到端的生态系统，涉及芯片提供商、无线模组厂商、电信运营商、设备制造商、仪器仪表厂商、智能硬件企业、应用及平台提供商、政府等。很显然，5G 具有产业链长、环节多、参与企业众多、需求个性化和复杂化、应用广泛等特点。要为客户提供更好的 5G 产品和服务，任何一家企业无论规模多大、实力多强，都无法实现产业链通吃，而需要产业链各方加强合作，合纵连横，协同创新，积极打造良好的 5G 产业生态。因此，生态模式是 5G 产业链各方参与 5G 产业发展、积极拓展 5G 市场的必然选择。

一枝独秀不是春，百花齐放春满园。当前，5G 产业链各方充分认识到打造 5G 商业生态的重要性，积极主动打造生态和融入 5G 产业生态。生态合作成为当前 5G 发展的一道亮丽的风景线。如华为实施"平台 +AI+ 生态"战略，以数字化底座为支点，以开放共赢的生态为杠杆，携手生态合作伙伴，一起做大蛋糕，帮助客户取得商业成功。中国电信以成立中国电信 5G 产业创新联盟、5G 联合创新中心、5G 开放实验室为载体，坚持共享共创共赢，推动构建网络、应用、产品、渠道、资本等五大产业创新赋能体系，加强产业合作，广聚产业合作伙伴，加速推进 5G 网络建设、5G 应用创新和落地。中国移动以实施"5G+"战略为指引，以成立 5G 产业数字化产业联盟以及 5G 工业互联网联盟等行业联盟、联合创新中心、开放实验室和推进生态权益建设为抓手，采取"战略合作、联合研发、参股并购、采购供应"四类合作模式，推出百亿生态引入和百亿分享的"双百亿"计划，开放赋能，联合社会力量，打造"资源共享、生态共生、互利共赢、融通发展"的 5G 开放新型生态体系。

生态战略要取得成功，首先要正确把握生态战略的核心。合作伙伴只有从与你合作中得到利益，合作才会牢靠、持久。这些利益说到底是来自客户，只有共同为客户提供好的产品和解决方案，为客户创造价值，客户才会买单，生态系统各方才能在实现价值中实现共赢。生态系统建设唯有围绕为客户创造价值这一中心进行展开，才能回归生态系统建设的原点，才能在生态建设中不会迷失方向，生态系统建设才会更有竞争力，企业才能实现使命和目标，成就伟业。

其次，创新合作模式，实现合作共赢。联盟合作是打造 5G 产业生态的根本。因此，在打造 5G 产业生态系统过程中要积极探索多元化的合作模式。纵观我国三大运营商 5G 生态建设实践、互联网公司及华为等企业生态系统建设成功经验，生态合作主要有 7 大模式，见表 5-2。

表 5-2　5G 生态主要合作模式

| 合作模式 | 模 式 描 述 | 代 表 案 例 |
|---|---|---|
| 产业联盟 | 为着共同的目标，通过技术、平台等形成一个互相协作和资源整合的生态联盟，建立标准，并主导产业话语权 | 工业互联网产业联盟（AII[①]）中国电信 5G 产业创新联盟 |
| 战略合作 | 通过在产品、平台、技术等方面进行合作，实现优势互补，价值整合 | 中国电信与美的集团、华为公司开展战略合作，共同打造 5G+ 智能工厂 |

---

① AII: Alliance of Industrial Internet

续表

| 合作模式 | 模式描述 | 代表案例 |
|---|---|---|
| 联合研发 | 与合作伙伴共同进行产品研发、技术攻关，双方共享产品收益和知识产权 | 电信运营商成立的联合创新中心和5G开放实验室 |
| 平台模式 | 打造一个平台，将生态资源进行聚合，构建一个新的生态平台 | 工业互联网平台、智能超高清视频平台 |
| 赋能模式 | 企业将自身能力开放出来，向合作伙伴进行能力输出，并实现资源互换 | 中国电信"网络、应用、产品、渠道、资本"五大赋能体系 |
| 资本经营 | 通过战略投资、并购、成立合资公司等方式打造产业生态系统 | 中国移动战略投资亚信科技和合资成立的联仁健康 |
| 创新孵化 | 为创业者提供孵化培训、孵化投资、运营支持等服务，帮助创业者走向成功 | 中国联通推出的"XR内容开发者孵育计划" |

### 产业联盟

生态各方为着共同的目标，可以在技术、平台、产品研发、商业模式、终端等方面构建一个互相协作和资源整合的生态联盟，形成强大的合力和影响力，从而有利于企业专注于自身核心优势实现共同发展。如2018年9月中国电信联合合作伙伴共同成立5G终端研发联盟属于终端联盟；2019年9月，中国电信成立的5G产业创新联盟属于商业模式产业联盟。

### 战略合作

战略合作主要是通过签署战略框架协议，发挥各方优势，履行各方义务，协同完成合作框架下的目标和任务。如2020年7月7日，中国电信与美的集团、华为公司开展战略合作，充分发挥三方优势，构建基于5G、云+AI的工业互联网解决方案，共同打造5G+智能工厂，实现企业数字化和智能化升级。

### 联合研发

联合研发是指与合作伙伴开展技术攻关、产品联合研发，实现优势互补和相互协作，共同享有研发成果。像我国三大电信运营商与合作伙伴合作成立的5G联合创新中心、5G开放实验室等创新联合体就是联合研发的重要形式。如2020年1月，中国电信与小米集团合作共同成立5G联合创新实验室，双方将充分发挥技术和资源的优势，通过在"5G+AIoT"等方面加强合作创新，共同打造泛智能终端，共同面向 2C、2H 及 2B 客户多场景的互联需求，开发更多应用。

## 平台模式

通过打造平台，广聚合作伙伴，从而打造平台生态。平台是 5G 发展的核心，也是广聚合作伙伴、打造 5G 商业生态的重要力量，更是拓展广阔的商业模式的重要抓手。平台是 5G+ 工业互联网的核心，如今，我国工业互联网发展迅猛，涌现出海尔 COSMOPlat 平台、用友软件的精智平台、中国电信天翼云工业互联网平台、航天科工 INDICS 平台、树根互联根云平台、阿里云 supET 平台等工业互联网平台，通过平台力量连接外部资源，有效推进工业企业数字化、网络化、智能化转型，加强产业链上下游协同发展，推动中小企业化危为机。

## 赋能模式

赋能模式是指企业将自身能力和资源向合作伙伴开放，实现能力和资源互换，助力合作伙伴竞争力的提升和商业走向成功。腾讯的成功就是典型的去中心化的赋能者，腾讯创始人、董事会主席兼首席执行官马化腾为腾讯在商业生态中扮演的角色和作用打了一个通俗的比喻："我们不是出租，而是请你来建房子，建完房子就是你的，你的客户、粉丝都是你的，不需要再交月租，不需要每年涨价。"中国电信 5G 发展坚持开放合作，构建网络、产品、应用、渠道、资本五大赋能体系，打造与产业链合作伙伴合作共赢的 5G 生态体系。

## 资本经营

资本经营主要是通过战略投资、收购 / 兼并、成立合资公司等资本经营方式，积极打造 5G 产业生态系统。近年来，新兴业务领域收购、战略投资、成立合资公司等资本经营活动十分活跃，其重要目的是快速进入新兴领域，获得核心技术、资源和业务模式，打造产业生态系统，以提高企业面向未来的市场竞争力。因此，5G 运营企业在打造 5G 商业生态过程中，要做好资本经营布局，巧用资本经营手段，积极开展收购、战略投资和成立合资公司，不断发展和完善 5G 产业生态圈。

## 创新孵化

以打造 5G 双创平台为抓手，围绕打造 5G 产业生态、积极寻求新的业务增长点，积极开展创新孵化。双创平台一方面对接企业，另一方面对接社会。对接企业就是鼓励企业内部员工创新创业；对接社会就是发挥"互联网＋"的力量，通过平台连接外部投资者、双创合作伙伴、外部导师、政府和创业者，汇聚全社会创新创业资源，打造创新与创业、线上与线下、孵化与投资相结合的开放式、多方共赢的双创生态圈，为创业者提供低成本、便利化、全方位、开放式和专业化的综合服务，助力 5G 产品孵化走向成功。同时，通过成立 5G 孵化和产业基金，加大对 5G 新创企业的战略投资，以培养和锻炼 5G 人才队伍、培育 5G 创新应用和打造 5G 生态共同体。

打造 5G 产业生态一个不可忽视的问题就是做好生态运营。图 5-5 给出了 5G 生态运营三维模型。共同目标是商业生态系统发展的动力，只有在共同目标的驱动下，生态各方才能相互协作、优势互补，从而为共同的目标而努力。生态战略要取得成功，一个重要条件就是生态各方能在合作中共同获益，共同成长。如果你能做好价值分配者，终端厂商、内容提供商、软件服务商等合作伙伴才会与你站在一起。所以说，价值分配很关键。第三个维度就是生态治理。也就是在生态合作中处理好运营方与生态各方的所有权、控制权和利益分配权以及彼此的信任关系。处理得好，就能调动生态各方参与的积极性，就能充分发挥"1+1>2"的整合优势，就能提升生态竞争力，最终能为客户提供满足其需求的定制化、场景化、智能化的产品解决方案。良好的生态治理与各方投入资源、所要达到的结果、合作过程的不确定性以及合作的可度量性等因素有关，在实践中，以充分调动生态各方积极性为目标，可通过过程控制、结果控制、利益激励的合理运用，在共同为客户提供一体化解决方案中实现共享、共创、共赢。

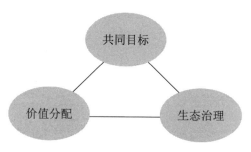

图 5-5　5G 产业生态健康运营的三维模型

打造 5G 商业生态，应始终坚持高质量发展观，坚持"开放共享，合作共赢"的发展理念，以应用创新为引领，以重塑新型核心竞争力为根本，通过积极开展跨界融合、成立产业联盟、共建开放实验室、成立联合创新中心、成立产业基金等方式，广泛开展产业合作，加强生态治理，避免恶性竞争，构建新型的 5G 产业生态圈，在促进 5G 产业大发展中实现互利共赢、利益共享和共同成长。

本章我们系统介绍了 5G 七大商业模式，它们相互融合、相互联系，又相互促进，共同构成 5G 商业模式全景视图。总之，5G 商业模式创新要紧紧围绕坚持为客户创造价值这一核心，从跨界经营、产品创新、平台经营、构建生态、品牌建设、补足短板等方面着手，最终实现价值变现，实现生态共赢。

如今，5G 已上升为国家战略，5G 产业发展从商用起步到真正爆发是一个长期的过程。在 5G 催生万亿市场的风口，对我国电信运营商来说，应始终站在国家战略的高度，以加快 5G 网络建设为己任，更加强化应用创新、技术创新和商业模式创新，联合社会力量，努力打造多方共赢的 5G 商业生态。面对 5G 巨大商机，推进 5G 商业模式创新以及向整体化解决方案提供商转变任重而道远。

# 第 6 章
# 5G2C 市场商业模式分析

从 1G 到 4G，可以说每一次信息技术的变革都让我们的生活有了质的飞跃，然而创新的脚步永远不会停止，如今 5G 应用技术带着人们对它的美好向往也正悄然向我们走来。

5G 面向消费者主要是基于 5G 三大应用场景中的 eMBB（增强移动宽带），eMBB 技术最为成熟，是 4G 移动宽带的升级版，主要是服务于消费互联网的应用场景。5G 高带宽、低时延的特点为视频直播、AR/VR、超高清视频等提供了良好的载体，也为用户带来全新的沉浸式体验。

自 2019 年 6 月 6 日，我国正式发放 5G 牌照以来，我国三大电信运营商加快 5G 网络建设，2020 年，我国 5G 基站新增 58 万个，累计达到 71.8 万个；2019 年 10 月 31 日，我国 5G 正式商用，同日，三大运营商正式推出 5G 套餐，主要是面向普通消费者。如今，我国三大运营商加快 4G 用户向 5G 迁移，5G 正呈现快速的发展势头。

5G2C 市场是 5G 运营企业的一个重要市场，5G2C 市场主要涉及电信运营商、终端厂商、内容服务提供商等，产业链各方要在 5G2C 市场获得更好的发展，把握 5G2C 市场的商业模式十分重要，只有持续不断为生态各方创造商业价值，5G2C 市场才能获得更大的发展。

# "5G+"打造美好生活新体验

5G 超高带宽、超低时延，支持超高清视频、VR/AR、云游戏、超高精度定位，推动以 5G 为核心的泛在智能基础设施与人们的娱乐深度融合。5G 逐步融入人们日常生活，为人们带来全新的客户体验，改变了人们的生活方式，提高了人们生活品质。

## 5G+ 融合传媒：开启全新的视频时代

毫无疑问，5G 将开启一个全新的影像传媒时代，基于 5G 的视频内容更具有互动性、沉浸感，画面也更加清晰。5G 与 3D、VR/AR 技术的结合会给人们带来全新的沉浸式体验，并将实现大小屏幕、VR/AR 的多屏随时随心多角度地互动切换。根据《全球传播生态蓝皮书：全球传播生态发展报告（2019）》的预测，到 2025 年，全球无线媒体收入的 57% 将通过使用 5G 网络的超高带宽功能和 5G 运行的设备实现。未来十年，5G 将为媒体和娱乐行业带来高达 1.3 万亿美元的收入。预计 2028 年，5G 网络在全球无线媒体营收中的占比近 80%，达到 3 350 亿美元。5G 带来的不仅仅是"速度"，还有全新的商业模式和沉浸式互动体验——视频、广告、VR/AR 等产业都将发生根本性变革，内容与受众的距离将被大大缩短。

"5G+ 融合传媒"是增强型移动宽带的典型应用场景之一。"5G+ 融合传媒"是指利用 5G 网络的大带宽、移动边缘计算、网络切片等技术，与视频的融合可渗透到采集、制作及应用的各个环节，对体育赛事、新闻事件和演唱会提供更加多元化的传播途径，一方面通过 VR 赛场体验业务使观众以第一视角获得"身临其境"的沉浸式体验，另一方面通过视频直播分享业务使用户获得"不卡顿、不转圈"的观影体验。如疫情期间，中国电信利用 5G 技术对武汉火神山、雷神山医院开通央视全天候 24 小时"云监工"4K 高清直播，同时在线人数超过 1 亿人，让世人见证了中国速度。

## 5G+ 教育：让学习更轻松、更便捷

5G+ 教育将颠覆传统教育方式，开启互联网教育新时代。5G 与超高清视频、VR/AR、全息影像等技术的结合，将创新教育手段打造逼真的沉浸式课堂，促进远程教学情景化、生动化和交互化，真正体验名师亲临现场、教材教具实景呈现的现场感，让教学内容变得更易懂、学习变得更有趣，让学生从被动学习转变为主动学习，拉近了老师和学生的距离，大大提高了课堂授课的效果，受到师生们的广泛认可。

5G 能够解决教室光纤覆盖周期长、成本高、无法灵活开课等问题，同时弥补基于 Wi-Fi 导致的远程直播卡顿、不稳定和虚拟教学的交互体验差等短板。5G 的大带宽、低时延以及边缘计算与网络切片可以让沉浸式教育走出科技馆，进入普通院校，走向真实的课堂，服务于广大师生。天文、地理、生物、化学等不易于用文字描述的知识可通过 VR/AR、全息等新型技术更加生动地进行传播，学生将拥有看待世界的全新视角，能将所学进一步延伸，变为所见、所感，甚至所做，走向更加有深度的学习。

5G 让教育摆脱了时间和空间的限制，让教育公平、终身学习有了实现的可能。在 5G 时代，偏远山区的孩子可以通过远程接入，学习重点学校的课程，并与名师实时互动，体验全新的全景式移动课堂，实现最有效、最直接的教育资源共享，从而改变命运，这造福了社会。除了学生，上班族也可以随时随地享受"网上课堂"教育资源，老年人也可以足不出户通过高速网络在家学习老年大学课程。

## 5G+ 智慧旅游：打造旅游新体验

5G+ 智慧旅游是指针对旅游景区及博物馆等场景，借助 5G 移动网络，利用全息、AR、VR、MR 等新科技，搭建视觉导览平台，为游客提供集服务、互动、体验、娱乐于一体的旅游新体验。其将为游客带来超越期待的沉浸式体验，从游客入园前直至离开，景点可提供全方位的陪同式导游服务，以全新的游览、消费体验，提升导览效率。某些景点以 VR 技术为核心，整合边缘计算、大数据分析和定位等技术，深入挖掘当地人文、历史文化，让人们快速体验景区的人文沉淀，给游客带来沉浸式的游览体验。VR 的沉浸性特

点可以使用户达成身临其境游览旅游景点，远程参观展会、博物馆等心愿。疫情期间，全国各大在线旅游平台、景区纷纷借助 5G+VR 技术推出"云参观""云旅游"活动，满足了人们足不出户在线旅游的需求，为人们带来炫酷的生活新体验。

中国电信研究院一项关于"5G+ 智慧旅游"的调查显示，96% 的用户认为智慧旅游可以突破时间和空间的限制，人们可以置身于虚拟场景中行走、触摸，聆听关于景点的电子语音讲解；87.2% 的人认为智慧旅游可以根据游客设定的游览时长、个人喜好，提供定制化的专属游览路线推送服务。另外，可以实时掌握景区人流密度，合理安排游览顺序，减少不必要的时间浪费等，也是大家关注和选择使用"5G+ 智慧旅游"的原因。

## 5G+ 智慧生活：让生活更轻松、更舒适

5G+ 智慧生活主要是指 5G 在智慧家庭的应用，将为人们生活带来全新的体验。我们可以畅想即将到来的 5G 新生活：早晨起床你的 5G 手机会自动控制家里的智能家居设备，缓缓调节室内光线，播放悠扬的音乐，将你叫醒。家里马桶也是智慧马桶，能自动完成尿液采集，并进行化验，得出健康数据；当你身体不舒服时，可以利用 5G 手机进行远程就医，让你足不出户，也能看医生；当你开车下班回家时，把车调整到自动驾驶模式，利用 5G 技术，能自动感知道路拥堵状况，汽车通过智能系统选择最佳路线，让你以最快的速度避免拥堵安全回家……

可以看出，5G 让我们的生活更精彩，如今这些都成为现实，尤其是 2020 年爆发全球性的新冠疫情，进一步激发了"宅经济""非接触经济"的大爆发，进一步激发了广大用户 5G 应用消费，5G+ 正全面融入人们日常工作生活中，在丰富和满足人们不断增长的美好生活需要中发挥着重要作用。

# 5G2C 市场分析

4G 改变生活，5G 改变社会。5G 技术的应用加速了信息消费的升级，不断提升客户消费体验，提高了人们的生活品质。5G2C 市场是 5G 的重要市场，

也是包括电信运营商在内的 5G 运营企业积极拓展的市场。对于广大消费者来说，5G 消费需求怎么样，直接决定了 5G 产业的发展，这也是商业模式创新的重要内容。

## 5G 用户发展迅猛

5G2C 市场的用户主要是手机用户，我们首先对 5G 用户发展进行分析判断。

2013 年 12 月 4 日，我国正式颁发 4G 牌照。4G 牌照发放这几年来，4G 用户呈现快速的发展势头（见图 6-1），由图 6-1 我们看出，4G 用了 1 年时间达到近 1 亿用户，2014—2017 年 4G 快速发展，2017 年以后 4G 增速明显减缓。2020 年，我国 4G 用户达到 12.89 亿户。从 4G 渗透率来看，2017 年渗透率达到 70.2%，2018 年 4G 渗透率达到 74.5%，2019 年 4G 渗透率达到 80%，2020 年 4G 渗透率达到 80.8%。可以说，目前绝大部分用户都是 4G 用户。

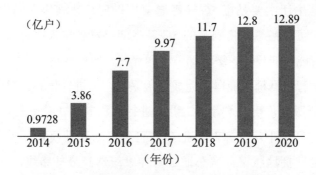

图 6-1　2014—2019 年我国 4G 用户发展情况

2019 年 10 月 31 日，我国 5G 正式商用，三大运营商在同一天公布了 5G 资费套餐，正式开启了 5G 发展的新征程，我国三大运营商加速了 5G 网络建设和业务发展，5G 用户呈现快速的发展势头。截至 2020 年底，我国 5G 套餐用户达到 3.22 亿，5G 渗透率达到 20.2%，其中中国移动 5G 套餐用户达到 1.65 亿，中国电信 5G 套餐用户达到 8 650 万户，中国联通 5G 套餐用户达到 7 083 万户，我国 5G 的快速发展令世界瞩目。

5G 套餐用户与真正的 5G 用户还是有差异的，5G 套餐用户也可能使用的是 4G 手机和 4G 业务，但享受的是 5G 套餐，真正的 5G 用户应该是购买 5G 手机，使用 5G 套餐，体验 5G 高带宽应用的用户。用终端连接数更能反映真实的 5G 发展现状。从工信部公布的数据来看，截至 2020 年底，我国 5G 终端连接数超过 2 亿户。

我们从 5G 套餐用户和 5G 终端连接数来看，5G 商用 1 年多来，我国 5G 发展迅猛，5G 发展速度明显快于 4G。如今，我国 5G 网络覆盖、用户规模和 5G 渗透率在全球处于领先地位。

我国 5G 网络建设加速推进、5G 手机终端价格逐步下降、5G 手机终端款式不断丰富是推动我国 5G 用户快速发展的主要原因，在这些因素的共同作用下，以及随着 5G 内容的不断丰富，我国 5G 用户将发展得更好、更快、更强。根据 GSMA 预测，到 2025 年全球将有 15.7 亿人使用 5G 手机，中国的 5G 手机用户将达到 6 亿，在全球居于首位。

## 5G2C 市场需求分析

5G 用户关注什么？需求特征怎样？5G 目标市场是哪些客户群？等等，这些问题我们把握准确了，对制定 5G 发展策略、推进商业模式创新、加快 5G 用户发展具有重要意义。

1）用户购买 5G 关注什么

我们首先想一想为什么使用 4G 的用户要换成 5G？从中国电信研究院一项调查显示（见图 6-2），套餐资费和网络质量是目前消费者选择使用 5G 套餐的主要原因，目前用户选用 5G 套餐，最主要是看中套餐的内容，如较高的流量等，其次就是消费者越来越重视网络质量和上网的体验，上网速度快、优质的网络体验是用户选择 5G 的重要因素。

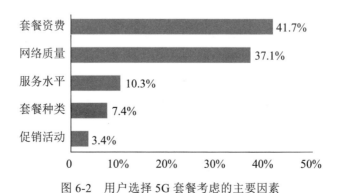

图 6-2　用户选择 5G 套餐考虑的主要因素

可以看出，内容应用服务并不是广大消费者购买 5G 的主要动力，这一方面说明当前 5G 内容应用服务发展相对滞后，这是当前 5G 发展的一大隐忧，另一方面说明当前移动互联网应用基本满足广大消费者的应用需求。5G2C 要发展好，加大 5G 内容应用服务创新和发展任重而道远。

2）5G2C 的目标市场选择

目标市场定位是 5G 商业模式的重要内容。在 5G 发展初期，首要任务是找准目标市场，了解用户需求，并根据不同目标市场的差异化需求，推出差异化的产品和服务，制定区隔性营销策略。为更好地把握 5G 用户消费需求，找准 5G 目标市场，更好地促进 5G 业务发展，我这里应用需求全景图这一方法。

需求全景图是用一张图片对用户消费需求进行全面的认识。需求全景图是洞察需求、发现需求和识别市场机会的有效方法。通过需求全景图，客户关注什么、潜在需求、消费特征、竞争状况、价格敏感度等可以一览无遗，这有利于企业发现尚未满足的客户需求，也为重新定义客户价值、实现差异化创新创造了条件。

根据广大消费者对 5G 的需求，可以大致描绘出 5G2C 需求全景图（见图 6-3），通过需求全景图我们对各细分市场有着全面的认识。从需求全景图不难看出，5G 的潜在用户主要集中在商务人士、个体商户、游戏达人、视频爱好者、注重生活品质的人这五类，各群体的背景特征、需求特点不同，对 5G 业务也有着不同的产品需求。

（1）商务人士普遍是高学历的公司管理人员或专业人士，月收入水平较高，对价格的敏感度低，追求高品质的服务，希望获得更多的增值权益。他们往往有商务办公的需求，需要通过网络进行大容量的文件存储、高速率的文件传输、视频会议等形式的协同办公，对上班时间家庭智能安防有需求，因此对云端存储和网络速率需求较高。

（2）个体商户的月收入水平较高，主要需求是商铺中的智能安防，其关注店内的监控录像及存储，并且还有看店时的娱乐需求。

（3）游戏达人普遍为年轻男性，他们对游戏场景下的网络质量要求高，追求游戏的高速率、低时延保证，希望获得游戏相关的增值权益以及新型游戏设备的体验机会。

（4）视频爱好者则对视频场景下的网络质量要求高，追求观看及上传下载视频的高速率保证，并且有视频会员等合作权益的需求。

（5）注重生活品质的人这类消费群体一般能紧跟时代，看什么流行了或有人在使用了，也会购买和体验，他们也属于最早体验和使用 5G 业务的群体，对价格敏感性不高，生活有品位，家庭收入较高。

| | 商务人士 | 游戏达人 | 视频爱好者 | 注重生活品质的人 | 社交圈广的人 | 个体商户 | 有明确预算者 | 最低需求者 |
|---|---|---|---|---|---|---|---|---|
| 对 5G 手机的依赖度 | 高 | 高 | 高 | 较高 | 一般 | 较高 | 低 | 低 |
| 对价格敏感度 | 低 | 低 | 低 | 低 | 一般 | 低 | 高 | 高 |
| 对终端的要求 | 有品牌的高端智能终端 | 有品牌的高端智能终端 | 有品牌的高端智能终端 | 有品牌的中高端智能终端 | 有品牌的中高端终端 | 有品牌的高端智能终端 | 中低端智能终端 | 低端智能终端 |
| 使用带来的价值 | 随时办公、获取工作联系和信息 | 带来游戏娱乐的享受 | 最新超高清视频的体验者 | 带来娱乐和生活方便 | 与朋友分享的乐趣 | 满足其安防需求 | 基本的移动互联网应用 | 与亲朋好友的基本通信联系 |
| 消费者特征 | 白领人士或企事业单位管理人员 | 年轻人 | 中青年女士较多 | 有家庭且收入较高 | 外向型人 | 具有创业热情的人 | 一般工薪阶层 | 较大的农民工群体和中小学生 |
| 影响购买决策者 | 自己 | 自己、家人 | 自己、家人 | 自己 | 自己、朋友 | 自己 | 自己 | 子女或家长 |

图 6-3　5G 用户需求全景图

毫无疑问，这五类客户群是 5G 发展的重要目标市场，随着 5G 资费的下降，应用的普及，将会有越来越多的 4G 用户迁移到 5G，5G 必将在未来 2～3 年得到进一步普及。

在客户导向的经济时代，企业要决胜 5G 消费者市场，最为关键的是深入洞察客户现实需求、潜在需求和新的需求，以未被满足的客户需求为切入点进行产品创新、市场创新和营销创新，企业方能创造物超所值的产品和服务，这样才能吸引用户，快速形成用户规模，才能最终走向成功。

人们购买5G手机，不仅仅是购买手机本身，享受极快的上网速度，更为重要的是体验5G的应用，这是决定5G未来发展、商业模式成功的关键。5G2C市场商业模式要成功，电信运营商要充分借鉴3G/4G时代流量经营模式，一定要在5G应用服务上开创更大的蓝海。

3）5G应用服务需求分析

面对广大消费者市场，5G只是4G的升级版，也就是带宽更宽，上网速度更快，时延更低，5G的发展为高带宽的应用创造了条件，开启了全新的视频时代。对于5G2C应用市场需求分析，我们重点对高带宽应用市场进行分析。

5G+VR/AR：VR/AR业务对带宽的需求是巨大的。VR/AR是5G时代最有潜力的大流量业务，最有希望成为5G"杀手级"的应用。目前在5G2C市场的应用主要包括VR/AR视频、VR/AR游戏、AR/VR教育、AR/VR直播、AR/VR旅游、AR/VR看房等，VR/AR这些应用，为广大消费者带来全新的客户体验，这次新冠疫情更是进一步激发了5G+VR/AR的应用需求，市场潜力巨大。2019年中国VR市场规模为147.7亿元，预计2021年将达到544.5亿元，年均增长92%。根据IDC预测，我国VR头显设备出货量由2018年的116.8万台提升到2023年的1 050.1万台，年均增长69.9%。

2020年爆发的新冠疫情催生了"宅经济"爆发式增长，激发了新的消费需求，其带来的最大的变化就是人们消费行为、学习方式、工作方式和生活方式的变化，新型消费表现出强大的增长态势，在线化、云化、数字化消费得到进一步强化和发展，在线教育、远程办公、视频会议、在线购物、远程医疗、在线问诊、在线旅游、云游戏等成为新的亮点，表现出巨大的市场潜力，5G技术的应用更为在线化消费带来全新的客户体验，受到市场的欢迎。如5G与超高清视频、VR/AR、全息影像等技术的结合，将创新教育手段打造逼真的沉浸式课堂，客户可体验名师亲临现场、教材教具实景呈现的现场感，大大提高了课堂授课的效果，受到师生们的广泛认可。随着VR技术的不断发展，未来更多的教学场景都可以结合VR技术，VR教育市场潜力巨大。

5G+VR：VR直播是虚拟现实与直播技术的结合，利用电脑模拟三维空间，提供使用关于视觉、听觉、触觉等感官的模拟，让体验者身临其境地观察三维空间。

VR 直播能为用户带来沉浸式体验，主要体现在：①提供 180°或 360°全景视角，沉浸感更强；②通过近眼 3D 显示，画面更立体，更真实；③可实现互动交互。

近年来，视频直播成为一种时尚，视频直播发展十分迅猛，抖音、快手、腾讯等众多企业加入短视频行业。2020 年爆发的新冠疫情，进一步带动了网络直播的发展，直播带货、会议直播、赛事直播、旅游直播等呈现爆发式增长，极大地激活消费市场，助推消费升级。如直播带货，iiMedia 数据显示，国内直播电商市场规模 2017 年为 190 亿元，预计 2020 年直播带货市场规模可达 9 610 亿元，较 2017 年增长 49.6 倍。网络直播用户快速增长。截至 2020 年 12 月，我国网络直播用户规模达 6.17 亿，占网民整体的 62.4%，电商直播用户规模达到 3.88 亿。网络直播的发展以及 5G 技术的应用，带动了 VR 直播的发展。根据 Greenlight Insights 的预测，2020 年全球 VR 产业规模将达到 1 600 亿元，中国市场规模将达到 900 亿元。

上面主要对 5G+AR/VR 应用进行了分析，分析表明 5G+VR/AR 在娱乐、教育、旅游、电商、会议、赛事、游戏等方面得到广泛应用，越来越受到广大消费者的欢迎，未来市场潜力巨大。

从目前市场反应来看，用户要体验 AR/VR 全新体验：一是用户需要购买 AR/VR 设备终端，一般的要几百元，好的数千元；二是目前 AR/VR 内容缺乏，内容生态尚未形成；三是用户要戴上 AR/VR 头盔观看，会产生不同程度的眩晕感，影响客户体验。这些都成为影响 5G 高带宽、高价值应用在 5G2C 市场的发展和普及。

5G2C 商业模式创新核心就在应用服务，只有为客户创造高价值的应用服务，才能为产业链各方带来收益，才能使电信运营商实现从连接向价值经营方向转变。当前，5G 产业链各方要以提升客户体验为核心，从网络、终端、内容、服务等方面系统推进，做强内容生态，5G 在 2C 市场发展之路一定会越走越宽。

# 5G2C 商业模式分析

　　一直以来，电信运营商的商业模式是比较简单的。在 3G/4G 及以前，电信基本业务是语音、短信彩信和数据业务，因此基本的业务模式就是按照语音时长、短彩数量和数据流量收费。运营商只要不断做大连接规模，增加用户的使用量，就可以获得持续的收入。由于受到提速降费、连接市场日趋饱和等因素的影响，这种增长模式不可持续。进入 5G 时代，由于技术能力的提升、需求的多样性，需要发展更多的商业模式，才能促进电信行业持续发展，才能更好地促进 5G 产业健康发展。

　　5G2C 市场是 5G 发展的重要市场，也是 5G 产业链各方获取新的增长的重要市场。我们在第三章给出了 5G 商业模式七要素模型，即战略定位、产品服务、价值主张、生态系统、运营系统、核心能力和盈利模式，根据 5G 商业模式七要素模型，结合 5G2C 市场需求特点，我们给出电信运营商 5G2C 商业模式的基本判断，如表 6-1 所示。

表 6-1　5G2C 商业模式关键要素分析

| 关键要素 | 主　要　内　容 |
|---|---|
| 战略定位 | 从流量经营向价值经营转变，努力为客户创造价值 |
| 产品服务 | 提供"连接＋应用＋权益"的产品体系，打造有竞争力的内容应用平台 |
| 价值主张 | 目标市场定位为游戏达人、视频爱好者、商务人士等<br>客户关注点：良好的客户体验；可接受的资费水平；高价值的内容服务 |
| 生态系统 | 打造 5G2C 产业生态，尤其要形成良好的内容生态 |
| 运营系统 | 集约化运营，统一执行 |
| 核心能力 | 除了充分发挥网络能力优势外，注重提升满足客户高价值应用需求能力和客户经营能力 |
| 盈利模式 | 连接收费、流量收费、内容服务收费、切片收费、终端销售收费、广告费等 |

　　（1）从战略定位来看，电信运营商 5G 发展充分结合 5G 高带宽、高速率、低时延等特点，要避免走 3G/4G 的老路，一定要从流量经营向价值经营转变，努力为客户创造价值；一定要从单一量纲向多量纲经营模式转变，要把带宽、速率、时延、业务等因素统筹考虑在内，满足客户多元化需求。5G 时代，只有为客户创造价值，运营商才能抓住 5G 发展机遇，摆脱企业经营困境，

推动企业持续健康的发展。

（2）从产品服务来看，5G2C 的产品主要包括连接、终端、应用和权益等，对电信运营商来说，应努力为客户提供"连接＋应用＋权益"的产品体系，打造内容应用平台，不断丰富高带宽应用，通过扩大用户规模，不断努力降低 5G 手机等终端价格，不断提升内容应用平台的聚合力、创新力和影响力。

（3）从价值主张来看，用户购买 5G，不仅关注上网速度，更关注客户体验，同时希望价格不要太高，能够享受到高价值的应用服务，能够随时随地满足其多场景的特殊服务。这些都是我们制定面向 5G2C 市场差异化策略需要重点考虑的问题。当前，5G 目标市场主要是游戏达人、视频爱好者、商务人士等。这客观上需要企业针对这些目标市场推出有针对性的产品和服务。针对游戏达人，可推荐包含游戏在线加速、时延保证及装备积分权益的云游戏包，并搭配提供可穿戴副卡和免费体验 VR 头盔的终端权益；视频爱好者可推荐包含视频上下行速率、时延保证及视频会员的高清视频体验包，以及抢先购机、以旧换新、零元购机的终端权益；对于商务人士，可推荐含极速下载、大容量存储、同步共享功能的个人云服务套餐，以及全年不停机等服务权益。

（4）从生态系统来看，面向 5G2C 市场产业链主要包括电信运营商、内容提供商、终端提供商和广告商等。

电信运营商整合产业链资源，直接面对广大消费者，为广大 5G 用户提供"终端＋连接＋应用＋权益"的 5G 服务，尤其要加快开发和拓展 5G 应用服务。

内容提供商主要承担 5G 内容产品的提供，提供高品质的内容服务，不断满足客户的需求，同时也可承担内容平台的建设。

终端提供商主要要负责 5G 手机、AR/VR 终端设备、可穿戴终端等生产、销售和售后服务。终端提供商可以直接面对消费者销售终端产品，也可与电信运营商合作，由电信运营商以套餐等方式销售给用户。

广告商参与到电信运营商为用户提供的产品和平台中，通过植入的方式，进行广而告之，电信运营商通过收取广告主的赞助费用，增加企业收入，这是一种互惠互利的商业行为。

相比于 5G2B 市场，5G2C 生态合作相对比较简单，结构并不复杂，要使合作伙伴合作更为紧密、更为牢靠、更为长久，取决于5G用户规模和流量，只有把5G用户规模和流量做大，才能更好地吸引合作伙伴，打造面向5G2C市场的合作生态和内容生态，才能更好地为客户提供更有价值的产品和服务，合作伙伴才能真正在合作中分得更多的蛋糕。

（5）从运营系统来看，面向广大消费者，5G发展应做到"统一资费，统一品牌，统一产品，统一服务，统一宣传"，这就要求实行集约化运营，同时运营商各省市分公司按照集团公司统一部署强化执行。在做好面向5G2C市场拓展，做大5G收入增量的同时，要更加注重客户需求调研、用户消费行为分析和客户细分等工作，以科学的方法为指导，制定更加科学有效的经营策略，推进5G高质量发展。

（6）从核心能力来看，电信运营商除了发挥自身在网络连接的优势外，更为重要的是提升面向客户的价值经营能力和面向客户提供高价值应用的业务能力。电信运营商5G要实现高质量发展，靠5G流量经营总有天花板，进入5G时代，电信运营商必须寻求新的业务增长点。从这点来看，电信运营商一定要在5G2C市场深耕内容服务，一方面要积极与内容提供商合作，另一方面需要运营商积极向5G价值链中高端演进，加大内容创新的投入，积极进入内容服务领域，如VR内容制作、VR直播等领域。例如面向5G+AR/VR巨大市场，中国电信号百控股加快服务转型，一方面积极与LGU+开展VR内容引入和VR直播合作，引入LGU+的超高清VR内容；另一方面抓住5G发展机遇，快速推出天翼超高清、天翼云游戏和天翼云VR等5G应用，并通过"走出去、引进来"，努力提升自制内容的策划制作能力，打造5G产品的差异化竞争优势。

（7）从盈利模式来看，5G2C盈利模式比较清晰，主要包括连接收费、流量收费、内容服务收费、终端销售收费和基于内容应用平台面向第三方收取的广告费等。

连接收费是运营商商业模式的基础。随着4G加速向5G迁移，面向个人的5G连接会持续增长，会有越来越多个人接入5G网络，成为5G用户；同时，面向个人的IOT（The Internet of Things，物联网）连接也在不断增长，如可穿戴设备、VR、智能车载设备等，都会随技术的进步逐步普及。目前，通过连接收费仍是电信运营商收入的重要来源（主要是按时长、按次数、流量，或者包月等），跟现有的 3G/4G 模式比较接近。目前，电信运营商以套餐形式向用户收费就是连接收费的主要形式。如韩国三大运营商于 2019 年 4 月 3 日全球首发 5G 服务，最低档 5G 资费约合 325 元人民币，只包含 8G 高速流量，超出后限速 1 Mbps，最高档不限量资费约为人民币 770 元。

流量收费跟当前的 4G 流量包类似。随着高价值业务的增加，如高清视频、AR/VR、直播等业务进一步丰富，将消耗更多的流量。运营商可以用定向业务的设计，设计出单独的流量资费包，体现出大流量业务的价值。流量包设计也可以与腾讯、爱奇艺等合作，推出定向流量包，消费者支付应用使用费给合作公司，合作公司再与电信运营商分成从而取得收入。流量收入是电信运营商面向 5G2C 市场的主要收入来源。

内容服务收费主要根据用户对速率、时延、带宽的差异化需求设计差异化的收费模式。如对带宽要求高的，比如 AR/VR、4K/8K 高清视频，对时延要求低的，比如云游戏业务，消费者获得这些更高质量的业务体验，运营商可收取更高的费用。如中国联通 + 腾讯王者荣耀提供 15 元 / 月的游戏加速包；如韩国运营商在提供更高清的视频服务外，主要从 VR、AR 方面来为消费者提供 5G 独特的服务。SK Telecom 提供 5GX VR，价格为 15 万韩元，若订购 5G 最高档套餐则免费，订购 5G 低档套餐享受 50% 的折扣。主打内容包括：明星偶像、教育（VR 英语等）、活动课程（VR 健身课程等）、电影、文化（VR 旅游、VR 名画等）、直播（棒球赛 VR 直播）、游戏等。

切片经营收入。随着个人需求的多元化，切片在 5G2C 场景中也将得到应用。比如临时性的音乐会、大型赛事，VR 直播等，完全可以通过切片网络提供，消费者可以购买一个时间段、一个区域的流量包，或一个特定业务的流量包，这就是网络切片为运营商带来的场景化的收入。当然，切片更大的价值是在垂直行业。

终端销售收入是指终端厂商或运营商直接或合作代理销售终端而获得的收入。5G 的大发展，终端提供商获益最大；电信运营商可以与终端厂商合作为客户提供一体化服务，目的是降低终端价格，争夺用户，做大 5G 用户规模。

基于内容应用平台的广告收入就如同 IPTV 植入广告一样，运营商在为客户提供 5G+AR/VR 服务时，以形式多样的广告植入方式，向广告主收取费用。当然，内容平台做成功了，基于平台的收费模式就会更加多元，除了后向广告收入外，还有平台增值服务收费、会员费、大数据开放变现、平台使用费等。因此，打造内容应用平台是电信运营商拓展 5G2C 市场的重要内容，要花大力气在平台经营上取得突破。

根据上述分析，绘出 5G2C 商业模式视图（见图 6-4），由图 6-4 可以看出，面对 5G2C 市场，主要是由运营商面对用户，运营商通过与内容提供商开展战略合作，引入内容，采取内容分成的模式，实现运营商与内容提供商的共赢。同时运营商向终端提供商进行终端批量采购，终端厂商负责提供终端设备和售后服务，最后由运营商向消费者提供"连接＋终端＋内容服务"，并由运营商向用户收取。

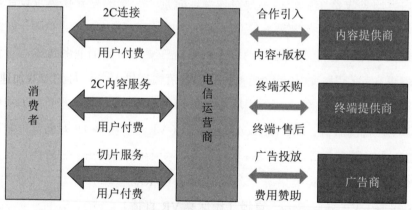

图 6-4　电信运营商 5G2C 商业模式视图

5G 时代，不限流量将是基本的套餐配置，流量会进一步爆发，面向个人的商业价值体系将被重塑。单一靠管道经营的运营商可能会没有未来。运营商只有继续加强流量的价值经营，拓宽更多的收入来源，才能实现商业正循环。

# 5G2C 五大商业模式

5G2C 市场是 5G 最先成熟的增强移动宽带的应用场景，市场潜力巨大，也是产业链各方积极争夺的重要市场。5G2C 要发展好，最为重要的是商业模式创新，商业模式创新的本质是为客户创造价值，实现业务快速发展。我们在第五章给出了 5G 总体的七大商业模式，在这一总体框架下，结合 5G2C 市场需求特点，从推动 5G 高质量发展的角度，我们给出 5G2C 市场的五大商业模式，即基于流量的套餐模式、"连接＋应用＋权益"的产品模式、生态合作模式、注重市场细分的品牌模式和基于场景化的多量纲模式。

## 基于流量的套餐模式

基于流量的套餐模式是指根据用户对流量需求的差异性，设计不同的流量套餐供用户选择，其核心是寻求通过数据流量的增长获得收入增长的一种模式。这种模式与 3G/4G 基本相同。

面向 5G2C 市场，采取基于流量的套餐模式是国际运营商的普遍做法。例如，2019 年 4 月韩国 5G 正式商用，推出了 5G 套餐（见表 6-2），SK、LGU+ 和 KT 的套餐共分为 4 档，最低档的 5.5 万韩元，约合人民币 325 元，月流量 KT 只有 8G，真正主打的 5G 套餐为 3 档。5G 套餐主要通过不同的达量降速实现套餐档次的划分，同时配以不同内容、服务、权益等实行区分。

表 6-2　韩国三大运营商 5G 套餐一览表

| 运营商 | 月费（韩元） | 2019 年 6 月 30 日前 | | 标准资费 | | 共享流量 G | 通话 |
|---|---|---|---|---|---|---|---|
| | | 流量 G | 达量限速 | 流量 G | 达量限速 | | |
| SK | 55 000 | 9 | 1 Mbps | 8 | 1 Mbps | 无 | 不限 |
| | 75 000 | 200 | 5 Mbps | 150 | 10 Mbps | 50 | 不限 |
| | 95 000 | 不限 | 不限 | 200 | 10 Mbps | 50 | 不限 |
| | 125 000 | 不限 | 不限 | 300 | 10 Mbps | 50 | 不限 |
| LGU+ | 55 000 | 9 | 1 Mbps | 9 | 1 Mbps | 无 | 不限 |
| | 75 000 | 150 | 5 Mbps | 150 | 5 Mbps | 10 | 不限 |
| | 85 000 | 不限 | 不限 | 200 | 7 Mbps | 50 | 不限 |
| | 95 000 | 不限 | 不限 | 250 | 7 Mbps | 100 | 不限 |
| KT | 55 000 | 8 | 1 Mbps | 8 | 1 Mbps | 无 | 不限 |
| | 80 000 | 不限 | 不限 | 不限 | 不限 | 20 | 不限 |
| | 100 000 | 不限 | 不限 | 不限 | 不限 | 50 | 不限 |
| | 130 000 | 不限 | 不限 | 不限 | 不限 | 100 | 不限 |

我国自 2019 年 10 月 31 日正式宣布 5G 商用的当天，三大电信运营商就对外公布了面向广大消费者的 5G 套餐（见表 6-3、表 6-4、表 6-5），其是基于流量的套餐模式的应用。从三大运营商 5G 套餐来看，三大运营商资费水平价格基本差不多，如最高月流量 300 G，中国电信、中国移动、中国联通价格分别为 599 元、598 元和 599 元，看得出 5G 时代，三大电信运营商不再像 3G/4G 时代那样热衷于打价格战，这有利于做大行业规模，提升行业价值。但同时看到，5G 套餐价格明显高于 4G，对于用户来说，要真正畅游 5G，需要电信运营商逐步降低 5G 套餐价格。

表 6-3　中国电信 5G 套餐一览

| 基本月费（元/月） | 套餐内 | | 套餐外 |
|---|---|---|---|
| | 全国流量 | 全国通话 | |
| 129 | 30 GB | 500 分钟 | 流量 3 元 /GB<br>语音 0.15 元 / 分钟<br>短信 0.1 元 / 条，语音加装包 10 元 /100 分钟<br>可多次订购<br>副卡 2 张<br>10 元 / 张 |
| 169 | 40 GB | 800 分钟 | |
| 199 | 60 GB | 1 000 分钟 | |
| 239 | 80 GB | 1 000 分钟 | |
| 299 | 100 GB | 1 500 分钟 | |
| 399 | 150 GB | 2 000 分钟 | |
| 599 | 300 GB | 3 000 分钟 | |

表 6-4　中国移动 5G 套餐一览

| 套餐月费（元/月） | 套内包含 | | | | | | | | 套餐外 | |
|---|---|---|---|---|---|---|---|---|---|---|
| | 流量（GB） | 语音（分钟） | 网络权益 | 品牌权益 | 服务权益 | 业务权益 | 套内权益 | 5G PLUS 会员优惠权益 | 流量 | 语音 |
| 128 | 30 | 500 | 5G 优享服务 | 全球通银卡 | 热线优先接入服务延期停机服务 | 咪咕5G畅玩包视频彩铃 | 6 选 1 | 6 折 | 超出后 5 元 1G，满 15 元后按照 3 元 1G 进行计费 | 0.15 元 / 分钟 |
| 198 | 60 | 1000 | | | | | | 5 折 | | |
| 298 | 100 | 1500 | | 全球通金卡 | | | | 2 折 | | |
| 398 | 150 | 2000 | 5G 极速服务 | 全球通白金卡 | | | 6 选 2 | 0 元购机 | | |
| 598 | 300 | 3000 | | 全球通钻卡 | | | | 0 元购机 | | |

### 表 6-5　中国联通 5G 套餐一览表

| 月费（元 / 月） | 流量（GB） | 语音（分钟） | 联通会员 | 网络服务 | 套外 |
|---|---|---|---|---|---|
| 129 | 30 | 500 | 4 项内容权益 | 5G 优享服务 | 套外每分钟 0.15 元，短信 0.1 元 / 条，套外流量 3 元 /GB |
| 159 | 40 | 500 |  |  |  |
| 199 | 60 | 1 000 |  |  |  |
| 239 | 80 | 1 000 |  |  |  |
| 299 | 100 | 1 500 |  | 5G 极速服务 |  |
| 399 | 150 | 2 000 |  |  |  |
| 599 | 300 | 3 000 |  |  |  |

同时我们看到，目前 5G 套餐主要有 5 ～ 7 档供用户选择，由于用户需求呈现多元化、个性化、差异化的特征，电信运营商应设计更多积木式套餐供用户选择，套餐要更加细化、简洁，要在不同应用方向上各有侧重，以满足用户多样化需求。

流量是电信运营商参与 5G 产业发展的核心优势，由于 5G 的高带宽、高速率、低时延，随着 5G 的快速发展，流量必将呈现爆发式增长，必将为运营商带来收入的增长。从 2020 年三大运营商财务业绩来看，5G 在推动电信运营商业绩回升、实现 V 型反转中发挥了重要作用。如中国电信持续推进 4G 用户向 5G 迁移，5G 业务赢得良好开局，5G 业务持续拉动移动用户价值增长，移动用户 ARPU 降幅持续收窄。

流量红利逐步消失，这在 3G/4G 时代得到验证，这是不以人的意志为转移的客观规律，在 5G 时代这一规律将继续发挥作用，这告诉电信运营商，一方面要做好用户发展，做好流量经营，推动流量快速增长；另一方面更为重要的是要为客户提供有针对性的高价值的应用，努力开拓应用服务新蓝海。

## "连接 + 应用 + 权益" 的产品模式

5G 发展好不好，关键在于能不能吸引用户。吸引用户靠什么？关键看产品。从 5G2C 市场需求来看，用户选择购买 5G 产品，不仅关注上网速度，更关注使用 5G 能否带来全新体验和更多的获得感。

如今，为广大消费者提供 "连接 + 应用 + 权益" 的产品模式在运营商中形成广泛共识。连接就是指基于 5G 网络的连接服务，应用主要是指适应 5G

技术的 AR/VR、超高清视频、云游戏、视频直播等应用，权益是指运营商给 5G 用户优惠或免费的服务和福利，权益内容不仅包括运营商自有的内容和应用，更多的是合作内容与应用，甚至是与电信服务不相关的权益，这样做的目的是留住用户，吸引用户加速向 5G 迁移，这有助于提升 ARPU。"连接＋应用＋权益"的产品模式要取得成功：一是要将连接、应用和权益形成一个相互促进、相互补充的整体，而不能孤立；二是应用和权益对客户要有吸引力，以有助于提升客户价值，引导和培育用户使用更多的应用产品。

当前，顺应用户信息消费需求变化，"连接＋应用＋权益"的产品模式在运营商得到广泛应用，电信运营商创新推广具有高价值的 5G 应用，不断丰富 5G 权益，加强与合作伙伴合作，规模推广"连接＋应用＋权益"融合产品，真正让广大用户在共享 5G 发展成果上拥有更多获得感。

早在 2019 年 6 月上海 MWC 世界移动大会上，中国移动就提出打造"连接＋应用＋权益"产品体系。2019 年 10 月 31 日我国 5G 宣布正式商用的当天，中国移动公布了 5G 套餐，与中国电信、中国联通不同的是，中国移动套餐还包括用户权益的内容，用户权益主要包括网络权益、业务权益、品牌权益和尊享会员权益，其中尊享会员权益包括 6 大权益礼包和 5G PLUS 会员权益包，6 大权益礼包涵盖了视频、音乐、阅读、出行、生活服务等各方面优惠；5G PLUS 会员则涵盖 5G 终端购机优惠券、主流视频 APP 会员 4 选 1 等内容。除了权益多，用户还可享受 5G 套餐和终端的各种优惠。2020 年 5·17 世界电信日期间，中国移动宣布建立"连接＋应用＋权益"的融合产品体系，打造规模巨大、品类齐全、品质优秀的权益超市，为用户带来更多的惊喜。

中国电信、中国联通也在积极推进"连接＋应用＋权益"的产品体系，在权益方面，中国电信更为简洁，主要分为生态权益和应用权益两大类；中国联通主要包括 5G 视频会员包、随心选、优惠购、任性领等权益。

三大运营商为用户提供"连接＋应用＋权益"的产品模式，目前来看，这一产品模式表现最为突出的问题是应用表现不力，缺乏独特的应用服务，用户权益上对用户吸引力不大，对拉动 5G 用户增长、提升用户 ARPU 作用不是十分明显，5G 用户 ARPU 提升 90% 仍然是依靠流量拉动的，这些都需要电信运营商不断完善"连接＋应用＋权益"的产品体系，千万不能走以往依靠连接的老路。

## 生态合作模式

5G 生态合作模式同样适用于 5G2C 市场，电信运营商无论是为客户提供连接、终端，还是应用和权益，都需要与外部合作伙伴开展合作。因此，加强生态合作，共同为客户提供"连接＋应用＋权益"的产品体系，应是电信运营商重要的战略选择。

面向 5G2C 市场，电信运营商在生态合作上积极推进。如 2020 年 3 月，中国联通联合芯片商、引擎商、XR 终端商、XR 应用内容商等 21 家合作伙伴共同成立 5G XR 终端生态联盟，引入 5G XR 终端应用产品，打造模块化、场景化 XR 体验站，并联合 XR 合作伙伴开拓 XR 应用市场及内容云平台，更好地服务广大消费者。2019 年 10 月，中国电信旗下的号百控股公司与 LGU+ 开展战略合作，号百控股独家引入 LGU+ 的超高清 VR 内容，双方将在 VR 直播、4K/8K 超高清视频、AR/VR 应用方面加强技术合作、内容联合制作和联合投资，共同打造 5G 新媒体和新应用生态体系。

为更好地打造 5G2C 合作生态，需要明确生态合作目标、合作领域、合作方式等。生态合作目标就是以提升客户价值为核心，努力打造面向 5G2C 市场的 5G 发展新生态，不断满足用户不断增长的 5G 业务需求，实现共同发展，互利共赢，共享繁荣。

在合作领域上，电信运营商主要在 5G 终端、5G 产品销售、内容应用、平台、权益等方面开展合作。终端合作重点在终端研发、终端定制、终端引入等方面开展合作，要积极推进开发自有品牌终端，推动 5G 终端产业的发展；5G 产品销售重点与销售商（如苏宁、迪信通等）开展合作，发挥销售商直达用户的优势，积极推广销售 5G 业务，做大 5G 用户规模；内容应用合作重点在基于客户需求的内容应用的联合制作、内容应用引入等方面开展合作；平台合作重点在内容应用平台、孵化平台、技术平台的开发、建设和运营等方面开展合作，建立平台开放赋能机制，更好地连接开发者和合作伙伴，满足客户多元化、个性化、娱乐化需求；权益合作重点在招募权益合作伙伴，共同打造满足客户需求的权益产品体系，使权益在推动用户加速向 5G 迁移、提升用户 ARPU、降低客户流失率等方面发挥更大的作用。

在合作形式上，除了上述案例提到的战略合作和成立产业联盟之外，实践中，在终端开发、内容应用、平台开发等方面，可以通过成立合资公司、积极开展战略投资、创新孵化、成立联合创新中心等方式开展合作，创新合作模式，不断壮大 5G 产业生态"朋友圈"，努力提升满足广大消费者不断增长的应用服务需求能力。

在合作管理上，通过积极的合作分成、建立良好的战略合作伙伴关系、建立常态化的开放赋能机制，实现能力共享、资源共享、优势互补，广聚合作伙伴，充分调动合作伙伴合作积极性；同时，加强对合作过程和结果的跟踪和评估，推动生态合作取得实质性进展和突破。

## 注重市场细分的品牌模式

品牌是企业的重要资产之一，是企业软实力的重要体现。成功的企业无不重视品牌经营。5G 要在 2C 市场发展好，包括电信运营商、终端厂商在内的 5G 运营企业一定要把品牌经营好。

我们都知道宝洁是著名的多品牌公司，其根据客户不同需求推出的诸多品牌，如海飞丝、飘柔、舒肤佳、玉兰油、潘婷、沙宣、伊卡璐等品牌人们耳熟能详。华为手机品牌主要分为华为品牌和荣耀[①]两大品牌，华为品牌的 P 系列、Mate 系列、Nova 系列主要定位为中高端；荣耀品牌下的 V 系列、荣耀系列、Note 系列等定位为中低端……这些都是成功企业根据客户需求差异实行多品牌策略的成功实践。

回顾中国移动在移动通信发展的初期，中国移动品牌经营十分成功，1996 年推出全球通品牌，2000 年，神州行品牌诞生；2001 年，正式推出动感地带品牌。从 2003 年开始，中国移动正式在全国启动了全球通、神州行和动感地带三大客户品牌，开创了国内通信行业品牌经营之先河，而且十分成功。全球通是高端用户品牌，主要面向商务人士、事业成功人士等高价值

---

① 注：2020 年 11 月 17 日，华为宣布整体出售荣耀，不占有任何股份。

人群；神州行主要定位中低端人群；动感地带主要定位为年轻时尚的客户群。如今，5G 时代，中国移动正积极推动全球通、神州行、动感地带三大客户品牌全面回归和全新升级。

当前，面对 5G 手机巨大市场，包括华为、小米、vivo 在内的手机厂商都在根据客户需求的差异性推行多品牌策略。5G 是电信运营商进入的新蓝海，也是运营商扭转经营困境的战略支点。因此，在 5G 品牌策略上，不能实行"天翼""和""沃"品牌在 5G 拓展上的简单延伸，而要根据客户需求的差异性，针对不同的细分市场实行多品牌策略。中国移动全面实行"全球通""神州行""动感地带"三大品牌在 5G2C 市场的全面升级是企业重视品牌经营的重要体现。

根据我的观察和分析，电信运营商应针对商务人士、对视频和游戏高需求的人群、时尚青年人群和中低端人群四大目标市场实行差异化品牌的策略，要启用全新的品牌，最好不要简单沿用过往的老品牌，同时，要做好品牌价值定位，丰富品牌内涵，加强 5G 品牌宣传，让品牌牢牢占领用户的心智，真正使品牌在推动 5G 用户规模发展中发挥更大的作用。

5G 时代，谁的品牌经营得好，谁就会在 5G 市场竞争中赢得用户，赢得先机，赢得主动。

## 基于场景化的多量纲模式

一直以来，电信行业的商业模式是比较简单的。在 1G-4G 时代，电信基本业务是语音、短信彩信和数据业务，基本的业务模式就是按照语音时长、短彩数量和数据流量进行收费。运营商只要不断发展用户，增加用户的使用量，企业就可以获得持续的收入。5G 时代，由于技术的不断发展、需求的多样性，只有拓展更丰富的商业模式，才能促进电信行业的持续健康发展。

5G 具有高速率、高带宽、低时延的特点，在 5G2C 市场以提供 eMBB 业务为主，能为广大消费者提供更高带宽、更高速率、更低时延的业务，如 AR/VR、视频直播、超高清视频等，在用户计费模式上电信运营商就不能按照以往的方法简单地按时长和流量多少来设计业务，必须实现由单量纲向多量纲模式的转变，不仅要考虑时长、流量因素，更要将速率、带宽、内容、时延、区域、时段、场景等多量纲考虑在内，实行多量纲资费模式。

面向 5G2C 市场，结合 5G 技术特点，能够满足更多的 5G 应用场景，尤其是新冠疫情激发了更多的 5G 应用的新场景、新业态。如消费者在外旅游、观光现场 VR 直播；在体育场观看足球比赛和观看音乐会或观看 VR 直播；游戏爱好者需要体验极速的游戏体验；5G+XR 带来更多购物新场景；5G+ 远程医疗走进人们的生活；5G+4K/8K 在线旅游等。这些都是 4G 无法满足的，但 5G 能很好地满足用户在这些场景下的消费需求，而且能为客户提供更高质量的体验。在这些场景下，电信运营商可根据速率、时延、时段、内容等因素进行价值定价，收取更高的费用。

场景化的多量纲模式要以场景化为基础，以流量价值经营为核心，加强内容合作，以定向流量包等多种形式满足客户对高带宽、低时延业务的需求。如中国联通与腾讯合作，推出王者荣耀 15 元 / 月的游戏加速包，每个月的售卖非常可观。再如中国移动与爱奇艺合作推出定向流量包，每月 20 元，VIP 用户 5 折优惠，10 元 / 月，等等，这些都是对时延和带宽要求较高的定价模式。

5G 技术的多样性使得 5G 的应用场景更趋多样性，从而带来多样化的商业模式，也为运营商带来更多的多量纲的收费模式，这些都需要运营商在实践中不断探索，开发多量纲的计费模型，不断拓展 5G 网络的商业价值。

本章我们对 5G2C 市场商业模式进行了分析，给出了 5G2C 市场五大商业模式，但我们应清醒地认识到，5G2C 市场可以说是 4G 的增强版，目前 5G2C 市场最大的问题是内容应用跟不上，缺乏杀手级的应用；同时我们应该清醒地看到，5G2C 市场在一定时期内，流量的爆发式增长、流量价值变现等可以为运营商带来增量收入，但长期来看这一增量是有限的。流量收费模式无法为运营商带来营收持续的大幅增长。据行业专家预测，5G2C 市场能给运营商带来 20% 的收入增长，4G 发展的规律以及流量红利逐步消失必将在 5G 时代重现。因此，电信运营商 5G 要发展好，不仅要关注 5G2C 市场，更要把资源投入 5G2B 市场，5G2B 市场才是 5G 收益的主要来源，未来 5G2B 巨大的蓝海必将为包括运营商、设备商、终端厂商等 5G 运营企业创造更大的发展空间。

最后需要说明的一点就是，平台模式也应该是 5G2C 市场的重要商业模式，这一章没有介绍，需要了解的可参见本书第五章平台模式这一节内容。面向 5G2C 市场，打造有影响力的内容丰富的高价值内容应用平台应是包括电信运营商在内的 5G 运营企业关注的重点内容，应花大力气把平台开发好、建设好和运营好。

# 第 7 章
# 5G2B 市场商业模式分析

时任工业和信息化部部长苗圩在 2019 年 3 月博鳌亚洲论坛时指出：5G 的应用 20% 是用于人和人的通信，80% 是用于物和物之间的通信。互联网的上半场是消费互联网，下半场是产业互联网。5G 为行业而生，行业市场是 5G 最大的市场。随着 5G 规模商用的加速推进，5G 技术与云计算、人工智能、大数据、物联网等新技术的结合，以及 5G 与传统行业的深度融合，5G+ 垂直行业正呈蓬勃发展之势，推动着工业制造、医疗、物流、教育、农业、交通、能源等传统产业模式变革，加速了传统行业数字化智能化转型。

5G 时代的到来，真正开启了万物智联的全新时代，不仅为行业带来无限可能，更将千行百业带入数字化转型全新阶段。根据中国信息通信研究院预测，2020—2025 年，我国 5G 商用带动的信息消费规模将超过 8 万亿元，直接带动经济总产出达到 10.6 万亿元。5G 产业互联网的巨大市场正吸引产业链各方纷纷加入，形成了万马奔腾的良好态势。如今，5G 赋能效应日渐凸显，行业应用创新落地不断加速，5G 正成为推动传统行业数字化转型的重要力量。

4G 时代，发展的核心是 2C；5G 时代，2B 领域将得到快速增长。2020 年爆发的新冠疫情，进一步激发了全社会对 5G 的需求。如今，5G 在垂直行业应用的广度和深度不断拓展，各种新业态、新模式、新应用不断涌现。我国 5G 产业要持续健康地发展，5G 商业模式创新更为重要。但由于 5G 技术的复杂性，行业应用场景的多样化以及各个行业需求的差异性、复杂性，

5G2B 市场商业模式仍面临较大的挑战，需要产业链各方加强合作，共同解决这一关系 5G 产业健康发展的核心问题。从本章开始，我们将系统探索 5G 垂直行业商业模式，以更好地推动 5G 高质量发展。

# 5G2B 带来万亿元市场

ITU 定义的 5G 应用的三大应用场景，分别是 eMBB（增强移动宽带）、uRLLC（超可靠低时延通信）和 mMTC（海量机器通信）。eMBB 主要是服务于消费互联网的需求，这方面应用只是 4G 的升级版；uRLLC 主要应用于对网络时延、可靠性要求很高的场景，如工业制造、无人机控制、无人驾驶、远程医疗等行业；mMTC 主要应用在物联网场景，如智能井盖、智能路灯、智能水表电表、智能家居等。从 5G 的应用场景来看，不仅能为公众客户带来全新体验，更为垂直行业注智赋能，推动传统行业数字化、智能化转型。

当前，全球新一轮科技革命和产业变革深入推进，信息技术日新月异。5G 与传统行业的融合将加速数字中国、网络强国、智慧社会建设，为中国经济发展注入新动能，为疫情阴霾笼罩下的世界经济创造新的发展机遇。

4G 成就 2C 市场，5G 最大的市场在行业市场，这一点在业界达成了广泛共识。5G 赋能，5G2B 市场前景广阔，主要体现在以下几个方面。

（1）5G 赋能，推动产业数字化发展。纵观人类进步发展的历史，科技无疑是每一次产业革命的引擎，数字技术是第四次产业革命的重要力量，5G、人工智能、物联网、云计算等都是数字技术的代表，它们共同推动了数字经济的迅速发展（见图 7-1）。2019 年，我国数字经济增加值达到 35.8 万亿元，占 GDP 比重为 36.2%，对 GDP 增长贡献率达到 67.7%。产业数字化是数字经济发展的主阵地，2019 年产业数字化占数字经济的比重达到 80.2%，数字经济的快速发展有力推动了产业数字化的发展和升级，2019 年我国产业数字化增加值达到 28.8 万亿元，同比增长 16.8%，产业数字化发展为数字经济发展注入源源不断的动力。

当前，5G、人工智能、大数据、云计算等技术与传统行业的融合正在加速，展现出广阔的应用前景。5G 作为社会和经济增长的新型基础设施，成为推动各类产业发展的加速引擎，使能产业加速向数字化、网络化、智能化发展，5G赋能千行百业催生各类新应用、新模式、新业态不断涌现，推动了以5G为代表的数字技术与传统行业生产经营各环节的融合进程，提升了企业数字化能力，重塑了传统产业发展模式，加速了产业数字化转型，推动了产业数字化发展，为5G2B市场带来更为广阔的发展空间。

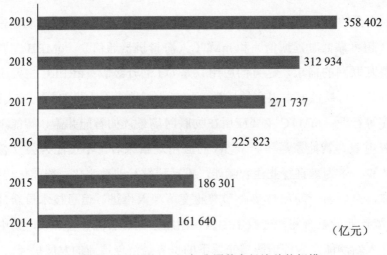

图 7-1　2014—2019 年我国数字经济总体规模

（2）随着 5G 技术的成熟以及 SA 独立组网的加快推进，为 5G 赋能垂直行业释放出巨大潜能。

5G 网络有两种，一种是独立组网（standa lone，SA），另一种是非独立组网（Non-standalone，NSA），只有真正做到了独立组网，才能真正实现 5G 高速率、高可靠、低时延和广连接，才能把 5G 的性能充分发挥出来。非独立组网是把 5G 无线技术依附于 4G 核心网来开展业务，NSA 只能满足 eMBB 需求，让人们能更快地上网。只有到独立组网的时代，才能淋漓尽致地发挥 5G 的作用，5G 赋能垂直行业市场才能真正得到爆发。在中国，我国三大电信运营商都将 SA 作为 5G 组网建设目标，并在 2020 年实现了 SA 独立组网的规模商用。目前，我国深圳、北京等城市已率先实现全市的 5G 独立组网覆盖，在 5G 独立组网上中国正引领世界。

2020 年 7 月 3 日，3GPP 宣布 R16 标准冻结，标志着 5G 第一个演进版本标准完成，进一步增强了 5G 能力，实现了 5G 从"能用"到"好用"的转变。R16 新标准主要针对物联网的两大场景 uRLLC 和 mMTC，重点支持企业级垂直行业应用，应用场景包括车联网、无人驾驶、工业互联及自动化、远程制造、远程手术等。随着 R16 标准的冻结，5G 可以支持更高要求的高可靠、低时延通信能力，5G 的 uRLLC 和 mMTC 将加速赋能垂直行业，5G+工业互联网、车联网、远程医疗等垂直行业发展必将进一步加快。

（3）新冠疫情进一步激发了 5G 行业应用需求，5G 垂直行业市场前景看好。

应对疫情，5G 产业链各方众志成城，通力合作，快速推出各类 5G 产品和解决方案，助力疫情防控和企业的复工复产，得到社会各方的肯定。

在此次疫情中，5G+ 融合应用在疫情防控中发挥了重要作用，社会对 5G 的价值有了更深入的了解和认识。5G+ 远程诊疗、5G+ 智能医护机器人、5G+ 热成像人体测温、5G+ 无人机等应用从试验走向实践，对疫情防控起到了积极作用；5G+4K 直播、5G+ 远程办公、5G+ 在线教育等应用在疫情防控和推动企业复工复产中发挥了重要作用，有效推动了 5G 应用的创新和发展。

5G 与垂直行业的深度融合是 5G 成功的关键。毫无疑问，在这次疫情防控和企业复工复产中，5G 可谓初露锋芒。尤其是医疗行业、工业制造、公共安全、交通物流、教育行业、应急保障等对 5G 需求较为迫切，5G 与经济社会各领域深度融合，必将进一步激发垂直行业用户的 5G 应用需求，有望加速 5G 与经济社会各领域融合发展的步伐。同时，这次新冠疫情也进一步激发了工业制造、交通物流、能源等垂直行业对 5G 专网的需求，以满足垂直行业客户对于数据不出场、超低时延、超大带宽等方面的需求。随着 5G 加速赋能千行百业，5G 专网成为新的风口，市场前景广阔。根据 GrandViewResearch 预测，2020 年全球 5G 专网市场规模将达到 9.197 亿美元，2020 年至 2027 年间的复合年增长率将达到 37.8%。

如今，5G 在工业制造、医疗、交通、能源、教育、物流、新媒体等领域得到广泛应用，各类 5G 垂直行业标杆应用案例不断涌现，呈蓬勃发展之势。例如，中国电信联合华为为武汉协和医院搭建 5G 远程会诊平台，不仅可以实现武汉协和医院几个院区之间，每日对患者进行会诊，还可帮助武汉协和医院和北京协和医院、北京朝阳医院、武汉协和医院肿瘤分院联通，进行异地远程会诊。中国电信江西公司利用 5G+ 云网融合技术，联合央视安装天翼云＋直播平台，对鄱阳湖等江河水位进行实时观测，通过多镜头、多角度、多方位 24 小时实时直播江西水情。从武汉火神山医院的"云监工"到珠穆朗玛峰的"漫直播"、珠峰高程测量的 5G+ 媒体的视频直播，展现了 5G 巨大的潜力。新疆医科大学第一附属医院联合新疆移动、中国移动成都产业研究院率先在新疆开展 5G 智慧医院试点，5G 机器人导诊、5G 院前急救、5G VR 探视等新应用将推动医疗服务走向"智能化"，助力解决"看病难、看病贵"等问题。5G+ 工业互联网、5G+ 远程教育、5G+ 智慧交通、5G+ 智慧电网、5G+ 智慧矿山等，正在 5G 技术的加持下焕发出勃勃生机，市场前景广阔，这为 5G 产业链各方转型发展开辟了新的更大的空间。

（4）从 5G 垂直行业市场发展来看，市场潜力巨大。5G 与垂直行业的深度融合是 5G 成功的关键之一。根据 GSMA 预测，预计到 2030 年，对运营商而言，通过 5G 赋能的全球垂直行业市场规模总量达到近 7 000 亿美元。根据中国信通院预测，到 2030 年社会经济在 5G 典型行业应用上的总投入将超千亿元，例如我国车联网行业中 5G 相关投入在 120 亿元左右，在工业领域 5G 相关投入约达 2 000 亿元，在远程医疗行业中投入达 640 亿元。5G 和大数据、人工智能等新一代 IT 技术结合，催生了各类新应用、新产业和新模式，推动 VR/AR、超高清视频、车联网、联网无人机等产业升级。赛迪发布的《5G 十大细分应用场景研究报告》显示，5G 带动我国相关垂直行业市场规模 2025 年预计将达到 3 万亿元。还有分析认为，电信运营商 62% 的新增市场机会将会在行业市场领域，预计 2026 年行业市场将形成超 6 200 亿元的收入规模，其中交通、智能制造、能源、公共安全、医疗、媒体娱乐等八大行业为 5G2B 主要应用领域。可以看出，5G 赋能垂直行业，5G2B 市场潜力巨大。

（5）从工业互联网、车联网、医疗、物流等 5G+ 重点行业来看，5G+ 垂直行业市场潜力巨大。工业互联网是 5G 的重要应用场景。在国家政策积极推动下，在产业链各方共同努力下，我国 5G+ 工业互联网加速落地，呈现持续健康的发展态势。根据中国信通院的研究，2019 年我国工业互联网产业经济增加值规模突破 2 万亿元，带动新增就业 206 万个；预计 2020 年，我国工业互联网生态融合带动的经济影响规模约为 2.49 万亿元，工业互联网产业经济增加值规模约为 3.1 万亿元，同比增长 47.9%，占 GDP 比重为 2.9%，对经济增长的贡献率超过 11%，并带动全社会新增就业岗位 255 万个。2020 年 7 月 3 日，R16 标准的冻结，预示着工业互联网将迎来加速发展期，工业互联网市场前景广阔。

车联网是通过车载的各种设备感知周围的环境，实现车、路、人协同，5G 车联网技术可以实现所有的交通参与主体之间直接互相通信。车联网演进大致可分为三阶段：第一阶段是车企主导的功能性车载信息服务阶段；第二阶段是智能网联服务阶段；第三阶段是智慧出行服务阶段。随着 5G 技术与汽车工业的结合、V2X 技术的发展、用户增值付费的提升，我国车联网市场迎来爆发式增长。2019 年，中国车联网行业市场规模为 1 074 亿元，预计到 2025 年，我国 5G 联网汽车将达到 1 000 万辆，市场规模将达到约 5 000 亿元。

我们再看看远程医疗，伴随 5G 技术的发展，运用 5G 技术可以实现远程会诊、远程手术、移动查房、应急救援以及院内监护等应用场景。这次新冠疫情，5G+ 远程医疗得到广泛应用，5G 技术正深刻改变着传统诊疗模式，帮助医院提质增效，同时改善患者体验，表现出旺盛的市场需求。2018 年中国互联网医疗行业市场规模达到 491 亿元，2020 年我国智慧医疗市场规模将超过 1 000 亿元，互联网医疗市场潜力巨大。

智慧物流是物流发展的重要方向，不仅为物流企业降本增效，更提升了整个物流流程的效率。5G 技术与物流行业融合，为传统物流产业的发展插上了腾飞的翅膀，能做到物流全环节的实时监控，能够全面推进物流供应链的智能化运营，能够全面打造智慧化物流追溯体系。2018 年中国智能物流行业市场规模达到 4 000 亿元，在资本及电商的推动下，2020 年中国智能物流行业市场规模将达到 5 910.3 亿元，2025 年我国智慧物流市场规模将超过万亿元。

我们从上述工业互联网、车联网、远程医疗、物流等行业来看，5G+ 垂直行业发展前景广阔。据预测，未来 5 年的 5G 垂直行业市场空间超过万亿元，将为社会经济发展带来新的经济增长空间。随着 5G 技术的发展、5G 网络覆盖的扩大、网络切片和边缘计算的发展，5G赋能千行百业必将进一步加快，5G必将在提升传统行业数字化转型、推动各行业组织变革和生产效率提升、实现新旧动能转换中发挥更大的作用。

# 我国5G2B市场发展主要特征

行业应用是5G成功的关键，一直被产业界寄予厚望。近年来，包括电信运营商、设备商、终端厂商、软件服务商在内的产业链各方精诚合作，共同努力，推动了一大批5G示范应用的开花落地，可谓捷报频传，特别是在这次抗击新冠疫情中5G崭露头角，远程会诊、移动热成像测温、防疫机器人、无接触配送等一系列应用案例，让各地政府、机构、企业、普通民众深刻感受到5G带来的便利性与实用性，应用前景得到全社会的广泛关注。

纵观近年来我国5G行业发展现状，我国5G+垂直行业应用发展主要呈现以下几个特征。

## 政策推动为5G垂直行业发展增添了动力

5G作为新一代信息基础设施之一，将成为我国经济高质量发展的重要引擎。近年来，我国高度重视5G发展，在政策上积极推进5G融合创新。早在2017年IMT-2020（5G）峰会上，时任工业和信息化部副部长的陈肇雄就指出："融合应用是5G业务创新的主要趋势之一，也是未来移动通信市场的重要增长点。要探索5G与垂直行业的融合创新发展路径，以工业互联网、车联网等新业态为突破口，推动有条件的领域应用先行先试。"

2020年2月22日，工信部召开"加快推进5G发展，做好信息通信业复工复产电视电话会议"，会议强调：推动融合发展。要研究出台5G跨行业应用指导政策和融合标准，进一步深化5G与工业、医疗、教育、车联网等垂直行业的融合发展。重点加快推动"5G+工业互联网"融合应用，促进传统产业数字化、网络化、智能化转型。

2020年3月，工信部出台《关于推动5G加快发展的通知》，明确提出：丰富5G技术应用场景，推动"5G+医疗健康"创新发展，实施"5G+工业互联网" 512 工程，促进 "5G+ 车联网" 协同发展，构建 5G 应用生态系统，以创新中心、联合研发基地、孵化平台、示范园区等为载体，推动 5G 在各行业各领域的融合应用创新。

2021 年 3 月全国两会政府工作报告中指出：加大 5G 网络和千兆光网建设力度，丰富应用场景。毫无疑问，2021 年及今后一段时间，5G 应用创新将是 5G 发展的重要方向。

可以看出，国家在政策上积极推动 5G 融合应用创新，重点聚焦工业互联网、医疗、车联网、教育等行业，推动 5G 在各行业的融合创新。国家政策的支持，进一步加速了 5G 应用落地，助力传统行业数字化、网络化、智能化转型。

近年来，国家各行政主管部门积极出台政策，支持和推动 5G+ 垂直行业的创新发展。从工业互联网来看，从 2015 年的《中国制造 2025》到 2017 年的《关于深化 "工业互联网 + 先进制造业" 发展工业互联网指导意见》和 2019 年《"5G+ 工业互联网" 512 工程推进方案》，再到 2020 年 3 月《关于推动工业互联网加快发展的通知》，2020 年 7 月《关于深化新一代信息技术与制造业融合发展的指导意见》以及 2021 年 1 月《工业互联网创新发展行动计划（2021—2023 年）》，国家在政策层面积极支持我国工业互联网的发展，明确了我国要由工业大国迈向工业强国的战略目标，加快推进 "互联网 + 制造业" "5G+ 工业互联网" 的融合创新。

从车联网来看，国家出台多项政策促进车联网的发展及新一代移动通信技术（5G）在车联网中的应用。2019 年 9 月，《交通强国建设纲要》正式发布，提出加强智能网联汽车（智能汽车、自动驾驶、车路协同）研发，形成自主可控完整的产业链。2020 年 2 月，国家发展和改革委员会、中央网信办、科技部、工业和信息化部等 11 个部委印发了《智能汽车创新发展战略》，提出到 2025 年，中国标准智能汽车的技术创新、产业生态、基础设施、法规标准、产品监管和网络安全体系基本形成。要结合 5G 商用部署，推动 5G 与车联网协同建设；统一通信接口和协议，推动道路基础设施、智能汽车、运营服务、交通安全管理系统、交通管理指挥系统等信息互联互通。2020 年 12 月，交通运输部颁布《关于促进道路交通自动驾驶技术发展和应用的指导意见》，提出要以关键技术研发为支撑，以典型场景应用示范为先导，以政策和标准为保障，坚持鼓励创新、多元发展、试点先行、确保安全的原则，加快推动自动驾驶技术在我国道路交通运输中的发展应用，全面提升交通运输现代化水平。到2025年，自动驾驶基础理论研究取得积极进展，道路基础设施智能化、车路协同等关键技术及产品研发和测试验证取得重要突破；出台一批自动驾驶方面的基础性、关键性标准；建成一批国家级自动驾驶测试基地和先导应用示范工程，在部分场景实现规模化应用，推动自动驾驶技术产业化落地。

从医疗行业来看，如2018年4月25日，国务院办公厅发布《关于促进"互联网＋医疗健康"发展的意见》，指出要健全"互联网＋医疗健康"服务体系，面向医疗信息共享和远程医疗的需求，推动远程医疗专网的建设。2020年2月国家出台的《关于组织实施2020年新型基础设施建设工程（宽带网络和5G领域）的通知》指出：加快5G在疫情预警、院前急救、远程实时会诊、远程手术、无线监护、移动查房等环节的应用推广，有效保障医护人员健康，为应对重大公共卫生突发事件等提供重要支撑。在2020年3月出台的《关于推动5G加快发展的通知》中明确提出：推动"5G+医疗健康"创新发展。开展5G智慧医疗系统建设，搭建5G智慧医疗示范网和医疗平台，加快5G在疫情预警、院前急救、远程诊疗、智能影像辅助诊断等方面的应用推广。

综上分析有，近年来，国家在政策层面大力支持加快5G发展，着力推进5G与工业互联网、远程医疗、教育、车联网、交通物流等行业的融合发展，为5G垂直行业应用加速落地推广创造了宽松的政策环境。

## 5G+垂直行业应用加速落地

记得2019年在上海举办的MWC通信展、北京国际信息通信展、世界5G大会等大型展览会上，我国三大电信运营商充分展示了5G在工业制造、医疗、教育、车联网、农业、新媒体、能源、金融、港口等行业的融合创新应用，那时应用更多的是处于试验阶段。

而到了2020年，在上海举办的2020中国国际进口博览会、北京举办的2020中国国际信息通信展、广州举办的世界5G大会、武汉举办的中国5G+

工业互联网大会等重大会展上，我国 5G 运营商展示的 5G 应用最大的特点就是这些创新已经落地并取得了丰硕成果。

从 2019 年 6 月 6 日我国正式颁发 5G 商用牌照以来，我国 5G 网络建设加速推进，在产业各方的关注与共同推动下，5G 已进入发展快车道，融入千行百业的进程大幅提速，迎来前所未有的发展机遇。5G 在智慧医疗、远程教育、工业互联网、车联网、媒体直播等各个领域的应用落地进程明显加快，尤其是 2020 年暴发的新冠疫情进一步激发了 5G 垂直行业的应用需求，大量 5G 垂直行业应用从试验走向市场。

在 5G+ 工业互联网领域，5G 融合创新发展步伐最快。5G 技术广泛应用于智能制造，实现了设备状态联网监测、多厂协同、远程控制、产品检测，帮助企业提升生产效率和效益，推动传统产业转型升级。中国电信联合华为在青岛建成国内最大规模的 5G 智能电网，实现了基于 5G SA 切片的智能分布式配电、变电站作业监护及电网态势感知、5G 基站削峰填谷供电等新应用，助力电力泛在互联；中国联通和上海飞机制造有限公司合作打造了超过 50 个"5G+ 工业互联网"场景；山西霍州的矿井，通过 5G+ 边缘计算等新技术的赋能，逐步实现从少人到无人生产，解决了人员安全问题……

在 5G+ 远程医疗领域，新冠疫情加速了 5G 在医疗行业的应用和普及。电信运营商主要在远程会诊、远程操控、远程急救和机器人辅助医疗等场景开展创新，如中国电信打造了广东省第二医院 5G 远程直播示教、北京积水潭医院 5G 远程骨科手术等系列标杆案例。如今，5G+ 远程会诊系统在全国各地很多医院落地，通过远程会诊平台，专家与一线医务人员一同对患者进行远程会诊，更好地提升救治效率。

在 5G+ 智慧教育领域，这次新冠疫情促成了线上教育的火爆，也让大家看到 5G+ 远程教育的价值。"5G+ 远程支教"使偏远地区的学生能够接受优质的教育资源，助力教育资源均衡发展。5G 在线 VR/AR 实时教育平台，协助校方开展特殊时期的教育教学活动，实现疫情期间"停课不停学"。

在 5G+ 车联网领域，工信部相继印发了《车联网（智能网联汽车）产业发展行动计划》等政策文件，提出了 5G+ 车联网协同发展任务，推动将车联网纳入国家新型信息基础设施建设工程，促进 LTE-V2X 规模部署。目前，我国已初步形成了覆盖车联网芯片、终端、应用服务的完整产业链，各地积极开展车联网应用示范，例如，2020年10月，全国首个常态化运营5G无人公交落户苏州，标志着无人驾驶的公交时代正在向我们走来。

在5G+视频直播领域，应用越来越广泛。2019年央视春晚首次采用5G+4K和5G+VR超高清直播，充分展现了超高清视频技术在5G时代大规模应用的广阔前景；2019年国庆70周年大阅兵的5G+4K和5G+VR多视角、超高清视频直播，为观众带来更具个性化的观看体验，展现了5G的魅力；2020年两会期间，"部长通道"的视频连线通过5G+4K/8K实现视频交互，效果非常清晰、真切。从武汉火神山医院的"云监工"到珠穆朗玛峰的"漫直播"、珠峰高程测量的5G+媒体的视频直播，充分展现了5G的巨大市场潜力。同时，5G+AR/VR直播在旅游、购物等服务类场景得到广泛应用，为消费者带来更直观的沉浸式体验。

纵观近年来我国5G垂直行业应用的发展实践，我们得出如下三个结论：

（1）5G+垂直行业应用加速落地。我们可从近三年由中国信息通信研究院、5G应用产业方阵、IMT-2020（5G）推进组、中国通信标准化协会共同举办的"绽放杯"5G应用征集大赛每年收集到的5G应用案例数（见图7-2）中可见一斑。可以看出，这三年"绽放杯"5G应用征集大赛每年收集到的5G应用案例数快速增长，2020年达到4 289个，较上年增长15%，参与单位约2 300家，参与主体呈现地域广、沿海引领、全国遍地开花的局面，这从一个侧面反映出5G在垂直行业应用加速落地。

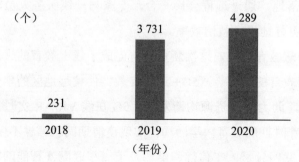

图7-2　近三年"绽放杯"5G应用大赛征集应用案例数

（2）从垂直行业发展分级来看，工业互联网、医疗健康、文体娱乐、新闻媒体四个行业的 5G 应用进展明显领先，列第一梯队；其次是楼宇园区、交通、物流、港口、能源五个行业处于中等水平，列第二梯队；最后是公共安全、教育、农业、金融四个行业，仍在起步阶段，列第三梯队。

（3）5G 行业应用正逐渐从试点示范阶段进入商用落地推广阶段。自2020 年二季度起，运营商 5G2B 市场拓展呈现加速迹象，尤以工业互联网领域最为抢眼，仅 2020 年第二季度 5G 战略客户签约量超过此前一年多的发展量，说明一些成功案例和应用开始在某些行业复制推广。中移动进展相对快些，在前期"5G2B 样板房"工程打造的基础上，已重点面向智慧工厂、智慧矿山、智慧港口等 15 个细分行业逐渐规模拓展，扩张举措密集推出，2020 年 5 月发布"5G+ 智慧工厂燎原计划"，计划推进 100 个集团级龙头示范项目、1 000 个省级特色示范项目落地；2020 年 6 月发布"5G+ 智慧矿山燎原计划"，联合 70 多家单位成立"5G 智慧矿山联盟"，将首套井下隔爆5G 基站、首个 5G 无人矿卡应用进行全行业推广。

## 5G 行业应用复杂多样但实现模式仍存在较为突出的共性特点

5G 在各行业、不同场景中的应用都各具特色，但在具体实现上仍有一些共性可循，超高清视频、远程控制、视频监控、实时交互、VR/AR、无人机、机器人等通用型能力在 5G 诸多垂直行业得到广泛应用。概括起来，现阶段以四类共性业务的应用场景较多，分别为超高清与 XR 内容采播、目标与环境识别、远程设备操控、数据采集与运用。

（1）超高清与 XR 内容采播：利用 5G 的大带宽和低时延能力，将传感设备（固定安装或装载于无人机、机器人、无人车、运输装备上的摄像头，以及 5G 采访背包、AR 眼镜等可穿戴设备）采集或者已存储于云平台和边缘计算的超高清、VR/AR 内容，通过高清显示屏、VR 头盔、AR 眼镜等呈现给用户，进而达到观看、学习、互动交流、监控、诊断、远程指导和操控的目的，多用于文娱、医疗、教育等领域，如赛事直播、5G 远程会诊、双师课堂、AR 辅助维修等。

（2）目标与环境识别：利用 5G 大带宽和低时延能力，将视频或图像采集设备（加载于无人机或机器人上的摄像头、工业镜头等）感知到的环境和目标物信息，传送至云端或 MEC 平台，利用 AI 和大数据能力进行识别，主要应用于工业制造、电力、公共安全、城市治理、医疗等较多领域，覆盖诸如工业产品的质量检测、人员及危险物品识别、机器人电力巡检故障排查、高空抛物监控等场景。

（3）远程设备操控：利用 5G 的大带宽和低时延能力，结合 AI 等技术，在人工或机械感知识别远方环境后，对远端的设备进行操作和控制，主要应用于制造、医疗、交通、港口、矿区、物流等行业，尤其应用在一些危险或高难度作业场景，典型应用如远程机械臂手术操控、农机操控、龙门吊操控、无人叉车操控等。

（4）数据采集与运用：利用 5G 的大连接能力，将传感器感知的环境数据、设备状态数据、商品 / 货物数据，以及交易过程中收集的用户行为数据与工作流程数据等上传至云平台，通过大数据处理，对环境、设备、物品、交易、行为、流程等进行洞察，并将结果呈现在终端设备上，用以实现辅助决策、追踪货品、优化流程、智能化管理等目的，现阶段该业务主要应用于工业制造、农业、环保、交通、金融、电力等行业，例如工业和电力设备的监测与维护、种植土壤及空气质量监测、道桥状态监测与维护等场景。

5G 赋能新时代，改变社会的力量正在逐步显现，万亿级市场空间已经开启。随着 R16 标准冻结以及"新基建"政策加码，5G 网络建设、应用推广以及商业模式的探索将进一步加快，推动 5G 与垂直行业加速融合和落地。每一次革命性技术的飞跃，都必将带来前所未有的机遇，5G 赋能千行百业是一个分阶段、分重点、持续演进的过程，在这个过程中，唯有前瞻者，方能早遇芳华。

# 5G2B 市场商业模式分析

5G 时代，运营商一方面面临庞大的网络建设成本，另一方面传统基础业务增长乏力，业绩增长压力陡增，探索新的商业模式成为必选项。运营商在深耕面向普通消费者连接业务之外，必须整合内外部资源，发力行业市场，推进 5G2B 市场商业模式创新，不断拓展收入来源，否则运营商将难逃管道低值化的命运。

5G2B 商业模式，更多人将它狭义地理解为盈利模式。其实在第 3 章对什么是 5G 商业模式给出了七要素模型，对什么是 5G 商业模式给出了清晰的框架。下面对基于 5G 商业模式七要素模型对 5G2B 市场商业模式进行分析和研判。

根据 5G 商业模式七要素模型，并结合 5G2B 市场特点，我初步给出 5G2B 商业模式视图（见表 7-1），下面逐一加以分析。

表 7-1　5G2B 商业模式关键要素分析

| 关 键 要 素 | 主 要 内 容 |
|---|---|
| 战略定位 | 努力成为 5G 行业全场景全要素的一体化解决方案提供商 |
| 价值主张 | 客户需求差异化、定制化特征明显，客户使用 5G 最根本是要提升竞争力，实现提质降本增效 |
| 产品服务 | 为客户提供网络（专网）、平台、应用、终端以及附加增值服务一体化解决方案 |
| 生态系统 | 加强产业合作，创新合作模式，打造合作共赢的 5G 产业生态 |
| 运营系统 | 建立高效的组织运营管理体系，推进专业化运营 |
| 核心能力 | 除了充分发挥 5G 网络优势外，重点提升自主创新能力、业务提供能力和协作运营能力 |
| 盈利模式 | 不同行业有一定的差异性，但基本收费模式是共性的、多元化的，主要有：连接收费、解决方案收费、切片经营收费、网络和设备租赁费、能力开放变现、平台增值服务收费、代维费、技术服务费等 |

## 战略定位

5G2B 是一个巨大的蓝海，孕育着万亿元级的巨大市场，也是电信运营商为扭转企业经营困境、实现企业 V 型反转而大力拓展的市场。5G 时代，电信运营商要充分吸取 4G 时代流量红利逐步消失导致企业收入增长乏力的经验教训，不仅要为垂直行业客户提供连接服务，更要搭建平台，打造一个开放共赢的生态，不断满足行业用户的一体化解决方案需求，努力成为 5G 行业全场景全要素的一体化解决方案提供商。

## 价值主张

随着 5G 网络覆盖进一步拓展，5G 赋能千行百业的价值逐步显现，5G 在垂直行业应用呈现加速发展的态势。各个行业的差异性以及应用场景的复杂多样,决定了每个行业每个客户对 5G 需求的关注点是存在差异的。如矿山、煤企、油田等企业更加关注井下安全、远程控制;工业制造企业对目前所使用的通信协议种类多,工厂设备无法联网,而且光纤布线困难,投入成本高,希望通过 5G 在厂区或车间的传感器网络及信息的实时传输,数据不出厂;对安全要求较高,希望通过 5G 能够进行远程集中控制,识别跟踪产品在价值链生产销售全过程中的位置、利用高解析度 /3D 视频或现场传感器进行反馈,进而实现生产质量远程控制等;对于媒体娱乐行业,希望通过 5G 能够进行超高清、低时延的流媒体的实时直播;对于无人驾驶,希望通过 5G 能够实现车辆安全行驶;等等。

可以看出,各个行业客户需求是有差异的,关键是应用 5G 满足企业场景化、差异化、整体化需求,解决企业生产经营管理中的痛点,推动企业经营管理模式的变革,实现提质降本增效,提升企业竞争力。

## 产品服务

5G 发展好不好,关键看产品,这也是商业的本质所在。纵观众多 5G 行业标杆应用案例,为行业客户提供一体化解决方案是 5G2B 产品发展的趋势。5G 一体化解决方案就是以客户为中心,基于 MEC 和网络切片两大核心能力,不仅为客户提供 5G 网络(专网)、平台、终端和应用等产品,还应提供相关的技术服务、租赁服务、代维服务等增值服务,以扩大产品销售,实现服务增值,提升客户价值。

5G 一体化解决方案主要包括网络(专网)、平台、终端、应用和附加服务,这里的附加服务是为客户提高 5G 产品外的其他服务,如代维服务、租赁服务、技术服务等。关于一体化解决方案我们将在本章第五节一体化解决方案模式中作详细介绍。面向工业互联网,中国移动推出的"1+1+1+N"的工业互联网产品体系,打造了 1 类工业网关、1 张 5G 工业网络、1 个工业互联网平台和 N 类应用场景,从而更好地落实 5G+ 工业互联网,赋能钢铁、矿山、工厂、电力等细分行业。从中国移动推出"1+1+1+N"工业互联网产品体系来看,是电信运营商面向垂直行业打造"网络 + 终端 + 平台 + 应用"5G 一体化解决方案的生动体现。

## 生态系统

能否打造合作共赢的 5G 产业生态是决定 5G 能否成功的关键因素之一。5G 要在垂直行业取得成功，客观上需要电信运营商、设备提供商、芯片、模组、终端以及系统集成商等协同合作，加强与千行百业的用户深入交流，只有把握垂直行业客户真实需求和价值诉求，5G 才能成功。因此，5G 产业链各方应积极主动参与到垂直行业生态建设上来。

中国电信、中国移动、中国联通分别成立的中国电信 5G 产业创新联盟、中国移动 5G 数字化产业联盟和中国联通 5G 应用创新联盟以及三大运营商成立的联合创新中心和 5G 开放实验室，等等，这些都是三大运营商更多地面向垂直行业打造 5G 生态系统的具体实践。如今中国电信 5G 产业合作伙伴达到近千家，中国移动超过 2 100 家，中国联通超过 1 000 家。

为了推动 5G 生态系统的建设和发展，当前，最为重要的是包括电信运营商在内的 5G 运营企业要有效选择产业链合作伙伴和千行百业中具有代表性企业进行合作，创新合作模式，共同打造 5G 行业标杆应用案例，积极探索 5G 商业模式，实现客户价值的共创、共赢、共享。

## 运营系统

5G 发展好不好，关键在运营。以高质量、高协同、高效率为目标的组织运营体系是 5G 商业成功的关键。做好 5G 组织运营，要抓好以下三件事。

（1）构建开放型、共享型、联动型的协同体系。这要求在 5G 网络建设、市场拓展、产品研发、产业链合作等方面协同推进，企业各相关部门和单位要加强沟通，强化合作，各司其职，共同为促进 5G 发展发挥积极作用。如中国移动面向行业客户 5G 需求，在中国移动政企事业部统筹下，建立了由政企部、产业研究院、省公司及能力创新单元协同的创新体系，能够快速根据客户需求提供整体化的解决方案。

（2）构建以产品发展为主体的组织运营体系。5G 要发展好，一定要回归产品这一商业本源上来，只有为垂直行业客户提供好的产品和解决方案，企业才能共享 5G 发展的红利。这要求企业在组织运营体系建设上紧紧围绕

5G 产品这一核心进行组织架构的调整和优化。

面对 5G 垂直行业巨大市场，中国移动加大了政企市场的拓展力度，在运营模式上构建了横向指挥、纵向一体、集中运营、融合服务的"T"字形政企业务经营体系。"T"字形结构的核心是形成了"1+3+3"的政企组织运营体系和集团、省地纵向一体化的政企体系。"1"是成立政企事业部，负责集团政企市场的统筹指挥、资源调度和整体协调；第一个"3"是三个专业公司，即云能力中心、物联网公司及系统集成公司；第二个"3"是三个产业研究院，即上海产业研究院、成都产业研究院和雄安产业研究院。这样的组织运营体系的建立使得资源配置更加高效、面对客户需求能够快速反应，为做大政企市场提供强有力的组织保障。

（3）建立全面支撑企业 5G 发展的管理体系。管理大师彼得·德鲁克曾说过：管理不在于"知"，而在于"行"。在今天市场环境日趋复杂，企业业务拓展领域不断扩大，面临来自利益相关者的压力越来越大，企业要实现 5G 更好更快的发展，需要拥有强大的运营管理能力。

提升运营管理能力要求企业以科学理论和方法为指导，遵循企业发展规律、创新发展规律、5G 发展规律和经济社会发展规律，在企业战略引领下，建立全流程的客户导向管理体系，加强企业科学管理，实现技术、资本、数据等全要素资源的优化配置，提升全要素生产率，推进 5G 研发人员、市场营销人员、运营人员队伍建设，建立有效的考核激励体系，完善激励机制，努力打造鼓励创新、宽容失败的企业文化，为 5G 高质量发展提供强大的管理支撑。

## 核心能力

面对 5G 新基建带来的新风口，每家企业都要重构适应 5G 发展的新型核心竞争力，这也是 5G 商业模式成功的关键。这需要企业对核心能力做一个全面、透彻的审视。要及时舍弃不适应的核心能力，要重新打造不具备却影响 5G 发展的关键核心能力。

对于我国电信运营商来说，固有的核心能力如云网融合只是推动 5G 发展的基础。5G 要发展好，要为企业带来更多的收入增量，电信运营商必须重构新型核心竞争力。重点是提升自主创新能力、5G 业务提供能力和协作运营能力。关于核心能力这方面论述详见第四章第六节，这里不再赘述。

## 盈利模式

对电信运营商来说，发展 5G 最大的压力网络建设投资巨大、5G 基站能耗高。因此，探索多元化的盈利模式十分重要。5G 发展要实现盈利，关键靠打造满足客户需求的 5G 产品和解决方案。

满足垂直行业客户差异化、定制化需求，电信运营商有 B2B、B2B2B、B2B2C 三种模式，主要通过切片经营实现前向和后向经营。可以看出，5G2B 市场，切片经营是运营商探索多元化盈利模式的重要方式。

切片具备可定制、可交付、可测量、可计费的特性，电信运营商可以把网络切片直接作为商品，租赁给政企用户；也可以将网络切片能力开放，通过开放的接口，把切片的创建和运营权交给行业用户，使其像使用自建的专网一样自由地使用和管理。

通过切片经营，电信运营商的主要收入来源如下：把网络切片作为商品，企业根据业务需求租用其中的一片或是多片，电信运营商提供管道和增值服务，收取相应费用；混合租赁模式，企业会从成本考虑选择租用运营商基础设施网络，包含基站和核心网，运营商收取相应的租赁费用；切片托管模式，企业在拿到 5G 频谱资源的前提下，出资自建 5G 专网，同时为了节省成本把 5G 专网托管给运营商进行运维管理，运营商收取运营管理费用；能力开放模式，网络切片具备逻辑隔离和独立的生命周期管理，运营商提供开放的 API 接口给企业，以便企业按照自己的特殊要求开发自己特定的运维功能，运营商收取相应的服务费用。

为客户提供一体化解决方案是电信运营商转型发展的客观选择，基于这一点，为运营商拓展更宽广的收入来源，主要收入来源如下：为垂直行业客户提供一整套的解决方案，实现一企一策项目收费；连接收费，这是电信运营商基本收入来源，主要包括 5G 流量费、5G 专线费、采用物联网卡的形式按月或年向用户收取的连接费等；电信运营商可以基于海量数据探索数据服务的收费模式，这也是运营商增加收入来源、积极拓展的领域；基于打造的

MEC 边缘计算等能力开放平台，实现能力开放变现；基于为垂直行业客户打造的 5G 数字化平台，探索平台前后向收费模式；为行业客户提供培训、咨询、金融服务而向客户收取的费用。

可以看出，5G 智能互联时代较 4G 移动互联网时代具有更多元化的盈利模式，尤其是切片经营模式以及为垂直行业客户打造的 5G 数字化平台衍生的平台收费模式为运营商带来新的收入来源，成为扭转运营商收入增长困境的重要力量。

通过对 5G2B 市场商业模式七要素分析，我认为电信运营商 5G2B 商业模式可以概括总结为：聚焦工业互联网、车联网、医疗、娱乐、能源、交通物流等重点行业，联合合作伙伴，重塑企业核心竞争力，以高效的组织运营体系，为垂直行业提供 5G 一体化解决方案，探索以切片经营、平台建设为核心的多元化的收入模式。

# 对 5G2B 市场复杂性的认识

现在行业普遍认为 5G2B 商业模式难找，面临挑战较大，这更多是从盈利模式这一角度来考虑的。通过上面我们对 5G2B 商业模式七要素进行的分析，对 5G2B 商业模式总体框架已有着比较清晰的认识。当然，5G2B 商业模式在实际运营中，并没有像 5G2C 市场那么简单，5G2B 市场更加复杂，的确这对探索有效的 5G2B 商业模式带来严峻挑战。

## 客户主体的多元化

从 2019 年开始，5G+ 在全社会受到广泛关注，尤其是 2020 年暴发的新冠疫情加速了 5G 赋能千行百业，5G+ 在各行各业迅速升温，5G 与各行业融合创新步伐不断加快，呈蓬勃发展之势。但我们同时看到，在 5G 垂直行业应用中，客户主体的多元化特征十分明显，给商业模式创新带来了新问题、新挑战。

5G 到来之后，医疗领域率先拥抱，全国各地很多医院纷纷开启了 5G+医疗的应用探索，通过与运营商、设备商开展合作，陆续推出远程诊断、远程手术、5G 医疗救护车等场景化应用，给大众带来了全新的医疗体验和服务。5G+ 医疗涉及医院、医生和病人三方主体，为三方带来不同的利益。对于医院来说，通过应用 5G 技术，一方面提高医疗诊治质量和水平，惠及更多患者，同时，提升医院内部信息化水平，促进医院提高工作效率和降低医疗成本，改善患者就医体验。对于医生来说，可以利用 5G 技术为更多的病人看病，实施远程会诊、远程手术、应急治疗和远程查房等，方便了病人，节省了抢救时间；对于病人来说，可以在线看病，十分方便，也能在异地享受大城市的医疗资源。可以看出，5G+ 医疗的应用涉及医院、医生、病人三个主体。

同样 5G+ 教育也是一样，它涉及学校、老师、学生三方主体，这三方在 5G+ 教育商业模式中发挥着不同的作用。

我们再看看 5G+ 工业互联网，电信运营商为工业制造企业提供基于 5G+MEC 的一体化解决方案，同样也涉及客户主体多元化问题，主要包括工业制造企业、企业内使用者和平台开放对接外部的开发者等。

客户主体的多样性是 5G+ 垂直行业表现出的固有特征，这是在商业模式创新时首先要考虑的，因为在设计 5G2B 商业模式时，需要明确 5G 向谁收费、5G 为谁服务等问题。

## 垂直行业解决方案牵头主体的多样性

5G 超高速率、超低时延、超大连接特性，将全面支撑各垂直行业的创新发展。同时，5G 与人工智能、大数据、云计算以及物联网等新一代信息技术的融合，将发挥乘数效应，全面深刻地改变企业经营发展模式，实现企业提质降本增效。

从为垂直行业客户提供 5G 一体化解决方案的主角（或牵头组织者）来看，根据客户需求的差异性、客户实力的不同以及 5G 产业链主要合作伙伴实力的差异，这一主角有电信运营商、设备制造商（或解决方案提供商或云服务商）以及垂直行业客户三大类。

第一种情况是以电信运营商为主体直接为客户提供 5G 行业一体化解决方案（见图 7-3）。这种情况下，电信运营商是 5G 一体化解决方案的中心，它一头联合设备制造商（如华为、中兴等）、方案提供商、终端提供商等合作伙伴，另一头对接垂直行业客户，把握客户需求，与客户合作，通过整合合作伙伴资源，共同为垂直行业客户提供 5G 一体化解决方案。这种情况下，电信运营商是整合者、牵头者和组织者，其他合作伙伴也就是"被整合者"或"被集成者"。

图 7-3　以运营商为主体的合作模式

　　第二种情况是以设备制造商或方案提供商或云服务商为主体为客户提供 5G 一体化解决方案（见图 7-4）。这种情况下，以设备制造商或方案提供商或云服务商为中心，通过联合电信运营商、产业链合作伙伴共同为垂直行业客户提供 5G 一体化解决方案。

　　这种模式下，电信运营商是被整合者，其主要作用就是为垂直行业客户提供 5G 网络服务，5G 网络可采用切片技术和边缘技术，实现服务更贴近用户需求、定制化能力进一步提升、网络与业务深度融合以及服务更友好等，更好地满足垂直行业用户个性化需求。

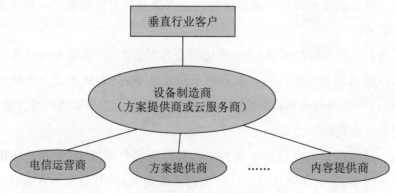

图 7-4　以设备制造商为主体的合作模式

第三种情况是以垂直行业客户为主体，整合外部资源，为自己量身打造 5G 一体化解决方案（见图 7-5）。这种情况下，垂直行业客户根据自身需求，联合电信运营商、设备制造商、方案提供商等合作伙伴，为自身量身打造个性化的 5G 行业解决方案。这种情况下，垂直行业客户一般企业实力强大，如国家电网公司、宁波舟山港等，它们对网络的安全性、稳定性等要求较高，垂直行业客户自建 5G 专网也属于这种情况。

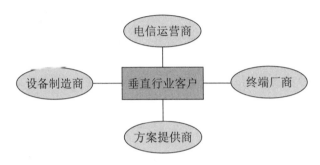

图 7-5　以垂直行业客户为主体的合作模式

电信运营商依托其 5G 通信网络资源的关键能力、大数据、云计算服务的天然优势，在赋能千行百业中发挥着不可替代的重要作用。因此，上述三种合作模式中，以电信运营商为主体的合作模式所占比例较高，电信运营商仍是推动 5G 应用发展的主力军，但面临的挑战和压力越来越大，这无疑对电信运营商跨界整合能力、业务创新能力和 5G 人才队伍建设提出更高、更新的要求。

## 收付费方式和投资方式复杂多样

付费方不清晰。我们先看一下智慧城市，我们知道智慧安防、智慧环保等场景是智慧城市的重要应用，具有公共事业属性，主要用于服务市民生活、提升城市环境，场景的主要受益者为城市居民。然而，由于服务是在一个相对广阔而开放的环境中提供，难以针对单一市民准确量化其在何时、何处使用了智慧城市服务，以及使用了"多少"服务，从而难以直接对使用者进行收费。这种情况下，通常需要由政府或相关单位承担前期投资。虽然政府可以通过税收等间接"收费"的方式向广大受益市民收回成本，但一方面税收的调整也存在难度，而且同样难以做到用者付费，不用者不付，容易产生争议；另一方面，即使通过这种方式，投资回收周期仍然较长。

我们再看一下 5G+ 智慧农业。如 5G 在农场大棚中的应用，农户通过 5G 远程监控，在家就可以看到棚内的农作物的长势情况，打开手机动动手指就能浇水施肥浇灌。在这种场景下，如何收费的确给运营商带来困难，直接向农户收费，投资难以回收。

收费方多且复杂。由于 5G 垂直行业应用投资较大、部署的基础设施类型较多，通常由多方共同完成。各方之间合作模式多种多样，既可能行业解决方案上由不同企业牵头负责，又可能 5G 不同类型基础设施由不同企业负责，还可能两种情况兼而有之。这种情况下，到底由谁付费，由谁收费，采用何种方式收费，如何在合作各方中进行分成，还有就垂直行业客户付费意愿不高、收费难，这些都是难题。

投资方式多样。5G 网络建设是赋能垂直行业的基础，如企业内网、外网建设既可以由运营商投资建设，也可以由垂直行业客户自行投资建设，当然也可以联合投资建设；靠近客户侧的 MEC 可以减少网络传输时延、减轻核心网和骨干网带宽负荷、提升数据安全，MEC 近几年发展迅猛。5G 边缘计算也有多种模式，可以是垂直行业客户自建并接入 5G 网络，也可以是运营商来建设，也可以联合建设，或者通过买断或租赁的形式使用 5G 边缘计算。

由于面向垂直行业客户 5G 网络建设复杂，参与方众多，投资也较大。如何高效地推进 5G 赋能千行百业，除了需要 5G 产业链各方积极参与、加强合作外，更需要探索有利于多方共赢的 5G 商业模式，确保在 5G 发展过程中所需资金得到充分保障，各利益相关方能得到合理的回报。

通过上述分析，我们看出，目前面向 5G2B 市场的收费模式、付费方式以及投资模式复杂多样，不同企业有不同的诉求，给商业模式的创新带来了挑战。因此，在商业模式设计上要充分考虑由谁付费、由谁收费、如何分成、如何投资等问题，从而最大限度地激发 5G 产业链各方合作的积极性，形成合力，共同推动 5G 垂直行业的快速发展。

# 5G2B 应用场景多且离散

2019 年 6 月 6 日，我国 5G 商用牌照正式发放，10 月 31 日我国 5G 正式进入商用。随着 5G 网络的建设部署、商用，5G 正加快向各个行业进行渗透和融合，利用 5G 网络的特点，尤其是 5G 与云计算、AI、大数据、物联网等新兴技术的结合，推动传统行业的数字化转型。

如今，5G 已广泛应用在工业互联网、医疗、交通、物流、教育、能源、安防等各个行业，为各垂直行业带来更加丰富的应用场景（见表 7-2）。

表 7-2　5G 赋能垂直行业主要应用场景

| 领 域 分 类 | 落 地 领 域 | 主 要 应 用 场 景 |
|---|---|---|
| 智慧治理 | 智慧安防 | 超高清视频监控 |
| | | 机器人巡逻 |
| | | 无人机巡逻 |
| | 智慧环保 | 环境监测 |
| | | 智能垃圾桶 |
| 智慧产业 | 智慧交通 | 远程驾驶 / 无人驾驶 |
| | | 智慧路况检测 |
| | | 智慧交通管控 |
| | | 高速编队行驶 |
| | 工业互联网 | 智慧工厂 |
| | | 远程控制 |
| | | 产品质量检测 |
| | | 高清视频采集 |
| | | 智慧园区 |
| | 智慧能源 | 智慧油田 |
| | | 智能电网 |
| | | 智能矿山 |
| | 智慧农业 | 5G 智慧农场 |
| | | 5G 智慧渔业 |
| | | 5G 精准播种 / 养殖 |
| | 智慧媒体 | 5G 超高清直播 |
| | | 5G+AR/VR 直播 |
| | 智慧物流 | 智能园区 |
| | | 智能仓储 |
| | | 智能配送 |

| 领 域 分 类 | 落 地 领 域 | 主要应用场景 |
|---|---|---|
| 智慧民生 | 智慧医疗 | 医疗机器人 |
| | | AI 辅助治疗 |
| | | 远程急救 |
| | | 远程超声 |
| | | 远程会诊 |
| | | 远程手术 |
| | | 远程查房 |
| | | 远程监护 |
| | 智慧教育 | 沉浸式教学 |
| | | 远程互动式教学 |
| 智慧民生 | 智慧金融 | 智慧网点 |
| | | 远程定损 |
| | | 远程虚拟银行 |
| | | 智慧风控 |

从表 7-2 可看出，我们从智慧治理、智慧产业、智慧民生三个维度共细分 5G+ 智慧安防、5G+ 智慧环保、5G+ 工业互联网等 11 个行业，当然行业还有很多，难以在一张表里展示。在这 11 个细分行业中，5G 的应用场景多种多样，逐步丰富。如 5G 在医疗领域的应用，大大提升了医疗诊治水平，创新了智慧医疗业务应用，节省了医院运营成本，促进了医疗资源共享下沉，提升了医疗效率和诊断水平，缓解了患者看病难的问题。5G 医疗应用场景按大类来分，可分为远程医疗和院内应用，远程医疗应用场景很多，如远程会诊、远程手术、远程查房、远程急救、远程监护等，院内应用主要应用场景有智慧院区、AI 辅助诊疗、医疗服务机器人等。

从 5G 赋能垂直行业具体应用场景来看，5G 场景化智能应用大致可分为三类：一是远程控制类业务，这个对时延、速率要求较高。比如医疗行业中的远程手术这一应用场景是典型的 5G 网络 uRLLC 超高可靠、超低时延切片的应用。二是信息采集类业务。安装在前端的各类传感器、视频监控设备、无人机和机器人等终端设备，主要用来采集信息和监测数据。典型的应用场景如高级计量、分布式电源和配电自动化，这类电网业务也都可归于海量机器类通信切片应用。三是高清图像和视频处理业务，例如基于无人机的电网巡检、智能变电站环境监控，均需要高带宽来实时发送高质量图像和视频数据用于云处理。

应用场景的多样性以及不断丰富，这是 5G 赋能垂直行业的一个重要特征，也是商业模式设计应该考虑的因素，商业模式设计是按照场景化进行设计还是按照总体解决方案来设计，这也是在垂直行业碰到的难题。

客户主体的多元化、5G 行业解决方案牵头者的多样性、收付费方式的复杂性、投资模式的多样性以及 5G 应用场景的丰富性，使得 5G2B 市场更具复杂，给商业模式创新带来较大的困难，困难的关键在盈利模式如何实现这一环节。

# 5G2B 市场六大商业模式

5G 时代的到来，不仅仅是网络传输速率极大提升，更是真正开启了万物互联时代，从而打造出全连接的数字化社会。5G2B 市场是一个万亿级市场，5G2B 市场呈现应用场景丰富性、用户主体多元化、收付费方式复杂性等特点，给 5G2B 市场商业模式带来新的变化，在这种情况下，我们应如何构建 5G2B 商业模式，从而更大地发挥 5G 的商用价值，更好地推动 5G+ 垂直行业跨界融合，真正促进 5G+ 垂直行业健康发展。

结合 5G2B 市场特点以及第五章我们介绍的 5G 总体七大商业模式，这里我给出 5G2B 市场六大商业模式：专网商业模式、5G 一体化解决方案模式、基于切片的商业模式、基于平台的商业模式、生态模式和专业化模式。

## 专网商业模式

5G 作为先进的无线通信技术，以其大带宽、低时延、高可靠性、广连接等诸多优势，在推动垂直行业数字化转型中发挥着重要作用。工业制造、医疗、能源、交通物流等行业对网络大带宽、低时延、高安全性、强隔离定制化网络需求比较迫切，5G 专网（private 5G network）能很好地满足垂直行业这些定制化网络需求。

5G 专网的应用不仅极大提升了工厂的生产效率，降低了综合业务成本，而且实现了企业业务与公众用户业务物理隔离，确保了企业数据不出园区，保障了生产数据安全和带宽资源独占、即用即有，确保了企业网络畅通。面向垂直行业客户，5G 能否真正发挥价值关键在 5G 专网。因此，打造针对不同行业需求的 5G 专网是大势所趋。2020 年是我国 5G 专网元年，2021 年必将是 5G 专网大发展的一年。

5G 专网商业模式本质上是产品模式。5G 专网建设主要有两种建设方式，一是垂直行业客户自建独立物理 5G 专网。德国、日本、英国、荷兰、法国等国家已允许企业自建 5G 专用网络且为垂直行业分配了 5G 专网频段，企业只需支付一定的费用即可使用。如德国西门子、宝马、博世、大众、汉莎航空等公司获得 5G 专网许可，开展专网建设和运营；日本的富士通、NEC 等公司获得 5G 专网许可证，进行专网部署。我国广东省在 2020 年 4 月向国家提出申领专用频段，在政务、公安、应急管理、电网等重点行业建设 10 个以上 5G 专网；二是依靠电信运营商，利用边缘计算、网络切片技术建设虚拟专网，也就是"公网专用"模式。

我国主要以电信运营商利用边缘计算、网络切片技术建设虚拟专网为主。这种方式建设 5G 专网，能够帮助制造企业迅速建设 5G 专网，成本相对较低，节省了建设一套网络的成本，也无需过多的后期运维成本。同时，可以定制不同的网络切片，在不同程度上"共享"公网，不需要分配单独的频谱资源，能够提升我国频谱利用率。

按照行业客户对 5G 网络质量、网络安全、网络隔离等不同的要求，5G 专网分为三类（见图 7-6），即共享专网、混合专网和独享专网。

- 共享专网（也称为虚拟专网），即软切片，全共享：共享公网，敏捷低成本。典型业务场景有智慧金融、公共安防、新媒体等，面向中小企业。虚拟专网可为客户提供基础的业务隔离、低延时分流功能，但由于依赖运营商同时为公众提供服务的承载网络，在业务能力、安全性能等方面有限。

- 混合专网，即软硬切片，部分独享：专用基站 +MEC+UPF（User-plane function，用户面功能）下沉，生产数据不出园区，高安全。典型业务场景有智慧港口、煤矿、企业 / 工业园区等。这种模式是目前 5G 垂直行业建网的主流模式，可以满足大部分大型垂直行业的 5G 专网需求。

● 独享专网，即硬切片，全独享：专用频谱＋专用基站＋专用核心网，专网自主运维，极致体验。对于安全需求特别高、愿意投入的企业可以采用硬切片、全独享模式。这种模式主要适用于垂直行业客户等自建专网，需授权 5G 专网频段等，目前这类企业较少。

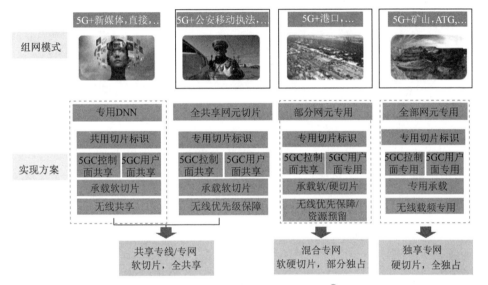

图 7-6　5G 专网三种模式示意图[①]

目前我国三大电信运营商正积极与各行各业合作建设 5G 虚拟专网，推出自身专网解决方案及发展路径。

2020 年 6 月，中国移动发布《5G 行业专网技术白皮书》，并于 2020 年 7 月发布了 5G 专网产品、技术、运营三大体系。基于"网随业动、按需建网"原则，中国移动推出 5G 专网"优享、专享、尊享"三种模式（见图 7-7），发布边缘计算、超级上行、网络服务等多项 5G 专网能力，帮助行业客户快速构建安全可靠、性能稳定、服务可视的定制化专属网络，满足客户对于数据不出场、超低时延、超大带宽等方面的需求，实现高清视频回传、远程控制等作业场景。此外，中国移动还发布了 5G 专网运营平台，该平台可实现

---

① 资料来源：《中国电信 5G+ 工业互联网生态合作白皮书》。

所有设备的接入管理和生产流程的可视化调度，为行业客户提供一站式业务全流程服务。

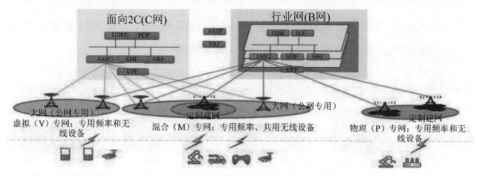

图 7-7　中国移动行业专网总体架构图[1]

2020 年 11 月 7 日，中国电信在 2020 年天翼智能生态博览会上发布了《5G 定制网产品手册》，全新发布 5G 定制网，中国电信 5G 定制网具备"网定制、边智能、云协同、应用随选"四大特征，提供"致远、比邻、如翼"三类定制网模式（见图 7-8），是基于中国电信云改数转战略，充分发挥中国电信在 5G SA 网络、边缘计算、AI、天翼云等领域综合能力，紧密结合行业数字化需求，为行业用户提供云网端边用一体化、按需定制的 5G 行业领先综合解决方案。致远模式以广域接入、云网一体为亮点，比邻模式侧重本地处理、云边协同，如翼模式致力于打造区域专属安全可信的定制网络。

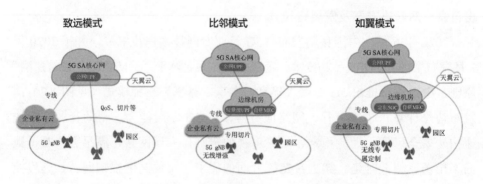

图 7-8　中国电信定制网三种模式[2]

---

①　图片来源：《中国移动 5G 行业专网技术白皮书》。
②　图片来源：《中国电信定制网产品手册》。

2020 年 8 月，中国联通发布《5G 行业专网白皮书》，并发布三款 5G 专网产品和两款 5G 专线产品，三款 5G 专网产品分别是 5G 虚拟专网、5G 混合专网、5G 独立专网（见图 7-9），两款 5G 专线产品分别是 5G 智选专线、5G 精品专线。同时，中国联通打造了 5G 专网"1+1+1"运营体系，为行业用户提供无线资源专属定制、网络时延超低保障、园区数据本地卸载、接口能力灵活开放等十项定制化服务。

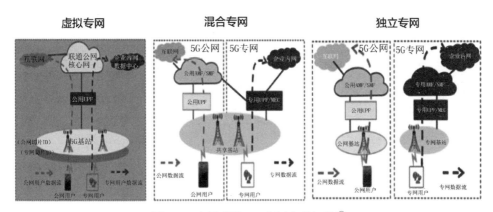

图 7-9　中国联通 5G 专网产品架构 [①]

当前越来越多的企业充分认识到建设 5G 专网的重要性和紧迫性，5G 专网市场需求不断增长，近年来越来越多的企业与运营商合作共建 5G 专网。中国电信与华为合作，针对美的集团 11 个 5G 应用场景需求，利用云边一体的边缘 MEC、超级上行等技术，打造了"比邻模式"定制网，有效降低网络时延、提升带宽及可靠性，支持机器视觉、叉车调度、云化 PLC（Programmable Logic Controller，可编程逻辑控制器）等创新应用快速落地。格力电器与中国联通、华为合作，建成国内首个基于 MEC 边缘云 + 智能制造领域 5G SA 切片的专网；浙江宁波舟山港与中国移动、上海振华重工、华为合作建成基于 5G SA 边缘计算和网络切片的 5G 行业专网，推动 5G+ 智慧港口建设。

对于电信运营商来说，要抓住 5G 专网这一重大机遇，为更好地推动 5G 专网发展，电信运营商应重点做好以下几方面工作：

（1）坚持以用户为导向、业务驱动型的 5G 专网建设模式。5G 专网说

---

[①]　图片来源：《中国联通 5G 行业专网白皮书》。

到底是连接，建设 5G 专网只是手段，根本目的还在于基于 5G 专网开展的各类应用，助力垂直行业企业提质降本增效。

（2）推进 5G 差异化专网模式。如中国电信推出的"如翼、比邻、致远"三类定制网模式，中国移动推出"优享、专享、尊享"三种模式，中国联通推出 5G 虚拟专网、混合专网、独立专网三款 5G 专网产品，就是根据客户对专网需求差异推出差异化、定制化的专网服务模式。

（3）联合合作伙伴，共同推进 5G 专网建设。5G 不只是运营商的 5G，也是千行百业的 5G。只有与产业伙伴深度合作，才能做大 5G 专网的"朋友圈"。2020 年 7 月，中国移动发布"5G 专网启航计划"，意在携手合作伙伴，共同推动 5G 专网的商用进程，更好地服务垂直行业客户。

（4）构建 5G 专网管理平台。要与客户和合作伙伴合作，打造 5G 专网管理平台，将分散在全网的终端连接起来，整合运营商和第三方能力，汇聚数据，赋能应用，提升整体业务水平，实现 5G 专网的可视化管理，包括终端可视化、网络可视化，最终实现业务流可视化。

（5）5G 专网建设要嵌入企业运营全流程。5G 应用场景多，在企业内部使用的区域也多，有园区、厂区、公共区域、特定区域等，还有企业运营流程涉及各个环节，如研发、生产、制造、销售等，5G 专网建设应从企业整体考虑，切入客户业务的核心环节，才能真正推动企业数字化、智能化转型，才能更好地发挥 5G 专网赋能垂直行业的价值。

那以电信运营商为主导的专网商业模式盈利模式在哪里呢？这种模式下，网络建设投资主要是运营商承担的，这种模式下盈利模式关键在专网的应用上，如流量收入、切片经营收入、专网租赁收入、网络维护收入，以及 5G 行业专网设计咨询费用，等等。

在政策、市场、技术等因素共同推动下，5G 专网迎来新风口，电信运营商要紧紧抓住专网的时间窗口，发挥运营商优势，创新合作模式，努力拓展 5G 专网新蓝海，不断提升 5G 赋能垂直行业的整体价值。

5G 专网模式只是电信运营商拓展 5G2B 市场发展的第一阶段，最终目标是要能为垂直行业客户提供 5G 一体化解决方案，这必将为电信运营商拓展 5G2B 市场开拓更大的发展空间。

# 5G 一体化解决方案模式

对于垂直行业客户来说，总希望包括运营商在内的 5G 运营企业能提供 total solution。满足客户一体化解决方案需求是电信运营商积极拓展 5G2B 市场的重要战略选择。因为 5G 一体化解决方案附加值最高。

什么是 5G 一体化解决方案呢？所谓 5G 一体化解决方案是指以客户为导向，为客户提供"一站式"服务，不仅为行业客户提供 5G 网络（专网）、平台、终端、应用等 5G 产品，还要为行业客户提供附加服务（见图 7-10），核心就是要切入客户核心流程和解决客户痛点，为客户提供综合性解决方案。这里的附加服务是指为客户提供 5G 产品外的其他服务，如技术服务、代维服务、租赁服务、咨询服务、金融服务等，目的是实现产品增值，创造新的盈利模式。这里特别提出的是满足垂直行业客户某一场景化的解决方案也是 5G 一体化解决方案模式的一种情况。5G 一体化解决方案更多是从客户整体 5G 需求的角度来考虑，从而为垂直行业客户提供系统性的产品和解决方案。

从图 7-10 我们看出，5G 行业一体化解决方案内容比较丰富，5G 产品主要包括：

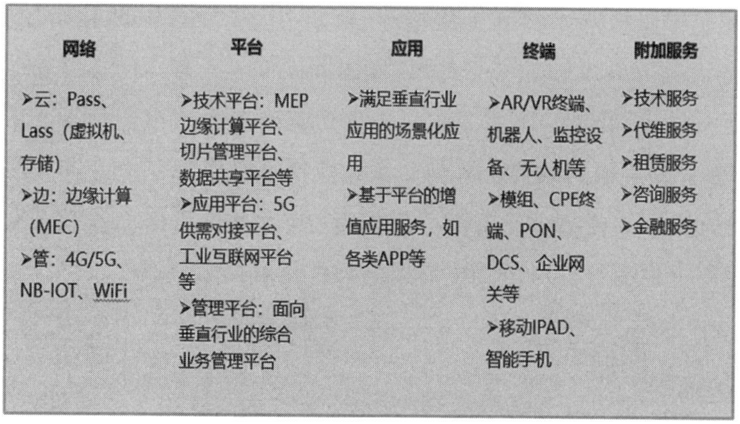

| 网络 | 平台 | 应用 | 终端 | 附加服务 |
|---|---|---|---|---|
| ➤云：Pass、Lass（虚拟机、存储）<br>➤边：边缘计算（MEC）<br>➤管：4G/5G、NB-IOT、WiFi | ➤技术平台：MEP 边缘计算平台、切片管理平台、数据共享平台等<br>➤应用平台：5G 供需对接平台、工业互联网平台等<br>➤管理平台：面向垂直行业的综合业务管理平台 | ➤满足垂直行业应用的场景化应用<br>➤基于平台的增值应用服务，如各类APP等 | ➤AR/VR终端、机器人、监控设备、无人机等<br>➤模组、CPE终端、PON、DCS、企业网关等<br>➤移动IPAD、智能手机 | ➤技术服务<br>➤代维服务<br>➤租赁服务<br>➤咨询服务<br>➤金融服务 |

图 7-10　5G 行业一体化解决方案示意图

网络：主要是为行业客户提供"云＋边＋管"一体化的网络服务，对 5G 网络要求较高的行业客户，电信运营商可以为客户提供 5G 专网服务。

平台：平台是 5G 运营企业面向垂直行业提供整体解决方案的核心，也是商业模式创新的重要内容，主要包括技术平台、应用平台和管理平台，详细参见第 5 章平台模式这一节内容。

应用：就是能够基于 5G 网络和平台为垂直行业客户提供各类应用和增值服务，如场景化的应用（如医疗行业的远程急救等）、平台化的应用（如工业互联网各类 APP）等。

终端：行业终端是实现设备联网的关键，行业终端包括模组、行业 CPE、PON 终端、企业网关、DCS（Distributed Control System，集散控制系统）终端等。

除 5G 产品外，电信运营商还应为行业客户提供附加服务，这一点十分重要，如代维服务、咨询服务、金融服务，充分赋能，不断实现服务价值和客户价值的双提升。

工业互联网是 5G 的重要应用场景，也是产业链各方战略布局的重点。中国移动面向工业互联网推出了"1+1+1+N"的工业互联网产品体系，即打造 1 类工业网关、1 张 5G 工业网络、1 个工业互联网平台和 N 类应用场景，从而更好地推进 5G+ 工业互联网发展，赋能钢铁、矿山、工厂、电力等细分行业。从中国移动推出"1+1+1+N"工业互联网产品体系来看，是电信运营商面向垂直行业打造"网络 + 终端 + 平台 + 应用"5G 一体化解决方案的生动体现。

提供 5G 一体化解决方案是包括电信运营商在内的 5G 运营企业的努力方向。在 5G 合纵连横的时代，任何一家企业都不可能为客户提供全部的 5G 产品和解决方案，需要整合设备商、集成商、方案提供商等合作伙伴优势资源，共同为客户提供满足客户定制化需求的一体化解决方案。

## 基于切片的商业模式

关于切片的商业模式我们在第五章作了介绍，这里就电信运营商如何做好切片经营进行分析。

在切片的商业模式中，电信运营商的关键业务是向各个垂直行业销售各种逻辑网络，即行业切片。网络切片是 5G 使能垂直行业的关键技术，5G 网络切片是一种虚拟专网技术，通过切片平台，为智能工厂、车联网、远程医疗及公共安全等不同行业提供 5G 端到端的大带宽、低时延、高可靠、海量连接的灵活定制化"专属"网络，实现业务的快速上线和更极致的用户体验。网络切片具有可定制、可隔离、可编排、可计费四大特性，网络切片为电信运营商带来新的收入来源。

5G2B 商业模式主要有 B2B 和 B2B2C 两种，B2B2C 面向 OTT 厂家提供后向切片服务；从 5G 端到端网络切片来看，5G 网络切片是由无线、核心网、承载子切片组成；从为用户提供的切片产品类型来看，网络切片模式可分为标准化切片模式、定制化切片模式和开放化切片模式三大类。

第一种是标准化切片模式。运营商根据业务需求、用户分布、网络资源等因素统筹分析，提供一定数量的标准化切片，满足不同的功能要求和性能需求，供用户选择租用。运营商可以根据各因素的变化情况，对所提供的标准化切片的类型、容量、数量等进行智能调整。标准化切片有利于运营商充分利用网络资源，简化个性化调试，降低管理和运维成本；有利于用户自主选择切片，成熟的标准化切片可以降低使用成本。

第二种是定制化切片模式。由于行业用户的需求千差万别，难以通过标准化切片完全满足。运营商可以为垂直行业用户提供定制化专属切片，根据垂直行业用户个性化需求和网络资源状况等，智能配置构成通信服务的所有组件（如通信带宽、专用处理能力、数据采集、安全模型等）；并可自适应动态调整，例如动态扩缩容，进一步适配满足用户 SLA 的需求。定制化切片，有利于运营商适应各种用户需求，与用户制定合适的 SLA 协议；有利于更好地满足用户个性化、差异化网络需求。

第三种是开放化切片模式。通过开放的接口，运营商可以向用户提供工具，例如向第三方提供 API，使客户端可以创建更多的功能。运营商无需为用户开发定制化切片，可将网络能力实现不同粒度模块化并开放，最大限度地避免网络资源的浪费。同时用户可以按需自主开发，行业客户可以把切片和自身应用相结合，按需租用模块，像使用自建的专网一样自由地使用和管理切片网络，实现更便捷的服务。

电信运营商要做好网络切片经营，重点做好以下几点。

（1）打造切片经营管理平台。通过平台实现从用户订购——切片开通——切片使用的全生命周期管理，实现切片设计、开发、测试、部署、监控及动态优化闭环，实现网络端到端编排和分钟级部署，从而快速高效地满足行业用户的定制化需求。

（2）5G 发展要取得突破，网络切片技术要充分与边缘计算技术、云网、AI 等技术充分融合，提升满足垂直行业客户定制化需求的能力。要能够为行业用户定制不同的应用场景，做到"一业一策"，如利用 5G 的低时延、大带宽，在云视频会议场景做到"云 +5G"的一站式服务，提升客户视频会议体验。如中国电信在天翼云上部署轻量级 5GC（5G Core Network，5G 核心网），实现了运营商主导的"5G+ 公有云"应用模式的创新，推动网络切片、边缘计算、天翼云、大数据、人工智能等新型技术的一体化融合，极大地助力了中国电信构建差异化网络服务能力，成功实现了为垂直行业客户提供更加灵活化、随需定制的应用方案。

（3）加快推进 5G SA 商用步伐。5G SA 采用全新的 5G 核心网，基于 SBA[①] 服务化架构，用户面和控制面彻底分离，更好地支持网络切片、MEC 边缘计算、网络能力开放，可以完全发挥出 5G 的大带宽、低时延、高可靠和广连接等各项性能。因此，我国电信运营商以加快 5G SA 商用进程为己任，加快 5G SA 网络建设，更好地赋能千行百业，推动我国 5G 产业快速发展。

切片经营模式其实也是产品模式，切片本质就是网络，就是连接，同时，切片也为电信运营商进入政企客户市场提供了全新的生产力工具。拓展 5G2B 市场，我们要吸取 3G/4G 时代流量模式见顶的教训，电信运营商唯有寻找到差异化的竞争要素与切片进行组合，努力为客户提供 5G 一体化解决方案，才会有更加美好的未来。

## 生态模式

近年来，随着 5G 商用进程的加快，各类 5G 产业联盟相继成立、联合共建 5G 开放实验室和开展战略合作常见于报端、线上线下 5G 生态大会频频召开已成为当下 5G 发展的一道亮丽风景线，这些都是 5G 产业界实施生态战略

---

① SBA：Service-based Architecture，以服务为基础的架构。

的生动体现。如今，打造 5G 产业生态在全行业达成广泛共识，也成为众多企业发展 5G 的重要战略选择。

5G2B 市场是一个巨大的蓝海，正吸引产业链各方纷纷加入，5G2B 市场呈现蓬勃发展之势，5G 赋能千行百业，5G 在工业制造、交通、车联网、医疗、教育等各行各业正得到广泛应用，各类 5G 行业应用标杆案例层出不穷，展现出 5G 科技强大的生命力……所有这一切都是产业合作的结果。对于 5G 运营企业来说，如何更好地实施 5G 生态战略？下面重点就这一问题作一阐述。

（1）明确企业 5G 发展战略。战略决定成败。5G 产业链各方要在 5G 大发展中获得更好的发展，首先必须明确 5G 发展战略，这一点至关重要。因为 5G 发展机会多多，任何企业不可能包打一切，只有在 5G 产业链中找准自身的定位，明确 5G 发展战略、发展目标和发展愿景，企业才能在战略指引下一直向前。在这方面，我认为中国移动 5G 战略做得比较好。就在 2019 年 6 月 6 日我国发放 5G 牌照没多久，在 2019 年 6 月上海举办的 MWC 通信展上，中国移动董事长杨杰对外正式宣布中国移动的 5G 战略，即 5G+ 战略：5G+4G、5G+AICDE、5G+Eology 和 5G+X，5G 发展目标是打造"资源共享、生态共生、互利共赢、融通发展"的 5G 开放新型生态体系。如今，中国移动正是贯彻落实 5G+ 战略，并在实践中不断完善。

我们再举一个例子，就是上海移远通信，它是一家专注于通信模组和无线通信的公司，做得非常成功。2019 年，移远通信实现了超过 7 500 万片的出货量，营业收入达到 41.3 亿元，同比增长 53%，在全球处于领先地位。面临 5G 时代的到来，移远通信积极与高通、海思和展锐开展合作，在 5G 模组上积极布局，推出多款 5G 通信模组，在车联网、智慧城市、工业互联网等垂直行业处于引领地位。上海移远的成功也是聚焦通信模组这一战略的成功。

（2）实施 5G 生态战略，实现"共生、互生和再生"。要在 5G 战略的指引下，实施 5G 生态战略，5G 生态战略的核心是：以客户为中心，以能力为半径，以赋能为抓手，打造"共生、互生和再生"5G 商业生态圈。

以客户为中心：切实把握生态战略的本质，努力为客户创造价值，这要求我们始终坚持以客户为导向，把握客户"痛点"需求，努力为客户提供好的 5G 产品和解决方案。

以能力为半径：面临 5G 时代，任何 5G 产业链上的企业都要牢牢把握 5G 发展的新机遇，重塑新型企业核心竞争力，要聚焦专业领域，努力提升跨界资源整合能力、业务创新能力和生态运营能力，为积极拓展 5G 蓝海提供无限可能。

以赋能为抓手：坚持开放合作，打造 5G 开放平台，推进能力和资源开放和共享，助力合作伙伴商业成功。

打造"共生、互生、再生"5G 商业生态圈是 5G 发展成功的重要标志，也是 5G 运营企业的努力方向。共生：上下游之间关系从博弈和谈判变为分工合作，协同为用户创造价值，实现生态圈整体价值最大化；互生：每一主体的利益都与其他成员及生态圈整体的健康发展相联系；再生：就是将资源转移到新生态圈，打造新的产业形态，建立新的合作框架和经济秩序，为其他企业创造新的空间。在 5G 商业生态系统中，只有各合作伙伴之间相互依赖，相互信任，相互影响，既分享利益，又互相贡献，才能真正形成良好的 5G 商业生态。

（3）紧紧围绕打造 5G 产品和解决方案这一中心，推进生态合作。生态合作从来不是为合作而合作，一定是为着共同的目标和任务开展合作。共同的目标和任务是什么呢？我想 5G 发展最终回归产品这一商业本源上来才是正道。产业链各方只有加强合作，共同努力，为客户提供好的产品和解决方案，才能实现价值共创、共赢和共享。也就是说，产业合作要紧紧围绕产品和解决方案这一中心开展合作，发挥各方优势，合作才有价值，合作才有成效。

围绕产品和解决方案开展合作，核心是以产品合作为核心，这里的产品合作包括专网的建设、联合研发、实现重大技术攻关、各类 5G 开放平台的开发、市场营销、终端开发和定制、5G 行业应用标杆案例的打造……当前，电信运营商成立的 5G 联合创新中心和 5G 开放实验室正是产品联合研发合作的具体实践。因此，包括电信运营商在内的 5G 运营企业，要打造良好的 5G 产业生态，应牢牢把握为客户提供 5G 产品和解决方案这一商业本源，以其整合产业链优势资源，共同为客户创造价值。

（4）创新合作模式，努力打造具有影响力的 5G 产业创新生态。纵观近年来众多企业拓展 5G2B 市场的实践，联盟合作是常态。如中国电信与华为、北京天智航医疗科技有限公司合作，助力北京积水潭医院实现 5G 远程手术；海尔联合中国移动和华为实现全球首个智能＋5G 互联工厂；中国联通与庞庞塔矿、富华宇祺公司合作，为庞庞塔矿提供 5G+ 智能矿山解决方案，并建成全国首个井下 5G 商用网络……因此，面对 5G2B 市场，加强产业合作、创新合作模式有助于更好地满足客户 5G 应用需求。合作模式主要有：

一是成立 5G 产业创新联盟。如中国信息通信研究院牵头成立的工业互联网产业联盟（AII）、中国电信成立的 5G 产业创新联盟、中国联通成立的 5G 应用创新联盟和中国移动成立的 5G 数字化产业联盟和 5G 工业互联网联盟等。

二是联合合作伙伴共建 5G 研发中心、5G 开放实验室、5G 孵化基地、5G 联合创新中心。

三是打造开放平台，以平台赋能广聚产业链合作伙伴和第三方开发者。

四是积极开展收购、控股、参股、成立合资公司等资本经营，不断发展和壮大 5G 产业生态圈。如中国电信战略投资辰安科技、联合东航集团和均瑶集团共同成立天地互联网合资公司、中国移动成立联仁健康合资公司、战略投资科大讯飞、亚信科技以及中国联通与金蝶集团合资成立的工业互联网平台公司"云镝智慧"、在武汉成立的云启智慧合资公司以及国际云转播科技有限公司，等等，这些都是电信运营商积极开展资本经营进行生态布局的有益尝试。

五是积极开展联合共建，加快 5G 网络建设。5G 网络建设以及企业内网和外网建设、专网建设投资较大，这也是 5G 产业发展面临的最为突出的问题。为避免重复投资，加快 5G 网络建设，应积极采用联合共建共享投资合作模式。中国电信和中国联通深入推进 5G 基站的共建共享，已建成全球最大的共建共享 5G 网络，节约了投资和运营成本；中国移动和中国广电开展 5G 网络共建共享的战略合作，以更加高效集约的方式加快 5G 网络覆盖。针对 5G 专网和用户侧 MEC 平台建设，创新投资模式，探索与垂直行业企业合作共建；针对 5G 网络设备投资，积极采用以租代建、以租代购的方式，快速进行网络部署；在确保网络安全前提下，拓宽投融资渠道，创新投融资机制，积极探索发行企业债券、BOT（Build-Operate-Transfer，建设—经营—转让）、

PPP（Public-Private Partnership，政府和社会资本合作）等模式，吸引民营资本、社会资本参与5G网络建设。

（5）深耕生态运营，加大使能力度，实现生态合作共赢。生态合作伙伴主要由销售合作伙伴、产品和解决方案合作伙伴、技术合作伙伴、投资合作伙伴、研发合作伙伴和终端合作伙伴六大类合作伙伴组成。为广聚这六大类合作伙伴，实践中，应加强生态运营，加大对合作伙伴支持和使能力度，采取有效策略，不断发展壮大5G产业生态圈。

一是做好生态治理。生态治理是指在生态合作中如何处理好运营方与生态各方的所有权、控制权和利益分配权以及彼此的信任关系。处理得好，就能调动生态各方参与的积极性，就能充分发挥"1+1+1>3"的整合优势，最终能为行业客户提供满足其需求的定制化5G整体解决方案。良好的生态治理与各方投入资源、所要达到的结果、合作研发的不确定性以及合作的可度量性等因素有关，在实践中，以充分调动生态各方积极性为目标，可通过过程控制、结果控制、利益激励的合理运用，在共同为客户提供一体化解决方案中实现共享、共创、共赢。

二是实施"四个积极""三个协同"，充分调动合作各方合作积极性。"四个积极"即是积极推进开放合作，赋能合作伙伴，实现资源共享；积极让利合作伙伴，实现合作共赢；积极为合作伙伴提供资金支持，缓解资金压力；积极搭建平台，加强产业合作和交流。通过"三个协同"（见图7-11），实现资源整合，提升服务客户能力，打造灵活高效、相互协作的5G产业生态。"三个协同"是指战略协同、资源协同和能力协同。

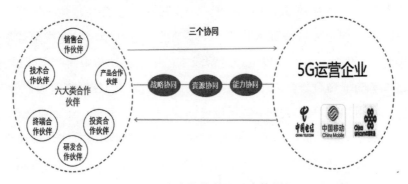

图7-11 生态合作的"三个协同"

三是加强生态合作跟踪评估。要制定打造 5G 产业生态总体规划、发展目标、实施路径，制定战略联盟合作管理制度和办法，建立一套战略联盟合作综合评价体系，重点对产业合作状况、各方资源投入情况、合作成果、合作成效等方面进行监测，运用科学的方法，对生态合作的健康度进行及时有效科学的评价，以利于企业及时发现问题，采取有针对性的措施，不断提高生态合作水平，确保产业生态系统建设有效推进。

以上重点介绍了 5G2B 四大类商业模式，已在第 5 章介绍的平台商业模式、专业化模式同样适用于 5G2B 市场，这里不再赘述。

如今，5G 已在工业制造、医疗、教育、车联网、能源、交通、物流等行业得到广泛应用，由于各个行业存在明显差异性，为了更好地拓展 5G2B 市场，推动各行业数字化、智能化转型，商业模式是决定性因素，关于各垂直行业商业模式分析将在本书第三篇重点作一介绍。

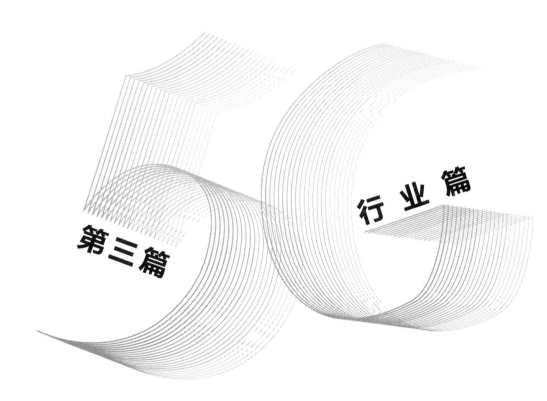

第三篇

行业篇

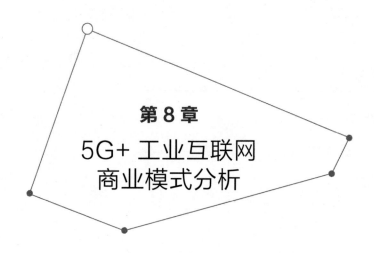

# 第 8 章
# 5G+ 工业互联网
# 商业模式分析

工业互联网作为信息技术与工业深度融合发展的产物，是工业实现数字化、网络化、智能化发展的重要基础设施，是生产制造领域实现全要素、全产业链、全价值链的全面连接，是从消费互联网到产业互联网、从虚拟经济向实体经济拓展的核心载体，将推动形成全新的工业生产制造和服务体系。如今，工业互联网已成为当前全球竞争的焦点，中国制造 2025、德国的工业4.0、美国的工业互联网、法国的新工业、韩国的制造业创新 3.0 都是典型的代表。

加快工业互联网发展，已经成为我国的重要战略。发展工业互联网，对于做好"六稳"工作，落实"六保"任务，全面推进复工复产，恢复经济社会正常运转，培育壮大新的增长极具有重要意义。在国家政策的大力支持下，在产业链各方共同努力下，我国工业互联网呈现蓬勃发展之势，有力提升了产业融合创新水平，有力加快了工业企业数字化转型步伐，有力推动了实体经济高质量发展。

工业互联网是第四次工业革命的重要基石，5G 是实现人、机、物全面互联的新一代移动通信基础设施。如今，工业互联网正成为推动新一轮科技革命、产业变革和工业制造企业数字化转型的重要驱动力量。5G 作为工业互联网的关键使能技术，同时，工业互联网是 5G 的主要应用场景。作为新基建的两项重要内容，5G 和工业互联网正呈现出融合叠加、互促共进、倍增发展的创新态势。因此，加大推进 5G+ 工业互联网，推动 5G+ 工业互联网融合发展，将是第四次工业革命的关键支撑，是实现制造强国、网络强国的必然要求。

工业互联网一头连接制造，一头连接服务与消费，必将成为经济社会繁荣发展的重要支撑。2020 年 3 月，工信部印发《关于推动工业互联网加快发展的通知》，要求深入实施"5G+ 工业互联网"512 工程，推进 5G 与工业互联网融合发展，加快完善工业互联网产业生态布局。相对消费互联网，工业互联网产业链更为复杂、涉及产业领域更宽、产业链更长，推动工业互联网高质量发展，不仅要加速推进 5G+ 工业互联网的发展，更需要推动商业模式创新，努力打造合作共赢的工业互联网新生态。

# 5G+ 工业互联网主要特征

工业互联网是第四次工业革命的关键支撑，5G 是新一代信息通信技术演进升级的重要方向，二者都是实现经济社会数字化转型的重要驱动力量。5G 与工业互联网的融合，为工业互联网发展带来更多的可能性。为更好地推进 5G+ 工业互联网商业模式创新，把握 5G+ 工业互联网主要特征十分重要。概括起来，5G+ 工业互联网主要呈现三大特征。

（1）网络、平台、应用和生态是工业互联网的关键要素。网络是工业互联网的基础。工业互联网要发挥作用，必须实现企业内人、设备、机器、车间等全要素，以及设计、研发、生产、管理等各环节，将工业全系统、全产业链、全价值链实现泛在互联，实现更大范围的数据互通与信息共享，5G 使能工业互联网可以更好地满足工业连接的低时延、高可靠、大带宽、广连接、高安全性的要求，为工业企业提供了工业互联网新型基础设施，为工业互联网融合应用创新、企业数字化、智能化转型提供了强大的支撑。

平台是工业互联网的核心。工业互联网平台是以智能技术为主要支撑，通过打通设计、生产、流通、消费与服务各环节，构建基于云平台的海量数据采集、汇聚、分析的服务体系，支撑制造资源泛在连接、弹性供给和高效配置，为制造业转型升级提供新的使能工具，正成为全球新一轮产业变革的重要方向。工业互联网的本质，就是通过开放的、全球化的通信网络平台，把设备、生产线、员工、工厂、仓库、供应商、产品和客户紧密地连接起来，共享工业生产全流程的各种要素资源，让数据"流动"起来，推动工业企业数字化、网络化、自动化、智能化发展，从而实现效率提升和成本降低，这些都需要工业互联网平台来提供，所以说平台是未来制造系统的中枢，也是工业互联网的核心。工业互联网平台主要应用于供需对接、设备管理服务、生产过程管控、企业经营管理以及产品研发创新等方面，平台将数据要素全面融入实体经济的价值创造与分配，带动了生产方式和商业模式的根本性转变。工业互联网平台在助力疫情防控和复工复产等方面发挥了重要作用，更加巩固了平台在推动企业数字转型、支撑应用创新和产业发展中的战略地位。

应用是工业互联网的关键。工业制造企业内网和外网改造好了、升级好了，这是工业互联网的基础，网络建好了，关键就是应用。5G凭借其高带宽、低时延、高可靠性和海量连接的特性，以无线网络的高度灵活部署方式，满足了工业互联网领域很多方面的应用需求，如智能工厂、机器视觉检测、安全生产监控、远程控制等。只有工业互联网在装备、机械、汽车、能源、电子、冶金、石化、矿业等重点行业得到广泛应用，深化融合应用创新，切实帮助工业企业减排提质降本增效，5G+工业互联网才能进入健康发展的轨道。

生态是工业互联网的基石。相对消费互联网，工业互联网产业链更为复杂、涉及产业领域更宽、产业链更长，参与企业众多。因此，推动5G+工业互联网发展，就需要社会各界积极参与到工业互联网创新发展之中，加强合作，共同打造5G+工业互联网开放、包容的产业生态圈，以加快5G在工业制造业的应用，推动工业企业数字化、智能化转型。

当然，终端、安全同样也是工业互联网发展的关键要素。发展工业互联网要求工业终端实现智能化和网联化，而且终端为工业生产提供、处理或执行了生产制造各环节的数据，而工业企业的数据在驱动工业互联网化的过程中作用巨大。因此，终端是工业互联网的基本保障。安全是贯穿工业互联网发展全过程。工业互联网实现人、设备、机器等互联，安全更为重要。工业互联网的安全主要包括网络安全、设备安全、控制安全、数据安全等，对于工业制造企业来说，应努力提升工业互联网安全保障、威胁感知及检测等能力。

工业制造是国之重器。时代在进步，科技在发展，市场在变化。如今，中国制造业发展面临 5G 赋能的新机遇，为更好地推进 5G+ 工业互联网的发展，助力中国从制造大国迈向制造强国，就需要社会各界从网络、平台、应用、终端、生态等方面系统推进，形成差异化的发展模式。

（2）5G+ 工业互联网产业链长，参与企业众多。从工业互联网产业链布局来看，包括设备层、网络层、平台层、软件层、应用层和安全体系六大板块，网络、平台、安全是工业互联网的三大体系，其中网络是基础，平台是核心，安全是保障。

设备层包括智能生产设备、网络连接终端（如工业 CPE、PON）、生产现场智能终端（如 PLC、DCS）、嵌入式软件和工业数据中心；网络层包括工厂内网和外网；平台层能够实现海量异构数据汇聚与建模分析、工业经验知识软件化与模块化、各类创新应用开发与运行，从而支撑生产智能决策、业务模式创新、资源优化配置、产业生态建设；软件层包括研发设计、信息管理和生产控制软件，是帮助企业实现数字化价值的核心环节；应用层包括垂直行业应用、流程应用和基于数据分析的应用；安全体系渗透在以上各个板块中，是工业互联网重要的支撑保障。

从工业互联网垂直产业链来看，包括上游、中游、下游（见图 8-1），涉及领域众多、参与企业众多。任何一家企业只有在工业互联网产业链中找准定位，发挥自身优势，企业才能共享工业互联网大发展带来的红利。任何一家企业无论规模多大、实力多强，都无法实现产业链通吃。

上游主要是硬件设备。上游设备厂商和软件厂商主要是提供平台所需的智能硬件设备和软件，支持数据采集、存储、分析和开发。需要的硬件设备主要包括各类工业传感器、工业级芯片、控制器、智能网关、智能机床、工业机器人。

图 8-1　工业互联网产业链视图

中游主要是工业互联网平台。从架构来看，工业互联网分为边缘层、IaaS 层、PaaS 层和 SaaS 层。边缘层主要是进行大范围、深层次的数据采集，它是工业互联网发展的基础；IaaS 层主要解决的是数据存储和云计算问题；PaaS 层提供各种开发和分发应用的解决方案，如虚拟服务器和操作系统；SaaS 层主要是各种场景应用型方案，如工业 APP 等。

下游主要是典型应用场景的工业企业。主要包括机械制造企业、家电企业、航空航天企业、化工企业、钢铁企业、设备制造企业等，是工业互联网应用的最终用户。

纵观工业互联网产业链结构，我们看出，工业互联网产业链具有产业链长、环节多、参与的企业多、需求个性化和复杂化和应用场景丰富等特点。工业互联网要获得更好更快的发展关键是实现技术和市场共同驱动，更需要产业链各方协同创新，积极打造良好的工业互联网产业生态。

（3）5G+ 工业互联网应用场景多且丰富。5G 是工业互联网网络演进升级的关键技术，工业互联网是 5G 最主要的应用场景。5G 赋能工业制造，尤其是 5G 与物联网、大数据、云计算、人工智能等诸多新兴技术的结合，带来更多更丰富的应用场景。

当前，5G+工业互联网应用场景主要包括感知控制、预警分析、品质溯源等类别。在感知控制方面，通过在生产设备中加入传感器、通信模组等，将所感知到的生产设备信息数据，通过 5G 无线网络传输到管理中心，实现对生产设备运行的感知和控制。在预警分析方面，工业企业通过对设备状况的数据分析，实时掌握设备运行状态，提前识别设备运营过程的潜在风险。在品质管理方面，借助工业互联网和 5G 网络，工厂生产产品的全量数据直接传输到数据库内，在发生产品质量问题时可通过数据库实现问题溯源，提高故障问题定位精准度。

工业互联网应用场景复杂多样，对网络的需求各异。按照不同类型业务需求划分，5G 工业互联网应用场景主要有 5G+工业互联网通用型应用、智能制造、机器视觉、远程运维、远程控制、无人巡检等。

5G+工业互联网通用型应用。通用型应用主要包括 5G+工业 VR/AR、5G+超高清视频、5G+无人机等应用。5G+工业 VR/AR 是基于 VR/AR 技术构建的虚拟沉浸式交互场景，在工业互联网中主要应用于企业巡检和远程作业指导，企业可以结合 VR 全景视频画面，全方位、多角度巡检生产线现场设备，也可以结合 AR 可穿戴设备远程巡检设备内部运行状况；AR/VR 技术还被应用于新产品的生产和操作培训。

5G+无人巡检。利用 5G 高速率、低时延的特性，可以将搭载无人机上的摄像头实时视频传送到厂区控制中心，通过智能视频分析，实现实时跟踪监控，判断所巡检的地点是否存在安全隐患并实现智能提示，最大限度提高园区安防效率。

5G+智能制造。利用 5G 网络，在园区内实现全生产要素、全环节的互联互通，通过视频监控、AR 眼镜、视觉检测设备、工业传感器等数据采集设备，控制无人车、AGV、工业机器人和 PLC 等工业设备，实现生产环境监控、生产质量检测、设备管理、生产运营、库存跟踪等应用场景。

5G+机器视觉。通过发挥 5G 网络高速率、低时延、广连接的优势，将采集的产业园区的超高清监控视频、图像实时回传。结合边缘计算统一监控平台，基于人工智能技术对采集到的超高清视频中的字符、人脸、物体、行为等进行识别和测量，实现对人员违规、厂区环境风险监控的实时智能化分析和报警，提高作业安全性。

5G+远程控制：利用5G低时延等优势特性，将工业生产机器人、AGV小车、PLC等设备的现场数据通过5G传输到控制平台，实现对设备的全天候控制。通过控制平台，设备工程技术人员可远程实现程序升级、数据采集、故障诊断等功能，降低工程技术人员到现场服务的成本。港口、工矿、钢铁、能源、机械、家电等企业是远程控制的主要应用场景。

从目前电信运营商推出的诸多5G+工业互联网应用案例中，如青岛港5G远程控制、内蒙古包钢白云鄂博矿区5G远程矿车、浙江爱柯迪的智慧工厂、中国联通与上海商飞合作打造50个工业互联网应用场景、格力的产线视频监控提升生产过程的产品质量控制、中国电信与华润水泥打造的智能厂区等，无疑都是满足工业制造企业5G场景化应用的生动实践，关于5G+工业互联网应用案例这里不作介绍。

## 我国5G+工业互联网蓬勃发展

工业互联网的发展：一方面，带动芯片、集成电路、软件、设备等战略性新兴产业发展壮大；另一方面，能够有效促进跨行业、跨地域、跨时空的数据资源汇聚，从而加速工业企业全流程的数字化转型，推动新旧动能转换，实现经济高质量发展。

我国工业互联网与发达国家一样，发展起步早。经过近几年的努力，我国工业互联网在技术能力、产业规模、质量效益、应用模式上不断拓展，呈现蓬勃发展态势。概括起来，主要呈现以下几个特点。

一是政策推动为工业互联网发展增添动力。近几年，国家以及相关部委相继出台一系列政策，支持和推动加快工业互联网发展（见表8-1）。

表 8-1　近年来我国工业互联网发展政策总览

| 时间 | 发布部门 | 文件名称 | 核心内容 |
|---|---|---|---|
| 2017.11 | 国务院 | 《关于深化"工业互联网＋先进制造业"发展工业互联网的指导意见》 | 在 5G 研究中开展工业互联网应用的网络技术试验，协同推进 5G 在工业企业的应用部署 |
| 2018.12 | 中央经济工作会议 | | 加快 5G 商用步伐，加强人工智能、工业互联网、物联网等新型基础设施建设 |
| 2019.1 | 工业和信息化部 | 《工业互联网网络建设及推广指南》 | 支持建设基于 5G 建设网络技术测试床，开展基础通用关键技术、标准、设备、解决方案的研发、试验测试等工作 |
| 2019.11 | 工业和信息化部 | 《"5G+工业互联网"512 工程推进方案》 | 打造 5 个产业公共服务平台，加快内网建设，改造覆盖 10 个重点行业，提炼形成至少 20 大典型应用场景，培育形成 5G 与工业互联网融合共进的生态体系 |
| 2020.2 | 中共中央政治局会议 | | 推动生物医药、医疗、5G、工业互联网等加快发展 |
| 2020.3 | 工业和信息化部 | 《关于推动 5G 加快发展的通知》 | 实施"5G+工业互联网"512 工程。打造 5 个产业公共服务平台，构建创新载体和公共服务能力；加快垂直领域"5G+工业互联网"的先导应用，内网建设改造覆盖 10 个重点行业；打造一批"5G+工业互联网"内网建设改造标杆网络、样板工程，形成至少 20 大典型工业应用场景。突破一批面向工业互联网特定需求的 5G 关键技术，显著提升"5G+工业互联网"产业基础支撑能力，促进"5G+工业互联网"融合创新发展 |
| 2020.3 | 工业和信息化部 | 《关于推动工业互联网加快发展的通知》 | 强调实施"5G+工业互联网"512 工程，总结形成可持续、可复制、可推广的创新模式和发展路径，促进"5G+工业互联网"融合创新发展 |
| 2020.7 | 工业和信息化部 | 《关于深化新一代信息技术与制造业融合发展的指导意见》 | 加快推进新一代信息技术和制造业融合发展，加快工业互联网创新发展，加快制造业生产方式和企业形态根本性变革，提升制造业数字化、网络化、智能化发展水平 |

| 时间 | 发布部门 | 文件名称 | 核心内容 |
|---|---|---|---|
| 2021.1 | 工业和信息化部 | 《工业互联网创新发展行动计划（2021—2023年）》 | 深化"5G+工业互联网"。支持工业企业建设5G全连接工厂，推动5G应用从外围辅助环节向核心生产环节渗透，加快典型场景推广。探索5G专网建设及运营模式，规划5G工业互联网专用频率，开展工业5G专网试点。建设公共服务平台，提供5G网络化改造、应用孵化、测试验证等服务<br>到2023年，在10个重点行业打造30个5G全连接工厂，打造3～5个具有国际影响力的综合型工业互联网平台，面向垂直细分行业，形成100个左右新模式应用试点示范，形成一批可复制、可推广的典型模式和应用场景，实现在200家以上工业企业复制推广 |

由表 8-1 不难看出：从 2019 年 11 月的《"5G+工业互联网"512 工程推进方案》，到 2020 年 3 月的《关于推动工业互联网加快发展的通知》和 2020 年 6 月 30 日中央全面深化改革委员会第十四次会议审议通过的《关于深化新一代信息技术与制造业融合发展的指导意见》；从 2019 年 3 月"工业互联网"首次写入政府工作报告，到 2020 年国家密集出台政策大力支持发展工业互联网。2021 年 1 月，工业和信息化部印发了《工业互联网创新发展行动计划（2021—2023 年）》，提出要加快典型场景推广，探索 5G 专网建设及运营模式，规划 5G 工业互联网专用频率，开展工业 5G 专网试点。而且，我国有 20 多个省市出台政策积极支持 5G+工业互联网发展。

总之，国家在政策上为推动加快我国工业互联网融合发展创造了良好的政策环境，目前我国 5G+工业互联网发展全面提速，5G+工业互联网取得积极进展。

二是工业互联网产业发展加快，市场前景广阔。中国信通院工业互联网产业经济研究报告显示，2018 年、2019 年我国工业互联网产业经济总体规模分别为 1.42 万亿元、2.13 万亿元，同比分别增长 55.7%、47.3%，2020 年我国工业互联网产业经济规模将达到 3.1 万亿元（见图 8-2），占 GDP 的比重达到 2.9%，较 2019 年净增 0.7 个百分点，工业互联网对经济增长的贡献率由 2018 年的 6.7% 提升至 2019 年的 9.9%。

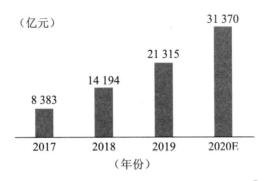

图 8-2 我国工业互联网产业经济规模及预测①

赛迪顾问数据显示，2019 年我国工业互联网市场规模达到 6 109.2 亿元，市场未来三年将以 14.1% 的年复合增长率稳定增长，到 2020 年，中国工业互联网市场规模将达到 6 970.6 亿元。可以看出，我国工业互联网发展迅速，市场潜力巨大。2020 年 7 月 3 日，国际标准组织 3GPP 宣布 R16 标准冻结，R16 主要面向工业和车联网领域，基本实现 uRLLC，R16 标准的冻结预示着工业互联网将迎来加速发展期，工业互联网市场前景广阔。

三是工业互联网网络建设加速推进。5G 商用一年多来，工业制造企业积极与电信运营商、华为、中兴等通信设备商等深度合作，网络基础设施建设由点到面，已逐步探索形成适用工业生产需要的 5G 网络部署模式，建设"5G+工业互联网"项目超过 1 100 个，投资超过 34 亿元，应用于工业互联网的 5G 基站超过 3.2 万个，取得了积极的进展。在 5G+ 工业互联网建网模式上主要有三种模式：基于公网的 5G 虚拟专网、基于用户面下沉的建网模式、基于资源独享的 5G 局域专网，目前工业互联网建网模式逐步清晰，基于用户面下沉的建网模式是主流模式，越来越成为工业企业的首选。

四是工业互联网平台大力推进，有效地支撑了工业企业数字化和智能化转型。工业互联网平台以云计算、人工智能、大数据等新一代信息技术赋能 OT 设备，为物理世界建立工厂数字孪生，实现工业数字化和智能化，是整

---

① 注：《工业互联网产业经济发展报告（2020 年）》。

个产业升级的关键因素，也是工业高质量发展的重要支撑，发展工业互联网平台意义重大。工信部统计数据显示，目前具有一定行业、区域影响力的平台超过 100 个，平台接入工业设施达到 7 000 万台，工业 APP 总量超过 59 万个。表 8-2 是 2020 年我国 TOP10 工业互联网，这 10 大具有代表性的工业互联网平台分别是华为 FusionPlant 工业互联网平台、阿里云 supET 工业互联网平台、徐工信息的汉云工业互联网平台、树根互联根云工业互联网平台、海尔 COSMOPlat 平台、东方国信 Cloudiip 工业互联网平台、用友精智工业互联网平台、航天云网科工 INDICS 工业互联网平台、富士康 BEACON 工业互联网平台和浪潮云洲工业互联网平台等。

表 8-2　2020 年十大工业互联网平台

| 所属公司 | 平台名称 |
|---|---|
| 华为 | 华为 FusionPlant 工业互联网平台 |
| 阿里巴巴 | 阿里 supET 工业互联网平台 |
| 徐工信息 | 汉云工业互联网平台 |
| 树根互联 | 根云（ROOTCLOUD）工业互联网平台 |
| 海尔 | 海尔 COSMOPlat 工业互联网平台 |
| 东方国信 | 东方国信 Cloudiip 工业互联网平台 |
| 用友 | 用友精智工业互联网平台 |
| 航天云网 | 航天云网 INDICS 工业互联网平台 |
| 富士康 | 富士康 BEACON 工业互联网平台 |
| 浪潮 | 浪潮云洲工业互联网平台 |

工业互联网平台的赋能效应正在显现，有效促进了工业全要素资源的聚集、共享、协同，不断加速智能化生产、个性化定制、网络化协同、服务化延伸等新应用和新模式的创新。

五是推动工业互联网健康发展的产业生态正在形成。近几年，我国工业互联网发展迅速，工业互联网产业生态正在形成。主要表现在以下几个方面。

（1）成立了我国工业互联网产业联盟，构建了我国工业互联网顶层设计和标准体系框架。2016 年 2 月 1 日，由工业、信息通信业、互联网、教育等领域百余家单位共同发起成立工业互联网产业联盟（AII），目前联盟成员超过 1 900 家，下设六个分联盟，工业互联网产业联盟在推进我国工业互联网顶层设计、标准体系建设中发挥着重要作用。

（2）进入工业互联网企业众多。由于工业互联网涉及行业广泛，各领域的企业充分认识到工业互联网的战略价值和广阔的市场前景，纷纷进入工业互联网领域。一方面，我国工业企业充分认识到工业互联网在企业数字化转型的重要性。如今，工业互联网已在钢铁、矿业、家电、电子、石化等领域得到广泛应用；另一方面，工业互联网产业各方积极进入，如中国电信、中国移动、中国联通等基础电信企业；华为、中兴等通信设备制造企业；移远等通信模组企业；提供工业互联网平台的企业，如用友、浪潮、海尔、中国电信等；传感器企业如博世、得州仪器等；软件企业如用友、东方国信等，制造企业如海尔、格力、宝武集团、海螺集团、美的、三一重工等。

（3）产业链各方充分发挥自身优势，加强合作，5G+ 工业互联网产业生态正在形成。工业互联网的巨大市场吸引产业链各方积极进入，通过强强联合、产学研用政合作，成立工业互联网联盟、5G 联合创新中心、5G 联合开放实验室，创新合作模式，共同为工业企业提供 5G+ 工业互联网解决方案，有效促进工业企业数字化、网络化、智能化转型。如我国三大电信运营商发挥自身云网融合优势，积极布局工业互联网，加强与设备制造商、软件服务商、人工智能企业、芯片企业、安全企业等深入合作，共同解决工业企业数字化转型过程中的问题，共同为工业企业提供 5G 专网、工业互联网平台，以及 5G+ 工业互联网解决方案，有效提升工业企业运营效率，也逐步形成工业互联网产业生态。

（4）5G+ 工业互联网行业应用加速落地。工业互联网发展关键在应用。从第三届"绽放杯"5G 应用征集大赛工业互联网专题赛收集到的 300 多个应用案例统计结果来看，工业互联网应用案例处于应用示范阶段、商业推广阶段和原型设计阶段的占比分别为 44%、22% 和 34%（见图 8-3）。可以看出，5G+ 工业互联网应用案例处于应用示范和商业推广阶段的占比达到 66%，这表明 5G 与工业互联网深度融合已进入应用落地新阶段。

从工业互联网应用场景来看，主要包括智慧工厂、远程控制、智能制造、产品检测、供应链管理……5G、边缘计算与工业互联网的结合在应对这次新冠疫情中发挥了重要作用。5G 商用一年多来，"5G+ 工业互联网"探索步伐不断加快，工业互联网加速与工业制造企业深度融合，全国"5G+ 工业互联网"融合创新建设项目已超过 1 100 个，在 5G 的赋能下，工业互联网已广泛应用于钢铁、航空航天、家电、电力、港口、矿业等多个行业，涌现出机器视觉检测、精准远程操控、现场辅助装配、无人巡检安防等典型应用场景，5G 融合应用的广度、深度不断拓展，5G 应用范围由生产外围向生产制造核心环节不断延伸，基于网络化资源汇聚的新模式、新业态不断涌现，有力地促进工业企业数字化、网络化和智能化转型。

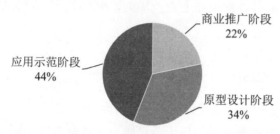

图 8-3　第三届"绽放杯"工业互联网应用案例发展阶段结构图[①]

在产业链各方的共同努力下，涌现出诸多工业互联网应用示范案例。如中国移动聚焦细分行业，重点打造了 100 个高质量 5G 行业应用"样板房"，联合中远海运发布 5G 全场景应用智慧港口，与南方电网联合打造智能电网，推动移动通信技术从消费侧向生产侧全面加速渗透。中国电信积累了 300 多个 5G+ 工业互联网应用案例，将 5G 技术广泛应用于智能制造，实现了设备状态联网监测、多厂协同、远程控制，助力工业制造企业提升生产效率和效益。2020 年 7 月，中国电信携手国家电网、华为建成国内最大规模的 5G 智能电网，实现了基于 5G SA 切片的智能分布式配电、变电站作业监护及电网态势感知、5G 基站削峰填谷供电等新应用。中国联通推进专业化运营，全力加快工业互联网的发展，发布了工业互联网 CUII 产品体系。中国联通和上海飞机制造有限公司合作打造了超过 50 个"5G+ 工业互联网"场景；经过 5G 改造的青岛港二期码头实现了真正的"无人码头"，通过远程控制台，就可完成包括岸桥装卸在内的诸多港口场景任务；在山西霍州的矿井，通过 5G+ 边缘计算等新技术的赋能，逐步实现从少人到无人生产，解决人员安全问题。

近年来，工业互联网搭上 5G+ 的快车，在产业链的共同努力下，在政策、技术、市场共同驱动下，我国工业互联网正呈现蓬勃发展之势，5G+ 工业互

---

① 资料来源：《中国电信 5G+ 工业互联网生态合作白皮书》。

联网产业生态正在形成，正汇聚工业互联网发展的磅礴力量，成为推动数字产业化、产业数字化和推进中国经济转型发展的新引擎，将为我国经济发展开辟更广阔的前景。

# 5G+ 工业互联网商业模式总体布局

商业模式创新的本质是为客户创造价值，让参与各方受益。工业互联网发展是一项复杂的系统工程，涉及场景多、技术改造复杂、投资较大。如何更高效地促进工业互联网快速发展，真正发挥工业互联网在推进工业企业数字化转型的引领作用，不仅需要产业链各方的共同努力，更需要在商业模式上进行创新，确保产业链各方在 5G+ 工业互联网快速发展中获得相应的回报。

纵观目前诸多 5G+ 工业互联网应用案例，在公开媒体上看到，以电信运营商牵头的居多，下面从电信运营商的视角，探讨应如何把握在推进 5G+ 工业互联网发展中的总体定位。

结合电信运营商自身优势、企业转型战略要求、5G+ 工业互联网产品特点以及 5G 商业模式七要素模型，我给出电信运营商 5G+ 工业互联网总体发展布局，见图8-4。

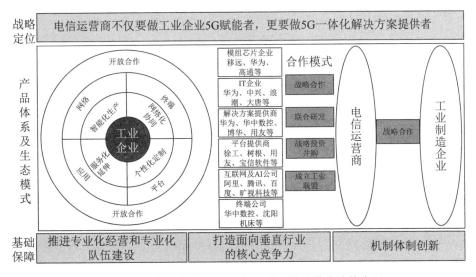

图 8-4　电信运营商 5G+ 工业互联网商业模式总体布局

## 战略定位

5G 的 80% 的应用在工业互联网领域。我们知道，电信运营商的优势在连接，面向工业互联网的巨大市场，电信运营商如果只做连接，未来发展肯定受到制约。因此，电信运营商积极拓展 5G+ 工业互联网市场，在战略上不仅要做工业制造企业的赋能者，而且要做 5G 一体化解决方案的提供者，由连接提供者向一体化解决方案提供者转变，这是企业转型发展的必然要求，也是满足客户一站式服务的客观选择。

## 产品模式

智能化生产、网络化协同、个性化定制、服务化延伸是工业互联网发展的主要内容。基于连接的智能化生产是指利用先进制造工具和网络信息技术对生产流程进行智能化改造，实现数据的跨系统流动、采集、分析与优化，实现生产方式的网络化、数字化、自动化和智能化；基于企业互联的网络化协同是一个集成了工程设计、生产制造、供应链和企业管理的先进制造系统，依托工业互联网平台，实现研发、制造、管理、运维的一体化协同；供需对接的个性化定制是基于工业互联网平台（如海尔的 COSMOPlat 平台），满足用户个性化、定制化、小批量的需求，用户不仅是消费者，同时也是设计者和生产者；基于工业互联网的服务化延伸是指工业制造企业由生产制造模式向服务化制造模式转变，实现业务范围从单纯的生产加工向提供设备运营维护、支撑业务管理决策、满足客户多样化需求等服务延伸，如开展工业产品远程运维、终端设备健康管理和设备融资租赁等，增加产品附加价值，塑造企业综合竞争优势。

基于上述 5G 在工业企业生产经营全过程中的应用，我们认为电信运营商应以为工业企业提供智慧工厂一体化解决方案为目标，包括基于 5G 专网、工业互联网平台、工业终端和工业应用等，满足工业企业多场景的应用服务需求。

基于工业企业需求的差异性以及工业互联网产品体系特点，我认为电信运营商产品模式可以选择的主要有三大类（见表 8-3）。

### 表 8-3    电信运营商工业互联网三大产品模式

| 模式选择 | 主 要 内 容 | 目标客户群 |
|---|---|---|
| 连接提供商 | 面向工业应用场景，提供基础网络服务和运维，实现 5G 网络和基础能力全覆盖，包括：基站建设、MEC 平台建设、个性化网络切片、CPE 网络配置、云服务等 | 普通工业企业 |
| 平台提供商 | 整合内部 IT、CT 能力，打造兼容、敏捷、安全的管理平台和开放使能平台。同时，协同垂直产业合作伙伴，打造垂直领域工业互联网平台，推动平台能力从通用向专业化发展 | 重点发展的垂直行业企业 |
| 5G 一体化解决方案提供商 | 以运营商为主导，聚焦重点行业、重点客户，携手产业链作伙伴，围绕客户的"产—供—销—管"需求，整合上下游产业链优势资源，全面切入工业互联网的核心价值环节，为客户提供包括 5G 专网在内的 5G 整体化解决方案，形成一批创新应用示范项目<br>合作方向运营商提供生产设备和能力，由运营商负责整合合作方设备和能力，以及自身网络、MEC 能力、个性化网络切片、工业互联网平台、云服务等，封装成解决方案，向客户提供服务 | 个性化需求明显的工业领先企业 |

第一大类是做连接提供商。这种模式下，电信运营商发挥网络优势，主要为工业企业提供基础网络服务和运维服务，实现 5G 网络和基础能力全覆盖，包括：基站建设、MEC 平台建设、个性化网络切片、网络配置 CPE、云服务等。

第二大类是做平台提供商。主要面向工业企业打造工业互联网平台，如中国电信依托云网融合、安全可信的天翼云，打造跨行业、跨领域的天翼云工业互联网平台。中国移动依托 5G+AICDE 融合，构建了"端管云用"为一体的中国移动工业互联网平台，提供统一、通用、聚合、开放的工业互联网共性服务，实现面向客户、面向行业的深度运营。当然，除了运营商推出的工业互联网平台外，互联网公司、设备制造商、软件服务商、工业制造企业等纷纷推出工业互联网平台，如华为的 FusionPlant 工业互联网平台、阿里的 supET 工业互联网平台、海尔的 COSMOPlat 工业互联网平台、徐工信息的汉云工业互联网平台、航天云网的 INDICS 工业互联网平台……基于海量数据采集、汇聚、分析的服务体系，工业互联网平台的建设和应用有效支撑了制造资源泛在连接、弹性供给、高效配置，加快了工业企业由生产型制造向服务型制造企业转型，推动构建开放、合作、共赢的工业互联网新生态，有效推进了产业数字化的快速发展。

第三大类是做 5G 一体化解决方案提供商。这种产品模式附加值最高，也是运营商工业互联网产品发展的方向。要求电信运营商聚焦重点行业、重点客户，携手产业链合作伙伴，围绕客户的"产—供—销—管"需求，整合上下游产业链优势资源，全面切入工业互联网的核心价值环节，为客户提供 5G 整体化解决方案，形成一批创新应用示范项目。5G 一体化解决方案就是为工业企业提供企业数字化、网络化、智能化转型的一揽子解决方案，包括提供 5G 专网、工业互联网平台、终端、应用和服务等内容，这种产品模式对电信运营商转型发展提出了更高更新的要求，需要运营商选择重点行业为切入点，在运营模式、核心能力、平台建设等方面进行变革和创新，由点到面，从线到片，逐步突破。

## 生态模式

电信运营商要以打造工业互联网平台为核心，构建多模式、多场景的 5G+ 工业互联网生态体系。电信运营通过成立工业互联网联盟、联合研发、联合投资、战略投资和并购，以及战略合作等方式加强与工业企业及产业链各方的合作，共同为工业企业提供 5G 产品和解决方案。

从工业互联网平台的数据采集层、IaaS 层、平台层（管理控制）、应用层分类来看，主要可分为供给侧和需求侧两大类合作伙伴。

供给侧合作伙伴主要有：模组及芯片企业，如华为、移远、高通等；IT 制造企业，如华为、中兴、浪潮、大唐等；解决方案提供商，如华为、华中数控、博华、用友等；平台提供商，如徐工、树根、用友、宝信软件等；互联网及 AI 公司，如阿里、腾讯、百度、旷视科技等；终端公司，如华中数控、沈阳机床、大疆创新等。

需求侧合作伙伴主要是工业制造企业，如家电企业、工矿企业、钢铁企业、港口码头、工程机械企业、石油化工企业等，具体工业企业如富士康、三一重工、航天科工、海尔、美的、海螺、格力、上海商飞等。

决定工业互联网生态是否牢靠、长久和健康最为关键的是生态系统建设能否为产业链各方带来切切实实的利益，这需要不断拓展工业互联网多元化的盈利模式。

## 盈利模式

根据表 8-3 电信运营商三大类工业互联网产品模式，我们给出相对应的盈利模式，见表 8-4。从表 8-4 我们看出，第一大类做连接提供商的盈利模式收入主要来源于连接收入、网络或设备租赁费等收入；第二大类做平台提供商的盈利模式收入主要来源于网络服务费、硬件设备费、平台使用费、增值服务收入等；第三大类做一体化方案提供商的盈利模式收入主要来源于连接费、平台使用费、增值服务费、整体解决方案收费、网络运营维护费、技术服务费以及其他服务性收费等。

表 8-4　三大产品模式下的盈利模式

| 模　式　选　择 | 盈　利　模　式 |
| --- | --- |
| 连接提供商 | 连接收入、网络或设备租赁费等收入 |
| 平台提供商 | 网络服务费、硬件设备费、平台使用费、增值服务收入 |
| 5G 一体化解决方案提供商 | 连接费、平台使用费、增值服务费、整体解决方案收费、网络运营维护费、技术服务费以及其他服务性收费 |

从工业互联网盈利模式来看，5G 一体化解决方案模式收入来源更趋多元化，也为运营商进一步拓展垂直行业市场增强了信心，更为企业转型发展注入了新的增长动力。

## 运营保障

面对 5G+ 工业互联网的巨大市场，电信运营商如何更好地整合内外部资源，更好地满足工业企业个性化的 5G 需求，关键靠运营。高效运营是衡量和评价电信运营商拓展工业互联网市场成功的重要标准。高效的运营表现在企业能按照既定战略有序推进，系统推进，并取得实效。要实现高效运营需要有强大的运营支撑，这涉及组织保障、机制体制建设、人员队伍、企业管理等，更需要重塑 5G 时代企业新型核心竞争力。

面对工业互联网巨大市场，中国移动深入贯彻工信部"5G+ 工业互联网" 512 工程工作部署，全面实施"5G+"计划，以 5G 技术赋能工业互联网，系统布局，有序推进，工业互联网发展在行业处于领先地位。中国移动先后推出了一系列举措：成立 5G 工业互联网联盟、5G 能源互联网联盟和 5G 矿山联盟等垂直行业子联盟以及 15 个省联盟；打造 1+4 工业互联网平台，推动网络升级、平台升级、应用升级、模式升级、生态升级"五个升级"、发布《5G+工业互联网应用场景白皮书》和《5G 专网白皮书》、推出 5G 专网"优享、专享、尊享"三种模式和"1+1+1+N"的工业互联网产品体系（即打造1 类工业网关、1 张 5G 工业网络、1 个工业互联网平台和 N 类应用场景）……面向工业互联网、智慧能源等 15 个重点行业，打造 100 个 5G 应用场景，推出 100 个 5G 示范项目，实现 5G 示范项目从"样板房"到"商品房"的升级。

中国移动之所以在工业互联网取得较好的成效，是与其构建强有力的运营支撑分不开的。这从中国移动组织保障中可见一斑。面对 5G 时代的来临，中国移动为积极拓展 5G2B 行业市场，加强政企体制改革，形成了"T"型结构和"1+3+3"的政企体系，并成立全国性细分行业示范基地，推动"5G+工业互联网"应用场景的创新落地。通过政企体制的调整，使得资源高效配置、业务深度融合，为做大政企市场"蛋糕"提供强有力的组织保障。

同时，我们看到面对工业互联网的市场需求，中国移动在集团公司统筹下，省公司、产业研究院、专业公司加强协同，分工明确，形成合力，提高企业市场反应能力，共同面对市场，为企业客户快速提供 5G 解决方案。还有就是中国移动赋予 5G 运营单位更多的自主权和面对市场的灵活性，有效激发各经营主体的积极性和创新性。举一个例子，如中国移动鼓励各省公司以及细分行业成立 5G 产业联盟，而不是联盟由集团集中统一。面对全国巨大的 5G 工业互联网市场，而且客户需求千差万别，实行 5G 行业发展的集约化经营与稻盛和夫的"阿米巴经营"相悖，只会使企业离市场越来越远，必将影响企业的快速反应能力。

中国移动的经验值得借鉴，同时我们也看到一些 5G 运营企业面对 5G 工业互联网市场运营表现不力，比如，尚未建立责权利清晰界限的政企组织体系，面对市场尚不能形成快速反应机制；高度集约化运营难以满足复杂多变的客户需求；地市公司在满足垂直行业客户需求上得不到有效的支持，过分依赖合作伙伴，不注重新型核心竞争力的打造；销售型的经营体制不适应 5G 时代发展要求，没有摆脱对传统路径的依赖，组织重构形势更为紧迫；等等。

以上这些都是企业缺乏战略思维、对 5G 市场规律缺乏深刻认识和运营

缺乏创新的直接表现。可以看出，建设强大的 5G 运营支撑在促进 5G 行业
发展的重要性。因此，对于包括电信运营商在内的 5G 运营企业要以建设高
效的组织运营体系为目标，从组织架构的调整和优化、机制体制创新、打造
专业化 5G 人才队伍等方面系统推进，为拓展更大的垂直行业市场提供强大
的运营保障。

# 5G+ 工业互联网商业模式评估及对策

现在行业里对 5G 发展最为关心的就是 5G 商业模式，听到最多的一句话
就是 5G 商业模式不清晰，仍需进一步探索与尝试。目前，5G+ 工业互联网
商业模式到底处于什么状态？面临哪些挑战？应如何应对？

## 5G+ 工业互联网商业模式总体评估

商业模式评估不能单纯地看某一方面，而要系统地审视，我思考认为，
5G+ 工业互联网商业模式的评估应从产品和服务、可持续性和盈利性三个方
面进行评价（见图 8-5）。

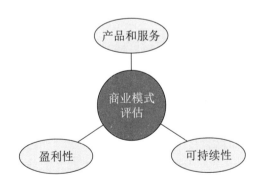

图 8-5　商业模式评估三维模型

产品和服务是根本，可持续性是关键，盈利性是最终目标。下面就从这
三个方面对 5G+ 工业互联网商业模式进行科学客观的评价。

（1）5G+ 工业互联网发展前景广阔，发展可持续性不容置疑。5G 赋能
工业互联网，更好地推进工业制造企业数字化、网络化、智能化转型，这一

点不言而喻，这预示着 5G+ 工业互联网具有广阔的市场前景。根据 GE 预测，到 2030 年，工业互联网将给全球带来 15.3 万亿美元的 GDP 增量，至少给中国带来 3 万亿美元左右的 GDP 增量。2019 年 12 月，在 5G+ 工业互联网高峰论坛上，中国信息通信研究院院长刘多指出，2019 年我国工业互联网产业规模将达到 8 000 亿元。

自 2019 年 6 月 6 日，我国正式颁发 5G 商用牌照以来，仅仅一年多的时间，在政府大力支持下，产业链各方共同努力下，我国 5G+ 工业互联网正加速应用创新和落地，各类新模式、新应用、新业态不断涌现，呈现蓬勃发展的态势。但总体来看，我国 5G 工业互联网发展仍处于发展的初级阶段，仍然处于政府推动阶段，大量工业企业对 5G 需求不是很强烈，5G+ 工业互联网要得到更快的发展和普及仍需要一段时间，但这不影响 5G+ 工业互联网发展进程，5G+ 工业互联网发展只会加快，市场潜力巨大。

（2）5G+ 工业互联网的产品和服务仍然没有摆脱连接的困境，为工业企业提供 5G 一体化解决方案任重而道远。我查阅了大量工业互联网应用案例以及"绽放杯"工业互联网获奖案例，从中发现，目前电信运营商为工业企业提供 5G 产品还是解决工业企业网络连接问题，更多的是满足工业企业场景化的网络需求，管道化趋势显著，这是最令人担忧的，因为连接只是满足用户低层次需求，低值化不可避免。

当前，工业企业自建专网也是一种选择，企业客户整合 CT/IT/DT 等领域的需求日益旺盛，在这样的形势下，华为、中兴等高科技企业更有优势。因此，电信运营商在发挥自身 5G 网络优势的前提下，应以为垂直行业客户提供定制化的一体化解决方案为目标，抓住 5G 专网发展的窗口期，加快 5G 产品服务的升级，要以工业互联网等重点行业为突破口，实现专业化运营，重塑企业新型核心竞争力。唯有如此，电信运营商才能在 5G 大发展中获得更好更可持续的发展。否则，运营可能错失 5G 发展的机会。

（3）目前盈利模式存在堵点，但这不代表未来。我们首先从 5G 产业生态来看，自 2019 年我国 5G 发展以来，5G 投资巨大，就三大电信运营商来看，2019 年 5G 网络建设投资达到 412 亿元，2020 年达到 1 757 亿元，巨大的网络投资带动了 5G 产业链的发展，受益的主要是电信设备商、终端厂商、芯片公司、通信模组企业、方案提供商等，但面向客户"最后一公里"收费是最大的堵点，目前来看，电信运营商投入大、收益少是最为突出的问题。产生堵点的根本原因是目前 5G 行业发展仍然处于"树标杆、打样板"的阶段，行业用户不愿埋单，这一现象普遍存在。出现这一现象的根本原因是，5G 还不是包括工业制造企业在内的垂直行业客户的刚需。虽然面对垂直行业客户盈利模式十分清晰，如连接收费、平台使用费、增值服务收费、租赁费、维护费、一体化解决方案项目收费等，我想出现这一现象是暂时的，需要全社会共同努力，加强 5G+ 市场的培育，树立行业标杆应用并加以宣传和推广，只有 5G 真正成为推动企业转型的刚需，"最后一公里"的堵点才会消失，产业链各方才能共享 5G 发展的红利，5G 产业才能真正走上持续健康发展的轨道。

综上分析，虽然目前 5G 产品服务仍然是以提供连接为主、收费"最后一公里"存在堵点、工业企业需求不充分等，但 5G+ 工业互联网的商业模式是清晰的，未来发展也是可期的，只要 5G 产业链各方坚定信心，加强合作，创造和培育市场，5G+ 工业互联网商业模式一定能走出发展的困境。5G+ 工业互联网目前仍处于发展导入期，不管是在商业模式还是产业体系等方面仍需进一步探索与尝试。前景光明，但任重而道远。

## 5G+ 工业互联网发展面临的挑战

如今，我国 5G+ 工业互联网发展势头良好，已进入产业融合发展的关键阶段，但仍面临诸多挑战。主要表现在以下 4 个方面。

（1）5G+ 工业互联网的商业模式仍需进一步探索。工业互联网不同于消费互联网，对于复杂的工业需求，5G 需要适应不同的工业场景，提供解决方案，标准化难度高。一方面，消费互联网以广告和会员费为收入来源的模式无法复制到工业互联网；另一方面，消费互联网依靠手机操作系统构建应用商店平台，开放第三方应用，而工业互联网缺乏类似的平台和应用。

（2）跨界融合难度较大，门槛较高。跨界融合专业性要求高，运营商、设备商、工业互联网企业间的行业壁垒仍然较高，企业间融合融通，相互促进、共生共赢的产业生态尚未形成。运营商、设备商对工业企业的主要业务流程以及工艺流程掌握不足，缺乏将先进技术与知识、工艺、流程等融通的运营经验，在技术融合、模式融合、业务融合方面难度大，提供的技术、产品与解决方案难以准确、有效地满足工业企业的实际运营需求。

（3）5G 在工业互联网领域的技术研发环境尚未成熟。5G 刚刚迈入商用阶段，技术产业生态尚未完全成形。例如，5G 芯片、工业终端、模组还未成熟，且没有实现面向工业领域的标准化，直接影响 5G 工业产品或装备的研发；在 5G 芯片、工业软件、智能机床等高端产品和核心技术方面竞争力不强；企业内各种生产设备型号繁多，连接协议等技术标准尚不统一。此外，5G 在工厂内网络部署架构、网络配置模式、上行带宽不足等关键问题尚未解决。

（4）缺乏精通工业互联网和 5G 融合的专业人才队伍。工业互联网是多个学科、多项技术的交叉领域，其应用延伸较为广泛，急需熟悉行业特点、熟练掌握信息通信技术且具备软件开发能力的复合型人才。

## 加快我国 5G+ 工业互联网发展的对策与建议

工业互联网要发展好，真正成为推动工业企业转型升级的新引擎，应牢固树立创新思维、客户思维、生态思维、跨界思维、平台思维和 5G+ 思维，持续推进协同创新，致力于打造良好的工业互联网产业生态，助力工业企业数字化、智能化转型。

（1）加快 5G+ 工业互联网基础设施建设。一是推进差异化的投资模式，加快 5G、时间敏感网络、IPv6、边缘计算等新型网络技术在企业内网的广泛部署，打造内网升级改造的标杆，以网络化带动数字化，为融合发展提供基础设施资源保障；二是电信运营商协同产业链合作伙伴，共同为工业企业提供安全可靠、性能稳定、服务可视的定制化的 5G 专网，满足客户数据不出厂、超低时延、超大带宽等方面的需求；三是建立 5G+ 工业互联网融合研发体系、联合创新中心、开放实验室等创新载体，汇聚各类研发资源，提升研发效率和成果转化水平，切实解决工业互联网发展中 5G 所能解决的痛点。

（2）实现由提供连接向为工业企业提供 5G+ 工业互联网一体化解决方案方向转变。电信运营商要充分发挥网络优势，积极打造 5G、边缘计算、网络切片等核心能力，为行业客户提供"边、管、云、端"融合的 5G 专网，着力发展基于 5G+ 云计算、大数据、人工智能、物联网、虚拟现实等技术的应用场景的平台和应用的开发，满足工业企业多场景化的业务需求。更为重要的是，电信运营商要联合工业制造企业和合作伙伴，共同构架面向工业企业的平台服务，以平台助力运营商向价值链高端迈进。

（3）大力推进 5G+ 工业互联网融合应用创新和落地，树立行业标杆应用案例，开展试点示范，充分利用线上线下相结合的方式，加大 5G+ 市场的培育，推进技术创新、产业发展、模式创新和应用推广，对成功的案例、成功的模式不断加以宣传和推广，不断激发广大工业企业的 5G 需求，同时要在实践中不断总结和提高。

（4）创新合作模式，打造 5G+ 工业互联网产业生态。充分发挥工业互联网产业联盟在打造工业互联网产业生态的平台作用，创新合作模式，通过联合合作伙伴共建 5G 研发中心、5G 开放实验室、5G 孵化基地、5G 联合创新中心和成立 5G 工业互联网联盟等方式开展合作，并积极开展通过收购、控股、参股、成立合资公司等资本经营方式，打造工业互联网投资、并购、孵化平台；积极推动线上线下、端到端价值链的全面协同，为工业企业提供全场景化、全要素、全产业链的行业解决方案，加快拓展 5G+ 新模式、新业态，不断发展和壮大 5G 产业生态圈。

（5）5G+ 工业互联网产业链上的每家企业要找准定位，做长长板。工业互联网涉及网络、终端设备、工业软件、中间件、操作系统、通信模组、工业制造、AR/VR、大数据、人工智能、安全等诸多环节，进入工业互联网企业众多，每一家企业要在工业互联网发展中立于不败之地，必须树立长板制胜理念，切实把握好在产业链中的正确定位，将长板做长，并围绕这块长板展开布局，共享工业互联网发展的红利。对于我国电信运营商来说，要重点提升自主创新能力、整体解决方案提供能力、跨行业资源整合能力和面向工业互联网的模式创新能力，推进专业化运营，不断打造 5G+ 工业互联网行业应用新标杆，助力工业企业数字化、智能化转型。

（6）加快培养和打造精通工业互联网和 5G 的跨界复合型人才队伍。目前，精通信息技术和工业的复合型人才紧缺，对我国来说，做好跨界人才队伍建设关系工业互联网的长远发展。一方面推进产教融合，依托有关高校院所、龙头企业，有针对性地开展专业技术人员的培训，另一方面引导高校根据产业发展情况，调整专业设置和课程内容，加强学科交叉融合，培养一批行业领军人才。最为关键是要在工业互联网发展实践中培养和锻炼一支适应工业互联网发展的专业人才队伍。

当前，全球新一轮科技革命和产业变革深入推进，信息技术日新月异。5G 与工业互联网的融合将加速网络强国、数字中国、智慧社会建设，加速中国新型工业化进程，为中国经济发展注入新动能。5G 与工业互联网二者结合，机遇与挑战并存。自从 2019 年 6 月，我国 5G 商用大门正式开启以来，工业互联网已成为 5G 的主战场，工业互联网正加速与实体经济融合，各类应用案例纷纷落地。总体来说，5G+ 工业互联网目前仍处于发展导入期，不管是在商业模式还是产业体系等方面都仍需进一步探索与尝试，需要产业链各方携手共同探索开放共赢的新型商业模式，推动工业互联网在更广范围、更深程度、更高水平上实现融合创新。

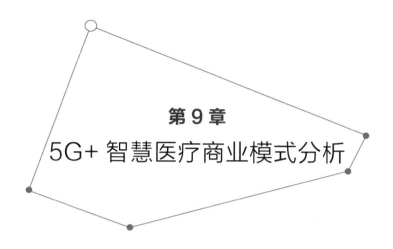

**第 9 章**

# 5G+ 智慧医疗商业模式分析

当前，"看病难""医患关系紧张""排队 3 小时，看病 3 分钟"一直是医疗行业发展的痛点。随着 5G 时代的到来，远程会诊、远程手术、远程急救等新应用在很大程度上解决了上述医疗行业长期存在的问题，切实提升了广大患者就医的满意度和获得感。

5G 技术具有高速率、低时延、广连接等特点，在 2020 年应对新冠疫情期间，5G+ 远程医疗、5G+ 负压救护车、5G+ 远程手术、5G+ 远程监护、5G+ 红外线热成像体温监测、5G+ 机器人送药送餐等得到广泛应用，进一步提升了医生诊断效率、改善了患者就医体验，实现了优质医疗资源远程共享和实时信息交互，能有效阻断疫情传播，缓解医疗资源匮乏和医护人员短缺等问题，让疫情防控更加高效便捷，也进一步激发了 5G+ 远程医疗行业的发展。

5G+ 远程医疗行业能否健康发展，不仅取决于 5G 等信息技术的应用，而且需要探索成功的商业模式，只有商业模式成功，5G+ 远程医疗才能得到更好更快的发展，才能走得更远。

## 5G+ 智慧医疗概述及主要特点

5G 是第五代移动通信技术的简称，它不只是 4G 网络的简单升级，而且是真正意义上的融合网络。与此同时，伴随着移动医疗时代的来临，"5G+"

使得医疗行业的未来充满更多可能。

5G+智慧医疗是指以5G技术为依托，并与物联网、云计算、大数据等高科技技术有效结合，充分利用有限的医疗资源，同时发挥大医院技术优势，在疾病诊断、监护和诊疗等方面提供信息化、移动化和远程化的医疗服务，创新智慧医疗应用和服务模式，提升医疗诊治效率和医院管理水平，为患者带来更好的医疗体验。

## 5G+智慧医疗应用主体多元化

从智慧医疗应用来看，主要包括三大方向，即面向医务人员的"智慧医疗"、面向医院管理的"智慧管理"、面向患者的"智慧服务"。所以说，5G+智慧医疗应用主体主要是医院、医生和患者（见图9-1）。

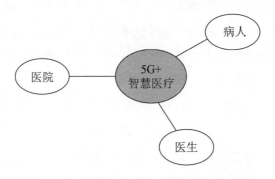

图9-1　5G+智慧医疗三大应用方向

对于医院来说，应用5G技术，可建立以病人为中心的医疗信息管理和服务体系，提升诊疗护理效率、降低医疗运营成本。对于医生来说，运用5G先进技术，可进行远程会诊、远程手术、远程超声、远程查房和远程指导等，特别是在疫情期间，这样能有效阻断病毒传染风险，诊疗更多病人，提高医生服务水平；对于患者来说，能在异地享受大城市优质医疗资源，减少就医成本。

## 5G赋能医疗的四层次服务架构

5G+智慧医疗生态体系主要包括四大层面：终端层、网络层、平台层、应用层（见图9-2）。

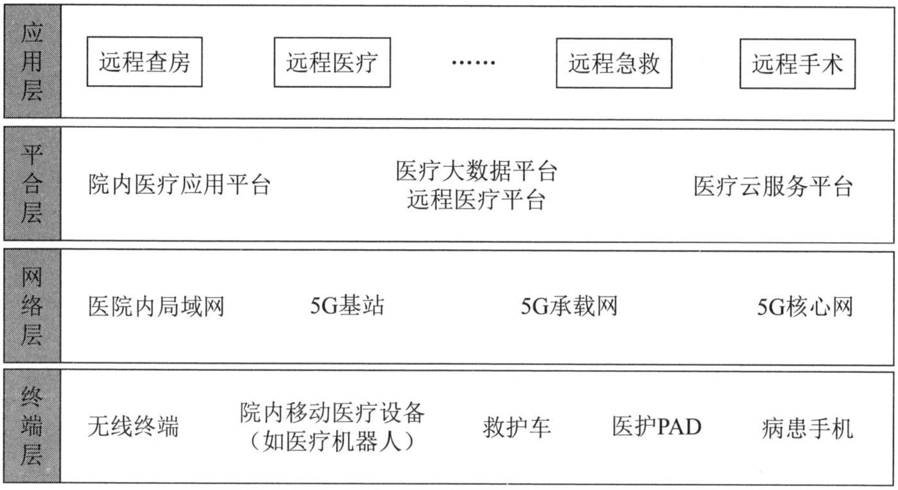

| 应用层 | 远程查房 | 远程医疗 | …… | 远程急救 | 远程手术 |
|---|---|---|---|---|---|
| 平台层 | 院内医疗应用平台 | 医疗大数据平台<br>远程医疗平台 | | 医疗云服务平台 | |
| 网络层 | 医院内局域网 | 5G基站 | 5G承载网 | | 5G核心网 |
| 终端层 | 无线终端 | 院内移动医疗设备<br>（如医疗机器人） | 救护车 | 医护PAD | 病患手机 |

图 9-2　5G+ 智慧医疗技术架构

（1）终端层：其是信息的发出端和接受端，它们既是信息采集的工具，也是信息应用所依附的载体。主要包括医疗检测和护理设备、医疗传感设备和视频相关设备、感应设备、可穿戴设备、医疗机器人、智能手机、医护PAD 等智能终端。可以通过集成 5G 通用模组的方式，使得医疗终端设备具备连接 5G 网络的能力。

（2）网络层：5G 网络具备高速率、低时延、大连接三大特性。通过分配于不同应用场景的独立网络或共享网络，实时高速、高可靠、超低时延地实现通信主体间的信息传输。

（3）平台层：平台是 5G+ 智慧医疗的核心。5G+ 智慧医疗的互联网的本质，就是通过打造开放共享的智慧医疗平台，把医疗设备、医生、供应商和病人等紧密地连接起来，实现医疗全要素的流动和增值，促进医疗资源高效利用，提升患者就医体验，实现医疗机构降本增效。5G+ 智慧医疗的平台主要有院内医疗应用平台、医疗大数据平台、远程医疗共享平台等。

（4）应用层：应用层是 5G 价值的集中体现，根据 5G 技术三大显著特征可以支撑不同的应用场景，如智慧医疗监测与护理应用、远程医疗和诊断、院内 AI 辅助诊疗等应用。

## 5G+智慧医疗产业链长、参与企业众多

从 5G+智慧医疗四层次架构来看，产业链涉及合作伙伴主要有电信运营商、设备商、终端厂商、解决方案提供商、软件服务提供商、集成商以及各大医院等。表 9-1 是 5G+智慧医疗产业链视图，可以看出，5G+智慧医疗产业链长，参与企业众多。因此，在为医院提供 5G 产品和解决方案、实现智慧医疗时，就需要产业链各方加强合作，共同努力。

表 9-1　5G 智慧医疗产业链视图

| 产业链角色 | 主要合作伙伴 | 在产业链中价值 |
|---|---|---|
| 电信运营商 | 中国电信、中国移动、中国联通、中国广电 | 在 5G 网络、云网融合等方面具有优势 |
| 通信设备提供商 | 华为、中兴等 | 具有 5G 网络、设备等技术能力，能提供完整解决方案支持 |
| 医疗设备提供商 | 深圳华大、九安医疗、卫宁健康、远大康程、北京缙铖等 | 专注于医疗设备制造，能满足智慧医疗设备需求 |
| 智能终端提供商 | 华为、九安医疗、三诺生物、乐普医疗、广州视源电子科技、万马科技、浙江大华、悉见科技等 | 在智能终端生产具有优势 |
| 平台及方案提供商 | 万达信息、乐普医疗、朗玛信息、东华医为、心医国际、北京蓝卫、北京麦迪克斯等 | 专注于医疗平台开发，能提供整体化解决方案 |

## 我国 5G+智慧医疗发展潜力巨大

5G 技术为发展智慧医疗提供强大的支持，5G 医疗的广泛应用打破了时间、空间和连接的三重限制。疫情期间，政府部门、电信运营商、设备商、医疗机构等通力合作，推出远程医疗、远程手术、远程会诊等诸多智慧医疗业务和应用。例如，在疫情防控形势最紧张的时期，钟南山院士通过 5G 视频远程连线，为 5 个危重病人进行远程会诊，在病患救治上发挥了积极作用。受新冠疫情影响，在线医疗需求不断增长，推动了智慧医疗行业的发展。截至 2020 年 6 月，我国在线医疗用户规模达到 2.76 亿，占网民总数的 29.4%，我国各省卫健委批准的互联网医院达到 600 多家。疫情期间，通过第三方互联网服务平台诊疗咨询量同比增长 20 多倍，处方

量增长近 10 倍，用户在线医疗习惯逐渐形成。

"新基建"的加快推进，为 5G 智慧医疗按下了快进键，5G 远程医疗迎来了前所未有的发展契机和市场空间。在第三届"绽放杯"大赛中涌现出大量 5G 远程医疗、5G 医疗虚拟专网的落地场景，体现出 5G+ 智慧医疗的巨大市场需求。据前瞻产业研究院预测，我国远程医疗行业在 2025 年的市场规模将突破 800 亿元（见图 9-3），5G 远程医疗市场可期。

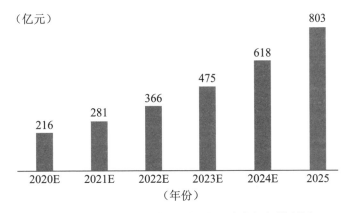

（亿元）

图 9-3　2020—2025 年我国远程医疗市场规模预测

根据国家卫生健康委发布的《2019 年我国卫生健康事业发展统计公报》，2019 年，三级医院达到 2 749 个，二级医院 9 687 个，二级及以上公立医院中，59.1% 开展了远程医疗服务。目前，5G 医疗专网发展处于起步阶段，随着医疗专网的逐步普及，未来医疗行业 5G 虚拟专网市场前景看好。根据中国信息通信研究院的预测，我国 5G 医疗行业虚拟专网 2025 年的市场规模将突破 35 亿元，这些都充分说明 5G+ 智慧医疗具有广阔的市场前景。

## 政策助力智慧医疗行业发展

近年来，国家在智慧医疗方面不断出台相关政策，2018 年国务院办公厅出台了《促进"互联网＋医疗健康"发展的意见》。党的十九大报告提出实施"健康中国战略"。

2019 年 5 月，工业和信息化部会同国资委印发了《关于开展深入推进宽带网络提速降费支撑经济高质量发展 2019 专项行动的通知》，明确提出结合远程医疗需求，改造提升远程医疗网络，面向县级以上医院和医联体逐步推动专网覆盖。

2020 年 2 月《国家发改委和工信部关于 2020 年新基建的通知》指出，"加快 5G 在疫情预警、院前急救、远程实时会诊、远程手术、无线监护、移动查房等环节的应用推广，建设包括医院内部网络、远程医疗专网、应急救治网络的 5G 智慧医疗示范网，为应对重大公共卫生突发事件等提供重要支撑。"

2020 年 3 月 18 日，国家发展改革委与工业和信息化部联合印发《关于组织实施 2020 年新型基础设施建设工程（宽带网络和 5G 领域）的通知》中提出实施 5G 创新应用提升七大工程，其中就包括"面向重大公共卫生突发事件的 5G 智慧医疗系统建设"工程，要求"开展基于 5G 新型网络架构的智慧医疗技术研发，建设 5G 智慧医疗示范网，构建评测验证环境，推动满足智慧医疗协同需求的网络关键设备和原型系统的产业化，加快 5G 在疫情预警、院前急救、远程实时会诊、远程手术、无线监护、移动查房等环节的应用推广，有效保障医护人员健康，为应对重大公共卫生突发事件等提供重要支撑。"

2020 年 3 月 24 日，工信部颁布的《关于推动 5G 加快发展的通知》指出：推动"5G+ 医疗健康"创新发展。开展 5G 智慧医疗系统建设，搭建 5G 智慧医疗示范网和医疗平台，加快 5G 在疫情预警、院前急救、远程诊疗、智能影像辅助诊断等方面的应用推广。进一步优化和推广 5G 在抗击新冠疫情中的优秀应用，推广远程体检、问诊、医疗辅助等服务，促进医疗资源共享。"

可以看出我国对智慧医疗发展的高度重视，尤其是应对这次新冠疫情，国家在政策上积极推动"5G+ 健康医疗"的创新发展，为 5G+ 智慧医疗产业快速发展注入了强大动力。

# 5G+ 智慧医疗主要应用场景

与 4G 相比，5G 具有更大带宽、更高速率、更低时延、更大连接等特性，5G 技术不仅能实现三维图像的高质量传输，还能提供通信信息之外的数据采集、实时定位、远程诊疗等融合功能。在医疗行业，通信是影响医疗救援发展的重要因素之一，5G 高速率通信可有效提高医疗紧急救援效率，提高突发重大公共卫生事件的应对能力。

5G+ 智慧医疗是 5G 技术在医疗健康行业的一个重要应用领域。5G+ 智慧医疗将患者、医护人员、医疗设备和医疗机构等连接起来，不断拓展医疗服务空间和内容，构建覆盖院内、院间、院外，诊前、诊中、诊后线上线下一体化医疗服务模式，实现普惠医疗，大大改善了人们的医疗体验。

在应对这次新冠疫情中，5G 以及 5G 与大数据、人工智能、物联网、云计算等新兴技术的充分结合，在医疗行业大显身手，成为疫情防控中强有力的"武器"，为打赢疫情防控这场硬仗提供了坚强保障，5G 智慧医疗越来越呈现出强大的影响力和生命力。在电信运营商、设备商及行业应用解决方案提供商等共同努力下，已推出院内、院间和院外数十项 5G 医疗应用，这一切，都将促进智慧医疗时代的加速到来。

目前 5G 应用到医疗行业的各个关键环节，5G+ 智慧医疗应用主要分两大类，一类是远程医疗，主要包括远程会诊、远程急救、远程手术、远程超声、远程示教等；另一类是院内应用，主要包括智慧导诊、医疗服务机器人、AI 辅助医疗等，详细参见表 9-4。下面重点介绍远程会诊、远程手术、远程急救等应用。

表 9-4　5G+ 智慧医疗应用场景全景图

| 智慧医疗应用分类 | 主要应用场景 | | |
| --- | --- | --- | --- |
| 远程医疗 | 远程会诊 / 诊断 | | 远程超声 |
| | 远程手术 | 远程急救 | 远程示教 |
| | 远程监护 | 移动查房 | 远程病理 |
| 院内应用 | 医疗服务机器人 | AI 辅助诊疗 | |
| | 智慧园区管理 | 智慧导诊 | |

## 远程医疗应用场景

（1）远程会诊。我国地域辽阔，医疗资源分布不均，农村或偏远地区的居民难以获得及时、高质量的医疗服务。传统的远程会诊采用有线连接方式进行视频通信，建设和维护成本高、移动性差、视频通信质量难以保证。5G 网络高速率、低时延的特性，能够支持 4K/8K 的远程高清会诊和医学影像数据的高速传输与共享，并让专家能随时随地开展会诊，提升诊断准确率和指导效率，促进优质医疗资源下沉。

（2）远程超声。2020年2月，浙江省人民医院远程超声波医学中心的专家，利用中国电信5G技术，通过手柄远程控制黄陂体育馆方舱医院的超声机器人为患者进行了超声检查。远程超声要求网络时延小于10 ms，单路网络带宽大于50 Mbit/s。5G的毫秒级时延和大带宽特性，能够很好地支持医生操控机械臂实时开展远程超声检查。远程超声由远端专家操控机械臂对基层医院的患者开展超声检查，可应用于医联体上下级医院，及偏远地区对口援助帮扶，提升基层医疗服务能力。远程超声是将患者面前的摄像头拍摄的影像传输到医生端，医生能灵活地远程控制机械臂，通过机械臂操纵检测设备对患者进行检查，低时延的特性使机械臂反应迅速，医生使用机械臂如同使用自己的双手。超声影像的数据信息清晰、流畅地展现在医生面前，帮助医生完成诊断。

（3）远程手术。5G满足了手术对于网络低时延和大带宽的苛刻要求。利用5G网络切片技术，可快速建立上下级医院间的专属通讯通道，有效保障远程手术的稳定性、实时性和安全性。医生坐在机器面前，接收患者端实时传送的高清视频画面，再远程操纵机械手臂，利用机械手臂远程控制手术刀等手术器具。手术中内脏的纹理和跳动的规律均可清晰、真实地呈现在远方的医生端。医生和患者仿佛处于同一空间。2019年6月27日，北京积水潭医院借助中国电信5G网络和华为通信技术，成功完成全球首例骨科手术机器人多中心5G远程手术，标志着我国5G远程医疗与人工智能应用达到了新高度。

远程手术实现跨地域远程精准手术操控和指导，避免了患者的奔波，免去了患者去外地就医时的额外花费，更为患者赢得了宝贵的时间和生存的机会，对助力优质医疗资源下沉具有重要意义。

（4）远程急救。急救时需要在短时间内对威胁人类生命安全的意外灾伤和疾病采取紧急救护措施。通过5G网络，同时还能连接更多的设备，如远程超声等，使患者在救护车上能够得到更加全面的检查。同时，救护车可向医院高清、低延时地传输更多的影像信息，使医生在医院中便可全面了解患者病情，做好相应的接诊准备，并可利用救护车上实时传来的影像信息指导医护人员进行抢救。患者在到达医院后能直接进入下一步的抢救阶段。如果有需要，还可连接远端专家，让远端专家进行会诊和手术指导。这样不仅大大节省了抢救时间，也可实施更为合适的抢救方案。

（5）远程示教。远程示教是指通过基于音视频会议系统的教学平台、基于使用场景的教学平台和基于 VR/AR 设备的教学平台等对医疗卫生技术人员进行教育培训。在 5G 网络下，远程示教平台可进行病例讨论、病案分享、心脏导管室手术示教、神经外科手术示教、B 超示教等活动。同时，基于 AR/VR 的虚拟教学平台，以 AR/VR 眼镜等可穿戴式设备为载体，结合 3D 数字化模型进行教学培训，对比传统方式，受教者的沉浸感更强，具备更多交互内容，相对使用成本更低。此外，5G 医学示教系统适用于手术室内的多个业务场景，如示教室实时观摩手术，院外医联体医院观看手术，移动端远程指导手术等。

（6）远程监护。远程监护是利用无线通信技术辅助医疗监护，对患者生命体征进行实时、连续和长时间的监测，并将获取的生命体征数据和危急报警信息以无线通信方式传送给医护人员的一种远程监护形式。依托 5G 低时延和精准定位能力，可以支持可穿戴监护设备在使用过程中持续上报患者位置信息，进行生命体征信息的采集、处理和计算，并传输到远端监控中心，远端医护人员可根据患者当前状态，实时作出及时的病情判断和处理。

## 院内应用场景

（1）医疗服务机器人。通过配置智能引导、消毒、物资配送、护理服务等各类医疗服务机器人，促进医院提高工作效率和降低医疗成本，改善患者就医体验，降低医护人员职业伤害和病毒感染。医疗服务机器人是基于 5G 的 MEC 边缘计算，使医院机器人运算需求转移到云端，减轻机器人运算压力，使机器人的体积、重量、功耗、成本因此而降低。

医疗服务机器人主要包括 5G 查房机器人、5G 远程超声机器人、智慧导诊服务机器人、物资配送和消毒机器人等。

5G 查房机器人是指在远端医生的操控下，通过查房机器人和患者远程视频交互实现查房的一种医疗形式。通过机器人，医生可实现远程查房，提升工作效率。查房机器人对于移动性、定位的精确性要求高。相对于传统的WiFi，5G网络更为灵活，5G网络对移动性的支撑性更好，对定位的精度更高。

5G远程超声机器人是基于5G进行远程超声诊断，将机器人的自动化精准定位技术与超声扫描的基础需求相结合，在患者端装有超声摄像头，医生在远端通过控制机器人对患者进行扫描，通过使用VR头盔进行超声图像显示，进行诊断。远程超声机器人的应用可以减轻医生的工作负担，提高工作效率。

物资配送、消毒机器人是利用5G高带宽、低时延的特性，承担繁琐又重复的物资配送与耗材管理、消毒工作，不仅帮助医院护士降低了工作量，还减少了潜在危险。

智慧导诊服务机器人是用于接待大量的就诊患者，基于5G海量连接特性，机器人可以处理海量并发请求，实现人机对话的问询导诊、指路导航、预约挂号、业务咨询等功能，方便患者，有效提升医疗服务水平。

（2）AI辅助诊疗。随着计算机技术和医学影像技术的不断进步，医学影像已逐渐由辅助检查手段发展成为现代医学最重要的临床诊断和鉴别诊断方法。5G智慧医疗解决方案以PACS（Picture archiving and communication systems，医学影像信息系统）影像数据为依托，通过大数据＋人工智能技术方案，构建AI辅助诊疗应用，对影像医学数据进行建模，对病情、病灶进行分析，为医生提供决策支撑，提升医疗效率和质量，能够很好地解决我国医学影像领域存在的诸多问题，如诊断结果基本由影像医生目测和经验决定，误诊、漏诊率较高；具有丰富临床经验、高水平的影像医生短缺；等等。

（3）智慧院区管理。患者体征实时监测、院内人员安全管理、医疗设备全生命周期管理是智慧医院建设中的共同诉求。利用5G海量连接的特性，构建院内医疗物联网，将医院海量医疗设备和非医疗类资产有机连接，能够实现医院资产管理、院内急救调度、医务人员管理、设备状态管理、门禁安防、患者体征实时监测、院内导航等服务，提升医院管理效率和患者就医体验。

随着5G技术的日渐成熟，其大带宽、高速率、低延时的特点，将深刻影响我国医疗健康领域，极大地推进智慧医疗行业的发展，为推动健康中国建设作出积极贡献。

# 我国 5G+ 智慧医疗商业模式评估

根据 5G 商业模式七要素模型，结合当前我国 5G+ 智慧医疗发展现状，对我国 5G+ 智慧医疗商业模式进行客观科学的评估，从而探寻商业模式创新中存在的问题，以利于采取有效应对之策，促进我国 5G+ 智慧医疗行业长远健康的发展。

根据 5G 商业模式七要素模型，理想的 5G+ 智慧医疗商业模式可以描述为：建立高效的运营体系，拥有广聚合作伙伴的核心优势，以打造 5G+ 智慧医疗产业生态为目标，深入洞察医疗行业客户需求和痛点，广聚产业链合作伙伴，共同为医疗行业客户提供 5G 一体化产品和解决方案，能为 5G 运营商带来多元化的盈利模式和收入增量，真正使 5G 成为推动医疗行业数字化转型和运营商高质量发展的新引擎。

根据上述理想的 5G+ 智慧医疗商业模式描述，结合当前 5G+ 智慧医疗行业发展现状及大量应用案例，综合判断给出目前我国 5G+ 智慧医疗行业商业模式雷达图（见图 9-4）。

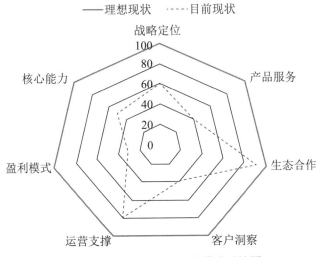

图 9-4　5G+ 智慧医疗商业模式雷达图

从图 9-4 可以看出，生态合作方面相对来说是包括电信运营商在内的 5G 运营企业做得最好的，的确是这样，目前产业链各方都充分认识到加强产业合作、打造产业生态的重要性，通过成立联盟、成立开放实验室、联合研发以及战略合作等形式，共同为医疗行业客户提供 5G 产品和解决方案。下面从一些案例足以说明。

（1）中国电信联合华为、蓝卫通、北京维卓致远等合作伙伴，为湖北武汉协和医院成功完成全国首例"混合现实技术＋云平台"远程骨科手术。

（2）中国移动与上海市第一人民医院共同成立 5G 智慧医疗联合创新中心。

（3）中国移动成都产业研究院与中兴通讯成立 5G 联合创新实验室，双方在行业专网技术研究和试点、MEC 技术规范制定和验证测试等方面开展了深度合作，同时基于 5G 切片、MEC、XR 等技术，双方携手在医疗等行业领域探索创新应用。2020 年 5 月，中国移动联合中兴通讯发布国内首个 5G 医疗边缘云平台。

（4）中国联通联合华为和青岛大学附属医院完成全球首例 5G 远程、超远程机器人手术。

可以看出，电信运营商拓展 5G 智慧医疗行业应用，生态合作成为企业重要战略，这方面表现应该是积极的，也是值得肯定的。

再者，相比较而言，运营支撑方面也值得肯定。因为我国三大运营商在面对垂直行业巨大市场，在运营支撑上进行了一系列改革和创新，通过强化专业化运营，成立面向医疗行业等运营中心、事业部、研究院或专业化公司（基地），强化内部生态协同，加强面向 5G2B 行业专业化人才队伍建设，深化机制体制建设，推进划小单元，充分授权，等等，这些都说明电信运营商通过建立强大的运营支撑体系为更好地拓展 5G+ 智慧医疗行业提供坚强的组织保障。

我们再看看电信运营商在 5G 战略定位上的表现，我总感觉电信运营商在这方面表现一般，做得比较好的地方是，在战略上高度重视 5G2B 市场的发展，在组织保障、资源投入、市场拓展、队伍建设、产品研发等方面在向 5G2B 市场倾斜，但在战略目标、战略定位、核心能力打造等方面的表现还不够明确，这些内容往往是企业战略经营最为重要的，如果目标不明、定位不准，就好像大海的航船迷失方向一样永远达不到彼岸。比如，面向 5G2B

的巨大蓝海，电信运营商肯定不甘心只做连接者，向 5G 行业一体化解决方案提供商转型是一种必然选择，这就需要电信运营商紧紧围绕这一战略目标进行系统部署和推进。否则，可能影响企业面向 5G2B 市场的总体布局，最终可能使运营商像错失互联网经济、移动互联网时代一样，再次错失 5G 智能互联时代。

与在生态合作、运营支撑和战略定位上的表现相比，企业在产品服务、盈利模式、核心能力、客户洞察等方面表现堪忧，应引起 5G 运营商的高度重视。下面进行分析。

首先我们看看运营商为医疗行业提供的 5G 智慧医疗产品服务到底提供的是什么样的产品。我这里先列举近年来三大运营商提供 5G+ 智慧医疗产品的应用案例。

中国电信为华西医院通过 5G 网络实现多地医疗会诊；2019 年 6 月，中国电信与北京积水潭医院合作完成全球首例骨科机器人多中心实时 5G 远程手术；2019 年 11 月，中国电信在北京发布 5G+ 云 +AI 智慧医疗解决方案。

2020 年 6 月，中国移动发布 5G 医疗边缘云平台产品；2019 年 10 月，中国移动联合华为为郑州大学第一附属医院建成全场景基于弹性切片的 5G 智慧医疗专网，并开展了 5G 远程急救、5G 示范病区；2019 年 11 月，中国移动与四川大学华西第二医院联合打造 5G+MEC 智慧医疗行业专网，并推出"1+3+5+N"智慧医疗创新体系，即 1 个平台，3 个基础应用，5 个成熟应用和 N 个创新应用的 5G 智慧医疗体系，这里我称之为中国移动的"华西模式"。如今，中国移动正打造 5G+MEC 智慧医疗行业专网，提供高质量端到端网络切片服务，拓展 5G 远程医疗、院内医疗、医院服务、医院管理、应急救援等应用领域，促进 5G 医疗应用示范与联合创新。

2019 年 3 月中国联通助力北京清华长庚医院实现全球首试 5G 多中心远程协同手术；2020 年 5 月，中国联通联合华为在新昌县人民医院成功部署 5G 专网，成功实现医共体智慧医疗；2020 年 2 月，依托中国联通 5G 网络和医疗云平台，北京清华长庚医院董家鸿院士、上海复旦大学附属中山医院葛均波院士、广州中山大学附属第一医院谢灿茂教授，为武汉雷神山医院的医疗队进行了一场重症病例的远程会诊。

从上述三大运营商提供的 5G+ 智慧医疗产品来看，总体上是充分发挥电信运营商 5G 以及云网融合优势，努力为医疗行业客户提供一体化解决方案。其中中国移动为华西医院提供 5G 专网以及"1+3+5+N"智慧医疗服务模式就是朝着这一方向努力的生动实践。但我们同时看到，诸多案例中，绝大多数应用案例电信运营商只是提供 5G 网络，为实现各类智慧医疗的应用场景提供 5G+ 云网＋专网的连接服务，而且提供的智慧医疗场景化应用是离散的，没有从整体解决方案进行体系化设计，在这一点上希望能引起 5G 运营商的重视。

商业模式创新最终目标是实现盈利。因此，盈利模式设计十分重要。目前，5G+ 智慧医疗处于发展的起步阶段，盈利模式虽然是清晰的，如连接费、云服务平台使用费、流量费、解决方案收费等，但目前如何收费、如何计费、价值如何分配等问题还不清晰，当前电信运营商在为医疗行业提供 5G 服务处于探索阶段，先给用户用然后再收费，盈利模式仍需要进一步探索。

关于客户导向和核心能力都是 5G 运营商拓展 5G+ 市场的非常重要的变量。企业拓展 5G+ 智慧医疗市场，应牢牢记住要坚持客户导向、为客户创造价值，这是企业经营的本质。但是我观察发现，在面向 5G2B 市场，一些 5G 运营企业仍然将客户导向远远地抛在脑后，仍是把过多精力花在关注竞争对手身上，做竞争分析，搞对标研究，完全是竞争导向，其根本原因是这些企业没有真正转变为以客户为导向的思维方式和管理模式。面向客户导向的时代，企业只有切实由竞争导向转到客户导向，并在经营策略、模式创新、产品研发等方面作出调整，努力帮助行业客户走向成功，企业才能最终赢得客户，赢得市场，赢得未来。

这次新冠疫情激发了 5G+ 远程医疗的快速发展，从目前 5G+ 垂直行业市场发展来看，5G+ 工业互联网、5G+ 智慧医疗发展最快，处于第一阵营，也是电信运营商重点发展的垂直领域，希望在这一市场攫取更大的盈利空间。当然进入这一新兴市场，沿袭传统的模式，用传统的做法肯定不行，在这一市场，电信运营商也不只是希望赚连接的钱，更希望占领产业链的中高端，这需要运营商重塑新型核心竞争力，尤其是具有医疗行业专业化运营能力，要有熟悉这一市场的专业化人才，更需要具有整合 5G+ 智慧医疗上下游产业链资源的能力。从目前电信运营商这方面专业化能力来看，仍需要进一步提升，要通过机制体制创新，为拓展 5G 垂直市场提供良好的组织保障。

从运营商 5G+ 智慧医疗行业商业模式分析来看，其实商业模式创新是一项系统工程，哪一环节出现问题或发展滞后都不利于商业模式创新和市场的成功。缺乏有效的盈利模式只是表象，最大的短板是在产品服务提供上，根本原因是缺乏专业化人才、专业化运营能力不足以及习惯传统的经营模式，只有这些方面协同推进，补足短板，5G+ 智慧医疗商业模式创新之路才会越走越宽。

# 5G+ 智慧医疗商业模式创新之策

商业模式是影响 5G+ 智慧医疗产业健康发展的关键要素之一，也是产业链各方实现共赢发展的重要动力。为更好地推进 5G+ 智慧医疗商业模式创新，建议从以下 4 点系统推进。

（1）把握客户核心价值需求，产品模式实现向 5G+ 智慧医疗一体化解决方案模式转变。目前，电信运营商向医疗机构提供的 5G 服务大多是满足医院远程医疗场景化的应用需求以及提供连接为主的服务，面对医疗行业客户一体化、多元化、综合化需求，电信运营商应努力为医疗行业客户提供一体化解决方案，重点做好以下几点。

一是积极打造 5G+MEC 智慧医疗行业虚拟专网。面对医院对高流量、低时延等应用场景需求，电信运营商要发挥好其专网建设中的独特优势，推动 5G 专网与医疗行业应用的深度融合，为医疗行业客户提供专属的高品质网络服务。要发挥运营商云网融合优势，打造 5G 切片 +MEC 医疗行业专网，实现无线侧资源调度、承载侧 FlexE 管道独享以及核心网侧边缘 UPF 下沉到院区，从而开辟一条 5G "专用车道"，充分保障院内医疗专网终端访问专网应用的时延和速率，为医院开展各种 5G+ 智慧医疗应用提供网络保障。

二是发挥运营商 5G+ 云网融合优势，为医疗行业客户打造医疗云服务平台。5G+ 云网融合为垂直行业客户打造 5G 新型信息基础设施，赋能行业变革和创新，推动垂直行业更好地进行数字化转型。坚持以云服务为基石，采用云网一体的架构，融合 5G 切片和边缘计算技术，打造 5G 智慧医疗边缘云平台，可一站式满足医疗行业的连接、计算、存储、中台、业务、安全等核心能力需求，提供可管可控的专属云网一体服务，实现医联体网络一体化直连、数据一体化交互、应用一体化共享。同时，实行对医疗云服务平台的开放，为各类应用提供标准开放接口，为各类智慧医疗应用提供基于云的统一部署和承载，联合合作伙伴进行智慧医疗应用的开发和部署，让患者在远端就可以方便快捷地享受各类医疗服务。

三是学习中国移动"华西模式"，努力为医疗行业客户提供"专网＋平台＋应用"智慧医疗一体化产品服务体系。中国移动的"华西模式"是体系化地帮助四川大学第二医院提供智慧医疗解决方案，其核心是提供"专网＋平台＋应用"的服务模式，得到国家卫健委、四川卫健委和华西医院的高度认可。因此，电信运营商为医疗垂直行业客户提供整体化解决方案是正确选择，这种模式具有整体性、开放性、可复制性等优势，其核心是不仅提供专网服务，更为重要的是要打造平台，提供智慧医疗应用服务，这种模式能更好地满足医疗行业客户智慧医疗的需求，更好地推动医疗行业信息化发展。

（2）创新合作模式，努力打造 5G+ 智慧医疗新生态。生态合作是满足医疗行业用户需求的重要手段。如何更有效地开展生态合作，让各方能够在合作中获得利益非常重要，合作模式创新可以说是为实现共赢发展开创了条件。实践中，电信运营商要积极探索多元化的合作模式，为此，电信运营商要以为客户打造 5G 智慧医疗行业专网、为医疗行业客户提供一体化解决方案、打造医疗应用平台、成立联合创新中心和联合开放实验室等为抓手，广聚合作伙伴，同时可以通过成立 5G 智慧医疗产业联盟以及积极有效地开展资本经营等方式，加强生态合作，开展资本经营尤其要快速高效地与医院、设备商、方案提供商等合作伙伴共同成立合资公司，共同拓展 5G+ 智慧医疗这一蓝海，实现多方共赢。

（3）积极探索可持续的盈利模式。我们以电信运营商为医疗行业客户（医院）提供体系化、一体化解决方案来说，盈利模式来源呈现多元化特征，如使用 5G 网络的连接费，根据流量进行计费；打造平台，通过开放进行变现；基于 5G 专网实现的远程手术、远程查房、远程会诊等应用分成收入（由医院向客户按每次远程诊疗收取费用，再与运营商进行分成）、一体化解决方案项目收费（即 DICT 项目收费）、网络维护费和基站等网络设备租赁费等。在 5G+ 智慧医疗发展初期，可以先为客户提供整体化解决方案，让用户先体验然后再收费。

（4）积极推进智慧医疗行业发展的专业化运营。面对 5G+ 智慧医疗的巨大蓝海，用传统模式肯定不行，需要专业化运营，这方面可以成立智慧医疗事业部或者智慧医疗专业化公司或基地，或成立智慧医疗合资公司，专业化运营要实行"特区制"，按照划小的要求，通过机制体制创新激发拓展 5G+ 智慧医疗行业市场的积极性和主动性。2020 年 11 月，中国电信政企体制改革成立的卫健行业事业部就是推进 5G 垂直行业专业化运营的最佳实践。要通过内部培养和外部引进等方式，打造一支熟悉医疗行业、精通 5G 等信息技术、善运营的专业化队伍，为我国 5G+ 智慧医疗发展提供强有力的人才保障。同时，企业要在统筹推进、考核激励、充分授权、内部协同、资源支持等方面为专业化运营创造良好的环境，助力专业化运营走向成功。

总之，5G+ 智慧医疗带来了更高效的就诊体验、更便捷的医疗服务，更公平、开放的医疗资源供给，为促进 5G+ 智慧医疗持续健康的发展，更需要产业链各方携手并进，不断推进应用创新、模式创新、技术创新和机制体制创新，拓展更加多元化的营收模式。

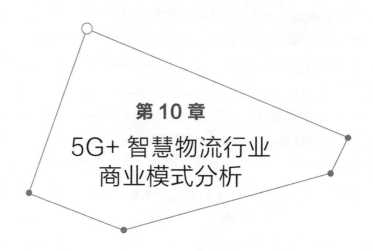

# 第10章
# 5G+智慧物流行业
# 商业模式分析

　　广义的物流包含了企业内外部的货物流通，涉及生产、流通、消费的各个环节。物流行业不仅是制造业的供血中心，也是虚拟经济与实体经济的桥梁。如今，物流业已成为我国国民经济的重要组成部分，在推动经济发展中发挥着越来越重要的作用。

　　中国是物流大国，但还不是物流强国，物流整体发展水平在全球160多个经济体中排名第26位，与发达国家相比还存在成本高、效率低等问题，如何降本增效打造智慧物流，成为摆在产业界面前的难题。

　　在现代物流系统中，信息技术是核心，通过信息技术，将各项物流功能活动有机地连接起来，从而减少物流成本，提高物流效率。随着信息技术的进步，物流业发展日新月异，从最初的手动分拣到自动化识别再到无人技术，每次技术的升级都给物流行业带来巨变。

　　近年来，在经济全球化和电子商务的双重推动下，传统物流正在向现代物流迅速转型并成为未来的发展趋势，智慧物流成为推动现代物流转型升级的关键因素。加快5G融入传统物流行业，是物流行业打造新装备、新业态和新模式的催化剂，是推动物流行业数字化、网络化、智能化的重要力量，是实现国家新基建战略的有效举措和重要实践。随着5G技术的推广应用，国内物流行业正迎来新的发展机遇，5G智慧物流市场前景广阔。

# 5G 赋能现代物流，推动物流业变革

5G 具有高宽带、低延时、广连接三大特征，5G 与人工智能、物联网、大数据、云计算等技术的结合是智慧物流发展的关键。现代物流是指将信息、运输、装卸、存储、包装等物流活动综合起来的一种新型的运营管理活动。物流系统往往包括运输、储存保管、包装、装卸搬运、配送、物流信息等要素，这些都离不开信息技术，信息技术的发展推动物流业变革，反之，物流业的快速发展尤其是电商的迅猛发展又倒逼物流业技术升级。5G+ 智慧物流的应用场景贯穿从生产组装到运输管控再到分拣配送的全流程，涉及产品生产、流通、消费的全环节，5G 赋能将为物流行业带来巨大变革，5G+ 智慧物流成为现代物流业的发展趋势，必将推动传统物流行业走上降本增效转型之路。

那什么是 5G+ 智慧物流呢？5G 又是如何改变物流呢？5G 技术的发展和应用推动物流行业的变革，最为关键的是 5G 与 IOT、人工智能、云计算、大数据等技术的有效结合，5G 和 IOT 的结合，真正实现了人、设备、车及货物等万物互联，伴随物流业发展，其产生大量的数据；云计算、人工智能和大数据的发展，让数据处理能力变得更强，数据挖掘的价值更大，快递再多都不怕；自动驾驶、AGV、无人车及无人机的实际应用也将在 5G 技术的推动下进入实用阶段，从而提升物流工作效率。

5G+ 智慧物流是指基于 5G 低时延、大带宽、大容量的技术优势，并利用物联网、云计算、大数据、人工智能、AR/VR、机器人等关键技术，实现物流资源的在线化、自动化、数字化和智能化，提高物流系统分析决策和执行效率，降低社会物流成本，推动物流行业迈向智慧物流时代。

5G 网络结合物联网、大数据、人工智能、云计算等新技术加速智慧物流发展，主要体现在物流园区、仓库和配送的智能化、自动化作业、数字化运营，实现了运输、仓储和配送物流网络的最优化布局，提高了物流供应链上下游协同效率。如今，5G 在物流行业得到广泛应用，正助力物流业的变革和创新。主要体现在以下几个方面：

一是 5G 技术的应用推动物流高度互联。利用 5G 广连接的特性，基于

物联网 +MEC+AR/VR 实现仓储机器人、装备设施、货物联网，推动智能仓储；利用 5G 高速率、低时延特性，基于物联网、云计算、AI 实现智慧园区和 AGV 的云化调度，提升物流的生产效率和人员、车辆、运维等管理能力；利用 5G 低时延、高带宽特性，基于物联网保障无人车、无人机安全驾驶和飞行，实现智能配送；利用 5G 高带宽特性，基于物联网、区块链等技术，实现智能安防。

二是 5G 技术的应用推动物流智能化。随着现代物流的飞速发展，科技水平的日新月异，物流智能化是现代物流的发展趋势。5G 技术与 AI、IOT、GIS（Geographic Information System，地理信息系统）等技术的结合，使人脸识别、自动驾驶、辅助决策、智能机器人、无人机配送等成为现实，从而推动物流智能化。

三是 5G 技术的应用推动仓运配一体化。所有物流因素都可以数字化，所有物流要素都可实现互联互通。因此，通过 5G 与云计算、IOT、大数据、人工智能等关键技术的融合应用，能够实现从订单—生产—物流—运输—配送—门店 / 个人的智慧物流全流程贯通，可将人货场、仓运配链条打通，实现仓运配一体化。

自 2019 年 6 月 6 日我国颁发 5G 牌照以来，5G 赋能千百行业呈现蓬勃发展之势，推动各行各业数字化、智能化转型。5G+ 物流进程不断加速推进，广大物流企业加速 5G 布局。物流场景化应用是企业数字化、智能化改造的首选，5G 赋能注智智慧物流主要包括 5G 物流园区、5G 物流仓储和 5G 物流配送。

## 5G 物流园区

5G 物流园区是依托 5G 网络通信技术，通过 AI、IOT、AR/VR、自动驾驶、机器人、无人机等智能物流技术和产品融合应用，打造高智能、自决策、一体化的智能物流示范园区。推动所有人、机、车、设备的一体互联，包括自动驾驶、自动分拣、自动巡检、人机交互的整体调度及管理，实现物流园区从"被动型传统管理"到"主动型智能管理"的巨大转型。

## 5G 物流仓储

5G 作为人工智能技术在物流仓储数据通信渠道，仓储 AGV 小车、堆垛机、智能机器人等硬件设备就是数据通信的载体和执行单元，结合 MEC、5G 切片与 AR 技术最终实现自动化仓储作业环境。同时，针对仓库的作业环境，通过将 5G 室内定位技术与蓝牙、超宽带无线电（Ultra Wide Band, UWB）、二维码等结合，使得周转过程中的每一个元素都可以被感知和被追踪，结合不断优化的大数据平台进行分析，使企业的物流能力进一步优化和提高。

## 5G 物流配送

基于 5G 网络超大带宽能力以及人工智能、物联网等新一代信息技术，无人配送、自动化分拣等技术得到广泛使用，新冠疫情期间，催生出"无接触式配送"的服务模式。同时，基于 5G 技术实现对物流全过程的实时追踪和高清视频监控，可将视频监控画面精准可视化展现，并实时进行监控、计算、分析和预警，为物流运输保驾护航。

可以看出，5G 给物流行业带来了三方面的变化：①智能设备和设施智能化和 5G 化；②人与车、货、仓的互联互通，物联网和 AI 技术将车、货、仓拟人化，并与人沟通联动，实现更高效的互动；③服务的动态化、透明化和智能化。

总之，5G 技术结合物联网、云计算、大数据、AI 等信息技术加速智慧物流发展，主要体现在物流园区、仓库和配送的智能化、自动化作业、数字化运营和一体化服务，从而提高物流供应链上下游协同效率，实现运输、仓储和配送物流网络的最优化布局。

# 5G+ 智慧物流发展现状及主要特征

当今，随着我国电商的迅猛发展，以 5G、物联网、AI、云计算为代表的新一代信息技术的快速发展以及国家政策的推动，尤其是 2020 年新冠疫情进一步激发物流行业 5G 应用需求，我国 5G+ 智慧物流取得了前所未有的发展，在服务国民经济发展、满足人们美好生活需要中发挥了重要作用。从近年来我国 5G+ 智慧物流发展现状来看，主要呈现以下几个特征：

## 国家政策助力 5G+ 智慧物流行业健康发展

国家一直高度重视智慧物流的发展，2016 年出台《"互联网＋"高效物流实施意见》，提出"构建物流信息互联共享体系、提升仓储配送智能化水平、发展高效便捷物流新模式和营造开放共赢的物流发展环境等四项主要任务"。2019 年 2 月出台了《关于推动物流高质量发展促进形成强大国内市场的意见》，提出"支持物流园区和大型仓储设施等应用物联网技术，鼓励货运车辆加装智能设备，加快数字化终端设备的普及应用"。2020 年 4 月国家邮政局、工信部联合出台了《关于促进快递业与制造业深度融合发展的意见》，提出"加快推动 5G、大数据、云计算、人工智能、区块链和物联网与制造业供应链的深度融合。支持制造企业联合快递企业研发智能立体仓库、智能物流机器人、自动化分拣设备、自动化包装设备、无人驾驶车辆和冷链快递等技术装备，加快推进制造业物流技术装备智慧化"。2020 年 6 月，国家发改委、交通运输部联合印发《关于进一步降低物流成本实施意见的通知》，提出"推进新兴技术和智能化设备应用，提高仓储、运输、分拨配送等物流环节的自动化、智慧化水平"。2021 年 3 月全国两会政府工作报告中提出"建设信息网络等新型基础设施，发展现代物流体系"。

从国家政策来看，围绕促进智慧物流的发展，推广应用物流新科技、新技术、新设备等提出了系列鼓励和支持政策，有效推动 5G、物联网、大数据、云计算、人工智能等新一代信息技术与物流的深度融合，成为促进我国 5G+ 智慧物流快速发展的重要力量。

## 我国智慧物流业发展迅猛

我国是全球物流大国，经过 30 多年的发展，物流业已经发展成为重要的现代服务业，是国民经济的支柱产业。2013 年，我国物流市场规模首次超过美国，位居全球第一。2019 年，我国社会物流总额达到 298 万亿元，2020 年，我国物流业克服新冠疫情的影响，社会物流总额迈上三百万亿元台阶，达到

300.1 万亿元，有力支撑国民经济发展。

近年来，国家发布了多项政策以促进"智慧物流"的快速发展，在政策支持和技术升级的共同推动下，我国智慧物流发展明显提速。根据网经社发布的《2019 年度中国物流科技行业数据报告》的数据显示（见图 10-1），2012—2019 年期间，我国智慧物流行业的交易规模增速基本保持在 20% 以上，处于高速增长阶段；2019 年，智慧物流交易规模约为 4 872 亿元，同比增长19.55%，预计 2020 年中国智慧物流市场规模将达 5 850 亿元，2025 年我国智慧物流市场规模将超过万亿元。

从智能物流装备发展来看，也可看出智慧物流发展加快。物流 AGV 小车 2014 年我国市场销量为 0.34 万台，2015 年达到 0.45 万台，同比增长34.4%，2017 年我国 AGV 市场销量增至 2.19 万台，2018 年这一数据迅速上升到 2.96 万台，较 2017 年增长 35%，2019 年我国 AGV 小车市场销量达到 3.34万台。如今 AGV 小车在物流等行业得到广泛应用。

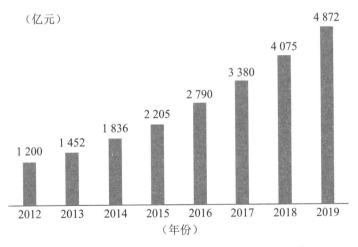

图 10-1　2012—2019 年我国智慧物流交易规模

## 我国 5G+ 智慧物流应用加速落地

5G 技术为发展智慧物流提供了强大的支持，随着我国 5G 商用进程的加快推进，5G 技术广泛应用于智慧物流各种场景，5G 正加速与物流行业融合。主要体现在以下四个方面。

一是 5G+ 智慧物流在应对疫情防控中发挥了重要作用，进一步激发了 5G 在物流行业的广泛应用。在应对新冠疫情中，我们看到一些骨干物流企业积极运用 5G、物联网、大数据、人工智能等新技术。精准投递、无人运输、无接触配送等智慧物流新场景全面爆发，开启了物流业新的发展空间，在提高物流效率、减少人员交叉感染方面发挥了重要作用，对促进物流业高质量发展具有深远影响。如送餐机器人上岗，将饭菜送到每一个隔离观察点房间；无人机装载送检标本，从医院送往疾控中心，大大缩短了送检时间；智能无人车、智能无人机送快递，最大程度减少人员接触……

二是 5G+ 智慧物流得到广泛应用，各类应用案例不断涌现，5G+ 智慧物流发展驶入快车道。5G 技术推动物流行业的变革，成为推动物流行业数字化转型的新动能，促进了各类新应用、新场景的进一步落地，出现无人机配送、自动化分拣、物流设备产品 5G 化（如 5G AGV 等）、5G 物流园区、5G 无人叉车、5G 无人仓库、智能物流机器人等。如今，5G 技术的广泛应用，对促进物流业创新和发展发挥着重要作用。

三是越来越多的物流企业 5G 意识不断增强，引入和运用了 5G 技术。如今，物流行业全面进入科技时代，以技术创新推动物流业发展成为行业共识。随着 5G 时代的到来，5G 等新一代信息通信技术越来越得到广大物流企业的青睐。如京东运用 5G 技术打造智能物流示范园，浙江杭叉集团推出智能仓储，苏宁物流 5G 无人仓正式落地，圆通与菜鸟、中国联通共同打造的国内首个 5G 超级机器人分拨中心……这样的企业我们还可以列出很多很多，也就是说越来越多的物流企业紧跟技术发展潮流，以应用 5G 技术为消费者带来更好的物流体验，不断提升企业市场竞争力。

四是从市场需求来看，5G+ 智慧物流市场潜力巨大。从 5G+ 智慧物流需求主体来看，我国规模以上物流园区超过 1 600 个，A 级物流企业达到 6 132 家，还有大量的物流中心、分拨中心和末端配送网络以及各类港口、空港、铁路运输等，它们对物流网络化、数字化、自动化、智能化需求更高。电商、快递物流的快速发展以及新零售的发展对智慧物流提出新的要求。伴随我国电子商务的迅猛发展，我国快递业保持持续增长的态势（见图10-2），2019 年，我国快递业业务量累计完成 635.2 亿件，同比增长 25.3%；2020 年，受新冠疫情市场需求的拉动以及我国经济的逐步恢复，我国快递业务量突破 800 亿件，达到 830 亿件，较上年增长 30.6%。快递业的快速发展必将加速物流仓储、运输、分拣、配送等环节的智慧化升级；新零售推动了线上线下全渠道的数字化改造，客观要求建立起快速响应的敏捷物流体系。对物流各个环节智慧化升级提出新的要求。此外，工业物流的发展进一步激发广大工业制造企业对智慧物流的需求。可以看出，从需求侧来看，社会对物流行业智慧化升级需求潜力巨大，为 5G 的融合发展创造了巨大的蓝海。

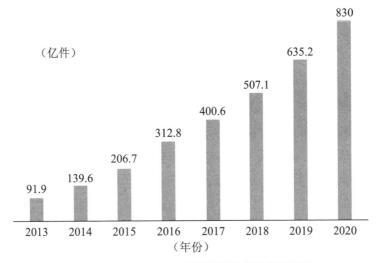

图 10-2　2013—2020 我国快递业务量增长情况

　　总的来说，我国智慧物流业发展迅猛，以 5G 为代表的新一代信息技术正推动物流行业变革前行。但我们同时看到，我国是物流业大国，还不是物流业强国，与美国、日本等发达国家相比，我国的智慧物流尚处于初级阶段。因此，加快 5G、物联网、AI、云计算等新技术与物流行业的深度融合，推动智慧物流高质量发展任重而道远。

## 从应用案例看 5G+ 智慧物流商业模式创新

　　要更好地推进 5G+ 智慧物流商业模式创新，我们首先从大量应用案例着手，看看目前 5G+ 智慧物流商业模式创新进展情况如何？目前存在哪些短板和问题？下面是近年来 5G+ 智慧物流的一些应用案例。

### 案例 1：杭叉 5G 无人叉车

中国电信浙江公司与杭叉集团共同探索 5G+ 智能仓储项目——5G 无人叉车，其具备自动行驶、搬运货品、避让障碍、遇人停车等一系列物流仓储应用功能。5G 无人叉车主要是通过 5G 网络的低时延接收云端调度系统的实时控制，可大幅降低系统成本，同时通过 5G 边缘计算节点可实现智能调度多台无人叉车协同工作，形成高度智能、自主决策、一体化装卸的智能仓储解决方案。

### 案例 2：昆船 5G+ 智慧物流解决方案

2020 年 6 月，中国移动联合华为、倍福等公司，为昆船提供智慧物流解决方案。中国移动云南公司联合华为提供的 5G 端到端解决方案，包括 5G 核心网、承载网、无线接入网和 5G 智能终端等，在昆船物流园区部署 5G 室内外一张网。依托中国移动在昆船工业园部署的 5G 网络，昆船物流成为全球首批成功实现 5G 技术在工业自动化物流系统应用的企业。在园区，从原料搬运、质量检测、生产总装、成品存储出库、销售配货、在途运输等流程均可实现无人作业模式。

### 案例 3：京东 5G+ 智慧物流园区

京东与电信运营商合作，建成的首个 5G 智慧物流园区落户上海嘉定。依托 5G 网络通信技术，通过 AI、IOT、自动驾驶、机器人等智能物流技术和产品融合应用，打造高智能、自决策、一体化的智能物流示范园区。

目前，5G 智慧园区实现智能车辆匹配、自动驾驶覆盖、人脸识别管理、全域信息监控、无人重卡、无人轻型货车、无人巡检机器人；基于 5G 提供园区内无人机、无人车巡检以及人防联动系统，实现人、车、园区管理的异常预警和实时状态监控；实现自动入仓及出仓匹配、实时库容管理、仓储大脑和机器人无缝衔接、AR 作业、包裹跟踪定位等场景。

京东物流联合 5G 运营商打造 5G+ 智慧物流园区，已推动各类 5G 智慧物流应用的创新和落地，实现物流全环节人员、设备、数据的互联和园区、仓储、站点、车辆、末端设备等全流程基础设施的互通，正逐步形成 5G 在物流行业的标杆应用和技术标准。

### 案例 4：韵达 5G 无人机配送

2019 年 8 月 14 日，韵达 X470 无人机在浙江省桐庐县张家坞村完成了首次载货飞行。韵达 X470 无人机结合 5G+ 物流无人机技术，以物流 5G 无人机为切入点，完成了 5G 赋能快递行业的实际应用。韵达 X470 无人机真正实现了无人化、智能化的快递派送，与传统的人力配送相比，效率更高，人力成本和时间成本更省。

### 案例 5：宝钢 5G 智能仓储

宝钢与中国电信合作，打造 5G 智能仓储。中国电信为宝钢提供了 5G+MEC+AI 智慧物流解决方案。目前建设的 8 个 5G 站点，引入了 MEC、车载 CPE。利用 5G+MEC，实现 AGV 上产生、采集、拍摄到的多种数据信息与本地业务应用系统保持低时延、高可靠的连接与通信。使用 MEC 边缘计算设备，为无人驾驶车辆的调度分析软件提供计算能力，将车辆采集的音视频数据在 MEC 上进行快速分析，实现全局定位、环境判断、车辆协同、危险预警等。目前已实现无人驾驶 AGV、高清监控、无人化钢材成品仓库、无人车等智能物流应用。

### 案例 6：圆通 5G 超级机器人分拨中心

2018 年，圆通速递与菜鸟联手在圆通杭州转运中心打造的超级机器人分拨中心，使用 350 台机器人对快递进行分拣。由于 4G 速率有限，行业内通常使用 Wi-Fi 网络调度机器人，但 WiFi 网络覆盖范围小，需要频繁切换网络，存在网络不稳定以及网络延时等问题，影响机器人运行效率。

随着 5G 时代的到来，圆通速递、菜鸟、中国联通三方在 2019 年 4 月启动升级计划，将这一分拨中心升级为 5G 超级机器人分拨中心，这也是国内首个 5G 超级机器人分拨中心。

通过中国联通提供的 5G 无线通信技术解决方案，圆通智能分拣机器人在整个工作区内（包括在货架下方穿行）均行驶流畅，业务通顺，整个仓库运行稳定，将彻底解决传统 Wi-Fi 方案引发的频率智能分拣机器人受工厂设备高频干扰、终端接入受限、网络切换失败、高速调度请求、机器人停驶等难题，提升物流仓库的整体运营效率和稳定性，同时大大降低人工干预的成本，为未来的 5G 智能物流等智能分拣机器人应用创新开拓新的应用实践。

同时通过连入 5G 网络的 VR 全景视频摄像头，将 5G 物流智能分拣场的监控视频画面实时回传，管理人员可实时查看全景的 VR 监控画面，大幅度降低了管理成本，提升了信息化水平。

通过上述 5G+ 智慧物流应用案例，我们对目前 5G+ 智慧物流商业模式现状做出如下判断。

（1）从 5G+ 智慧物流产品来看，目前以满足场景化应用为主体，正逐步向提供 5G+ 智慧物流解决方案方向转变。但我们同时看到，电信运营商在提供 5G+ 智慧物流解决方案中，更多的是承担网络提供商的角色，满足客户网络连接需求，而且解决方案也是满足客户场景化或多场景化需求的网络解决方案，在切入用户生产经营全流程、打造物流平台等方面做得还不够，与我们理想的一体化解决方案尚有差距，这应引起电信运营商的高度重视。

（2）产业合作推动 5G+ 智慧物流健康发展，但产业生态建设仍需加大力度。京东与中国电信的战略合作，为京东物流提供智慧仓储、自动化物流运输、增强现实物流应用、智能交通等 5G 解决方案；中国移动与华为、倍福等公司合作，共同为昆船提供智慧物流解决方案；再如浙江移动与菜鸟物流签署 5G 智慧物流战略合作协议，致力于通过 5G 技术，推进菜鸟物流无人车应用，提升用户体验；中国联通与菜鸟和圆通合作，共同在杭州打造 5G 快递分拨中心；中国联通联手中国邮政战略合作，双方将探索物联网、大数据、云网一体、5G 等新技术，推进智慧物流平台建设，等等。战略合作、项目合作正成为产业链各方拓展 5G 物流行业市场的重要战略选择。但我们同时看到，在智慧物流行业，目前开展的战略投资、成立合资公司等资本经营型合作还不多，这方面有待加强，5G+ 智慧物流生态建设仍需持续推进。

（3）5G+ 智慧物流仍处于发展的初级阶段。我国 5G 商用只有 1 年多时间，虽然目前 5G 在物流行业得到广泛应用，很多 5G+ 智慧物流应用是分阶段实施的，目前更多是处于满足场景化需求阶段，投入大，产出少，还没有找到可复制推广的模式。此外，5G 标准继续向 R17 演进，未来 R17，甚至是 R18 将支持更多、更复杂的垂直行业和交叉行业的应用场景。综合判断，目前 5G+ 智慧物流仍处于导入期，加快 5G+ 智慧物流发展仍需产业链各方共同努力。

（4）盈利模式不太清晰。我通过互联网以及传统媒体翻阅了很多 5G+ 智慧物流案例，始终没有看到盈利模式。从调查了解到，目前电信运营商收费模式最大的一项收入是项目费用，也就是为物流企业完成某一场景化解决方案这一项目而收取的费用，即解决方案收入模式，此外还有流量收费。目前不少项目处于用户先用后收费阶段。可以看出，良好的盈利模式还没有建立起来，不利于打造持续健康的 5G+ 智慧物流产业生态。

（5）专业化运营仍需提升。专业化运营是 5G+ 智慧物流发展的重要组织保障。我们在实践中看到一些企业在集团层面成立了交通物流等行业事业部，这是企业加大拓展垂直行业市场的重要战略举措。但我们同时看到，各地市公司主要还是依靠自己的力量来满足客户需求，它们比较一致的做法是找合作伙伴，共同为客户提供 5G+ 解决方案，虽然是集成者，但盈利模式比较单一。这样的组织设计有两个问题：①集团公司层面的事业部不可能满足全国行业客户 5G 个性化需求，就算集团层面事业部人再多也不能实现这一目标；②地市公司由于缺乏 5G 以及垂直领域专业化能力或缺乏一体化解决方案的支撑，难以满足客户 5G 一体化解决方案需求。这一对矛盾客观存在，需要我们在推进 5G 垂直行业专业化运营方面加以解决，解决得好，生产关系适应生产力发展了，才能为 5G 垂直行业发展释放红利。

总之，从目前 5G+ 智慧物流行业商业模式分析来看，商业模式最大的瓶颈出在专业化运营、产品和服务、盈利模式三个方面。其实商业模式创新是一项系统工程，哪一环节出现问题或发展滞后都不利于商业模式创新和市场的成功。缺乏有效的盈利模式我想只是暂时现象，最根本的是需要企业在机制体制方面进行创新，加快引进和培养一支专业化 5G 垂直行业队伍，提升专业运营能力，努力为广大物流企业提供一体化的 5G 解决方案。唯有如此，才能更好地推进 5G+ 智慧物流商业模式创新，5G+ 智慧物流才能获得更好更快的发展。否则，企业必将走向依靠连接的老路，这方面的经验教训是深刻的，面向 5G 时代，我们应回归商业模式本源上来。

# 5G+智慧物流四大商业模式

商业模式创新解决的是企业可持续发展的问题，应充分认识到5G+智慧物流商业模式创新的重要性和紧迫性。商业模式创新要坚持问题导向、价值导向、市场导向和创新导向，正确处理好短期利益和长期利益之间的关系，抓重点，求突破，谋发展，树标杆，求实效。我结合智慧物流行业发展现状，给出5G+智慧物流四大商业模式，即5G+场景化模式、5G+智慧物流一体化解决方案模式、生态模式和专业化运营模式。

## 5G+智慧物流场景化模式

场景化模式是指应用5G技术满足物流全链条中某一环节或某一场景的需求，从而提升物流工作效率，为客户带来全新的客户体验。如圆通与菜鸟、联通共同打造的5G超级机器人分拨中心、苏宁5G无人物流配送车、京东的智能物流机器人、宁波港的无人集卡、江苏江阴港吊机5G远程监控、浙江杭叉集团智能仓储、沈阳移动联合国网电力沈阳物资公司打造的5G智能仓库……这些都是包括运营商在内的5G运营企业满足客户物流某一环节或某一场景需求而提供的5G服务。

场景化服务模式是当前包括物流企业、电商、零售企业在内的物流企业5G的主要应用需求。满足物流企业场景化需求是包括电信运营商在内的5G运营企业拓展5G物流行业的第一步，也是关键一步。最为重要的是切实解决满足物流企业的痛点，真正提高物流运营效率，切实降低物流成本。

场景化模式本质是产品模式，在这一模式下盈利模式主要有场景化需求项目收入、场景化运营过程中5G流量收费、满足用户场景化的定制切片服务收费等。相比之下，盈利模式来源不够多元，这客观需要电信运营商由场景化模式向一体化解决方案模式转变。

## 5G+智慧物流一体化解决方案模式

我看到很多案例介绍电信运营商为物流企业提供无人机配送解决方案，还有智能仓储解决方案、智慧停车解决方案、智能机器人解决方案等，这些解决方案只是站在物流某一环节或某一场景或某些场景下来设计的。我这里提出的 5G+ 智慧物流一体化解决方案模式更多是站在物流企业总体网络化、数字化和智能化转型的角度进行的系统设计，不仅要满足物流企业场景化应用需求，更要切入物流企业生产运营全流程，并将 5G 技术与物联网、大数据、云计算、AI、区块链等新一代信息技术结合起来，为物流企业提供整体的、系统化的、分阶段实施的综合解决方案。

图 10-3 是为物流企业提供 5G+ 智慧物流一体化解决方案的示意图，从中我们看到，5G+ 智慧物流一体化解决方案是从满足物流企业全流程的角度进行设计的。主要包括以下内容。

图 10-3　5G+ 智慧物流一体化解决方案架构图

（1）为物流企业提供 5G+MEC 专网通信保障。发挥电信运营商 5G+ 云网融合优势，为物流企业打造出一张深度覆盖的 5G 网络，提供的 5G 端到端解决方案（包括 5G 核心网、承载网、无线接入网、5G 行业 CPE、集成模组的终端设备等），基于 5G+MEC 端到端切片独立专网，结合物联网、AI、大数据等技术，实现了园区智能安防、无人配送、智能仓储、远程数据采集等应用创新，提高了设备调度系统的准确性、灵活性、自主性和物流智能化水平。

（2）打造物流平台，提供平台开发、运营和服务。5G+ 智慧物流平台是核心，电信运营商拓展 5G 智慧物流市场，一定要切入物流企业运营的平台开发，提供平台服务。为此，电信运营商要发挥自身云网融合优势，联合物流产业链的合作伙伴，为物流企业提供物流云服务平台和物流连接管理平台。物流云服务平台是一个开放、共享的能力平台，面向客户、面向生态、面向市场开放赋能；物流连接管理平台实现了对物流连接设备、终端和网络运营状态的跟踪、监控、分析、预警，实现了智能设备（如 AGV 小车、无人机、叉车、智能机器人等）的远程云化控制等，帮助物流企业更高效地提升物流信息化水平。

信息和数据是物流行业的主动脉，开发和打造智慧物流业务信息管理平台是物流企业的核心。智慧物流业务管理平台是以 5G、物联网、人工智能和信息化技术为基础、贯穿整条物流供应链的综合性物流业务平台，通过畅通的信息共享及丰富的物流应用服务，整合供应链物流资源，实现物流全过程的信息化监控、可视化管理和智慧化决策，助力物流企业数字化转型。电信运营商应与物流企业充分合作，努力切入物流核心流程，提升自身核心能力，提供平台服务。

（3）开放赋能，提供定制的产品和解决方案。5G 技术要充分与物联网、AI、大数据、云计算、区块链、AR/VR 等技术有效结合，提升"云、网、端、边"服务能力，赋能物流行业，根据物流企业的差异化需求，实现定制化产品、网络和服务的组合，提供综合性解决方案，向垂直行业用户输出集成 5G 网络、AI、大数据的智慧物流产品和解决方案，从而更好地满足智慧物流综合业务需求，提升物流智能化水平。

## 生态模式

生态合作是拓展 5G+ 智慧物流行业的重要策略选择，并在实践中得到广泛应用。如何实施生态战略，更有效地开展生态合作？关键要做到以下几点。

（1）明确目标。也就是以为物流企业提供 5G+ 智慧物流一体化解决方案为目标，努力打造资源共享、价值共创、融合融通、互利共赢的 5G 智慧物流产业生态。

（2）创新生态合作模式。电信运营商以打造智慧物流云服务平台、推进平台开放、广聚合作伙伴，以及通过成立联合创新中心和联合开放实验室等为抓手，开展产学研联合研发，共同为物流行业提供 5G 产品和解决方案，更好地满足物流行业客户需求；通过成立 5G+ 智慧物流行业联盟，发挥联盟力量，积极开展战略合作；积极有效地开展战略投资、成立合资公司等资本经营活动。实践中，应尝试与物流企业、设备商、方案提供商等合作伙伴共同成立合资公司，共同拓展 5G+ 智慧物流这一新蓝海，实现多方共赢。2018年 11 月，中国电信与传化集团联合成立天翼智联科技有限责任公司，就是通过成立合资公司拓展智慧物流的一次成功实践。

（3）实现价值分配，让生态各方在合作中获得利益。只有为物流行业客户创造价值，才能最终实现生态共赢。在为客户创造价值的同时，做好价值分配，更为重要的是要拓展多元化的收入渠道，这有利于调动生态合作的积极性和主动性。在目前盈利模式处于探索阶段时，更应注重生态合作的长期性，不能为牺牲短期利益而影响长期利益，要在为物流行业用户提供 5G+ 智慧物流一体化解决方案的基础上，努力拓展多元化收入来源，如连接收费、一体化解决方案收费、平台开放变现、平台增值服务收费、流量收费、网络维护收费、定制化网络切片收费、网络和设备租赁收费等。

## 专业化运营模式

面对 5G+ 智慧物流的巨大蓝海，用传统模式肯定不行，而需要专业化运营，更需要 5G 运营商在组织模式上进行优化和调整。2020 年 9 月，中国电信宣布成立十大行业事业部就是组织模式创新的直接体现，也充分展示了中国电信大力拓展政企行业市场的决心。

专业化运营，在组织模式上，要成立智慧物流行业事业部或者智慧物流专业化公司或基地，或成立智慧物流合资公司，专业化从事智慧物流行业的市场拓展；成立智慧物流产业研究院，重点开展垂直行业产品研发、技术攻关和生态合作等工作；省市公司成立专业化 5G 智慧物流运营中心。

专业化运营，在市场拓展上，要形成事业部 / 专业公司、产业研究院、省市公司运营中心相互协同的机制，共同面对市场，形成合力，快速满足用户需求。

专业化运营，在机制上，要实行"特区制"，按照划小承包的要求，通过机制体制创新激发拓展 5G+ 智慧物流行业市场的积极性和主动性。

专业化运营，在人才队伍建设上，要通过内部培养和外部引进等方式，打造一支熟悉物流行业、精通 5G 等信息技术、懂市场、善运营的专业化队伍，为 5G+ 智慧物流发展提供强有力的人才保障。同时，企业要在统筹推进、考核激励、充分授权、内部协同、资源支持等方面为专业化运营创造良好的环境，助力专业化运营走向成功。

总之，5G+ 智慧物流推动了物流行业的变革和创新，为客户带来了更好的体验。为更好地促进 5G+ 智慧物流持续健康的发展，电信运营商应携手行业合作伙伴，构建健康的 5G+ 智慧物流新生态，以更加开放的姿态开创 5G 智慧物流高质量发展的新局面。

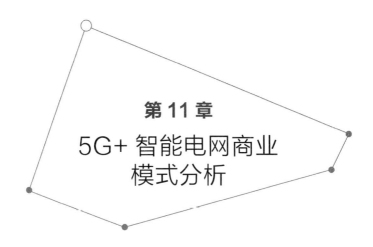

# 第 11 章
# 5G+ 智能电网商业模式分析

电力是国家能源领域的基础行业，担负着国计民生的重要使命。各行各业以及家家户户都离不开电，用电量变化是反映一个国家或地区经济发展景气的重要指标。可以看出，电力行业在国民经济发展中的重要作用。

随着全球新一轮科技革命和产业变革的兴起，新一代信息技术与能源行业的深度融合，推动着能源行业新技术、新模式和新业态的不断兴起，发展智能电网成为保障能源安全、应对气候变化、保护自然环境、实现可持续发展的重要选择。

4G 改变生活，5G 改变社会。作为新一轮移动通信技术的发展方向，5G 以其高速率、低时延、广连接的特点，把人与人的连接拓展到万物互联，为智能电网发展提供了一个新的机遇。5G 时代不仅能给我们带来超高带宽、超低时延以及超大规模连接的用户体验，其丰富的垂直行业应用将为移动网络带来更多样化的业务需求，尤其是网络切片、边缘计算两大创新能力的应用，能够全面提升电力行业的信息化水平，改变传统电力行业生产方式和运营模式，更好地满足电网业务差异化需求，提高电力行业的生产效率。

当前，全球电力网络正加速向智能电网升级，信息通信正迅速向 5G 时代迈进，两大超级基础设施在高速演进的同时，也在加速融合。5G+ 智能电网要有好的发展，关键要看能不能为产业链各方带来货真价实的利益，这不仅取决于 5G 技术本身，更要在商业模式上进行创新。如今，商业模式创新更显重要，也是业界关注的热点和难点，本章重点对 5G+ 智能电网商业模式进行探讨，提出一些有价值的建议。

# 5G+ 智能电网迎来新的发展机遇

我们经常看到的电线杆、高压线、高压电力塔、配电柜、变电站……都是电网的组成部分。

众所周知，电网主要包括发电、输电、变电、配电、用电 5 个环节，电能从发电厂出来，通过变电升压，进入高压输电线路，再经过变电降压，配电给最终用户。在整个发输变配用环节中，信息通信技术贯穿其中。随着电网业务的不断发展，信息通信技术的地位和重要性越显重要，智能电网成为传统电力行业重要的发展方向。

智能电网，简单来说就是电网的智能化，它是建立在集成的、高速双向通信网络的基础上，通过先进的传感和测量技术、设备技术、控制方法以及决策支持系统技术的应用，实现电网的可靠、安全、经济、高效、环境友好和使用安全的目标。随着 5G 的发展，智能电网的概念和特征、内涵与外延不断得到丰富和发展。

智能电网的定义简单的理解就是在电网上"叠加"信息通信网络，让从发电厂到用户端整个输配电过程中的所有节点之间可双向通信和电流流动，从而实现监视和控制每个节点。下面就简单分析一下为什么电网需要 5G 技术。

目前，发电、输电、变电的电力通信网已实现光纤专网的全面覆盖，而传统光纤专网的建设成本高、业务开通时间长、运维难度大，在桥梁、高架、山区等特殊地形场景下有较大局限性，无法满足广域的泛在接入需求，这就决定了其目前仍存在相当大的覆盖盲区。

在电力系统典型的应用场景中，4G 网络无法满足对无线通信的需求。配电自动化、主动配电网差动保护、分布式电源接入控制、精准负荷控制等典型应用场景对超低时延、超高可靠要求较高。以配电自动化为例，传统的集中式配电自动化采用类似于 IT 的云计算部署模式，对于通信的时延要求为百毫秒级，可能导致停电时间为分钟级或者小时级，如果不及时对故障线路进行隔离和处理，会造成大面积停电。而智能分布式配电自动化采用去中心化的分布式边缘计算模式，可大幅降低时延，提升效率，大幅提升配电可靠性和稳定性，但它对网络能力要求非常高，要求通信时延达到毫秒级（配网差动保护要求小于 15 ms，智能分布式 FA 要求小于 20 ms），可靠性达到 99.99%，要达到这样的效果，4G 网络无法做到，最好的方式就是通过 5G 来支持配电差动保护。

变电站视频监控、机器人巡检、输配电线路无人机巡检等应用场景需要将多路 4K 超高清视频、现场数据实时回传，要求网络具备大带宽能力，特别是提供上行大带宽业务保障。目前电网巡检很多还是依靠人工来进行作业，工作量非常大，运维的难度也非常大，成本较高。如果引入 5G 技术，这些问题都可以解决，可以真正实现智能化巡检，提高巡检效率。

配电房是电力系统发、输、变、配环节中最贴近用户，也是最关键的节点。传统配电房的安全与可靠性相比主网发展滞后，普遍存在基础薄弱、自动化程度低等问题。如果应用 5G 技术，通过巡检机器人采集遥信、遥测数据，通过 5G 网络发送到综合监控平台，可实现配电房的无人化，大大节约电网企业成本，提高对配电房管控效率。

还有就是针对低压集抄、现场环境监测等应用场景则需要支持百万级甚至过亿的海量终端连接，要求网络具备大规模连接能力。

很显然，4G 网络无法满足智能电网的高带宽、低时延和广连接的应用需求。5G 网络就不一样了，它可根据不同业务对网络带宽、时延、安全性、可靠性、地理覆盖范围等 SLA 需求，通过网络切片技术，从 5G 大网中"切"出多个相互隔离的、安全的、SLA 可保障的虚拟专网，以满足电网不同应用场景对于大带宽、低时延、大连接、安全性、可靠性、隔离性、SLA 保障的通信需求。

从上述分析可以看出，5G 在电力行业具有广泛的应用前景，能够深刻地影响发输变配用各个环节。在输变电运行监视方面，5G 网络可有效提升运维检修效率，降低人力投入；在配电网调控保护方面，5G 网络可实现配电网线路的快速精确故障定位和非故障区域的快速自愈，提升电网供电可靠性；在用户负荷感知与调控方面，5G 网络可满足对海量数据的实时感知、电力市场交易毫秒级传输、负荷精准控制等业务发展的需求；在协同调度及稳定控制方面，5G 网络可实现电源、电网、负荷和储能相关数据采集，数据在平台内部和不同平台之间的多点、低延时传输和多参量数据融合处理等。可以看出，5G 在智能电网具有广泛的应用前景，为智能电网发展提供了无限可能，5G 能够满足视频巡检、配网自动化、自动抄表等智能电网各种业务场景应用对于大带宽、低时延和广连接的要求；5G 与边缘计算、网络切片等技术的结合，更为有高度数据安全要求的电网提供了一张安全隔离的专用网络，能够满足电网安全生产、智能化、互动化的应用需求，持续推动电网管理效能提升和数字化智能化转型，智能电网未来市场潜力巨大。中商产业研究院提供的相关报告显示，2020 年我国智能电网行业市场规模将达到近 800 亿元。

最后，从国家政策上来看，早在 2015 年，我国就发布了《关于促进智能电网发展的指导意见》，明确提出要大力推进智能电网建设；2020 年 3 月，工信部和国家发改委启动了"宽带网络和 5G 领域"2020 年新型基础设施建设工程，重点支持面向智慧医疗、虚拟企业专网、智能电网等七大领域的 5G 创新应用，提出要加快推进面向智能电网的 5G 新技术规模化应用。2020 年 5 月，国家能源局颁发了《关于建立健全清洁能源消纳长效机制的指导意见》，提出进一步推进柔性直流、智能电网建设等，国家在政策上积极支持智能电网的发展，有助于推动我国 5G+ 智能电网的加速应用和落地。

总之，5G 赋能智能电网，融合创新应用正加速落地。展望未来，在政策、技术、市场、生态合作等的共同推动下，我国 5G+ 智能电网必将迎来更好更快的发展，必将更好地服务社会经济发展。

# 5G+ 智能电网主要应用场景及特点

在电力行业发、输、变、配、用五大环节中，5G 技术发挥着重要作用，可以实现应用场景的全覆盖。结合 5G 的 eMBB（增强移动宽带）、mMTC（海量机器通信）、uRLLC（超可靠低时延通信）的三大应用场景以及 5G 智能电网的特点，5G 智能电网应用场景总体上可分为控制、采集两大类，具体应用场景主要包括配电差动保护、配电自动化三遥、精准负荷控制、分布式电源接入、智能电网大视频应用等。

## 1. 配电差动保护

配电差动保护是指通过比较配电终端两端或多端同时刻电流值（矢量）判断线路故障，当电流差值超过门槛值将被保护设备的各侧断路器跳开，使故障设备断开电源，实现故障快速隔离，避免扩大故障范围。配电差动保护，对 5G 通信要求非常高，时延平均 15 ms 以内，授时小于 1μs，可靠性达到 99.99%。用 5G 替代光纤，可大幅减少光纤部署，降低部署难度，实现降本增效。

## 2. 配电自动化三遥

配电自动化三遥是指配网设备通过 CPE 连接 5G 网络，实现配电设备与配网自动化主站之间的数据通信。5G 网络切片、边缘计算组网及定制化特性，将满足配电终端与配电主站之间三遥业务通信需求，部署更为便捷，同时可保障数据的安全性。

配网自动化三遥包括 AI（Analog Input，遥信）、DI（Digita! Input，遥测）和 DO（Digital Output，遥控）。通过与继电保护自动装置配合，实现配网线路区段或配网设备的故障判断及准确定位，有效提高配电网的供电可靠性。

该场景需要对电网远程设备状态信息进行快速准确的监控；需要及时获取电网的测量值信息和数据；需要准确及时地对电网的设备运营状态进行控制。配电自动化三遥场景通信需求见表 11-1。

表 11-1　配电自动化三遥场景通信需求

| | 带　宽 | 可靠性 | 时　延 | 连　接　数 |
|---|---|---|---|---|
| 网络要求 | ≥ 2 Mbps | 99.999% | <50 ms | 每平方公里 X×10 个（X：1～10） |
| 安全要求 | 该场景属于电网生产控制大区，要求与管理信息大区物理隔离 | | | |

## 3. 精准负荷控制

精准负荷控制是特高压交直流电网系统保护的重要组成部分，主要用于统筹电网资源与负荷综合配置，实现电源、电网、用户负荷互济互动，提高电网特高压故障应急响应能力。精准负荷控制可通过 5G 网络解决电网故障初期频率快速跌落、主干通道潮流越限、省际联络线功率超用、电网旋转备用不足等问题，优先中断非重要负荷，充分满足电网紧急情况下的应急处置需求，将经济损失、社会影响降至最低。

在传统配网，当用电负荷超过可承载负荷时，因为没办法单个控制某些负荷，只能采取"一刀切"的方式，切除整条配电线路来降低负荷，对社会生产的影响极大。通过接入 5G 网络实现对负荷精准控制，可先报警提示，后跳闸切断负荷。在遇到紧急情况时，可以选择优先切断非重要负荷，最大限度地降低损失。精准负荷控制要求极高的网络可靠性，要求时延 $\leqslant$ 50 ms，带宽 10 kbps ～ 2 Mbps，可靠性 99.999%，连接数为 X×10 个 /km$^2$（X：1 ～ 10）。

## 4. 分布式电源接入

多种分布式能源的并网，使电网从一个单电源网络结构变成多电源网络结构。虽然分布式能源可以在电网遇到紧急情况时作为备用电源，但是随着分布式光伏、分布式储能、电动车充换电站、风电站海量接入配电网，通信连接数量将成倍增长，用户是用电方的同时也是发电方，配电网的运行更加复杂，为电网的稳定运行带来挑战。如何对分布式能源调控，使其和电网形成良好互动成为一个问题。但是因为分布式能源基数过于庞大，现有的信息通信方式难以有效地进行分布式能源接入的调控，配电网急需发展新的技术和工具，而这正是 5G 电力切片技术应用方向，5G 能更好地满足电网业务对安全性、可靠性和灵活性的需求，实现差异化服务保障，从而提升电网企业对自身业务的自主可控能力。

## 5. 智能电网大视频应用

该场景适用于发电、输电、配电等环节，利用 5G 高带宽、低时延、广连接的特性实现巡检、终端遥控及数据采集，实现巡检高清视频实时回传及远程控制作业。同时结合无人机和机器人应用，扩大巡检范围，降低人工成本，提升巡检效率。无人巡检主要包括变电站机器人巡检、输电线路无人机巡检和应急现场自组网等。无人巡检应用主要是利用 5G 的高带宽、低时延的特性，无人巡检场景对通信要求见表 11-2。

表 11-2　智能电网大视频应用场景通信要求 ①

| 网络需求 | 带宽：4 ～ 100 Mbps<br>时延：多媒体信息时延 <200 ms<br>控制信息时延 <100 ms | 可靠性：多媒体信息 99.9%，控制类信息 99.999%<br>连接密度：局部区域 2 ～ 10 个 |
|---|---|---|
| 移动性需求 | 每小时 10 ～ 120 km | |

5G+ 智能电网的应用目前主要集中在配用电环节，对电网智能化水平提升效果已经显现。未来随着 5G 网络的进一步成熟和完善，将不断激发电网新业务、新应用、新服务的涌现和发展，电网业务将迎来进一步智能化升级。

5G 网络以其超高带宽、超低时延、超大连接的特性，以及网络切片、边缘计算两大核心能力，能够为电力行业打造定制化的行业专网，更好地满足电网业务对安全性、可靠性和灵活性的需求，实现差异化服务保障，从而提升电网企业对自身业务的自主可控能力。随着 5G 加快发展与技术的进一步成熟和完善，智能电网新业务、新应用、新服务将不断涌现，5G+ 智能电网必将得到更广泛、更深入的应用。

# 我国 5G+ 智能电网发展现状分析

为进一步探索 5G+ 智能电网商业模式，推动 5G+ 智能电网快速发展，了解和把握目前 5G+ 智能电网市场发展现状十分重要。我国 5G 商用已有一年多时间，总结我国 5G+ 智能电网发展现状，主要呈现以下几大特征：

（1）5G+ 智能电网应用加速落地，形成行业应用标杆。自 2019 年 6 月我国发放 5G 牌照以来，尤其是进入 2020 年以来，我们经常在媒体上看到各类 5G+ 智能电网的应用。如 2020 年 9 月 17 日，央视《新闻直播间》栏目播出《智能电网机器人上岗独立进行带电作业》，对国家电网公司人工智能配网带电作业机器人作业场进行直播，报道国家电网通过不停电作业为国家重

---

① 资料来源：《5G+：如何改变社会》（中信出版集团）。

大项目提供可靠电力保障，服务京津冀协同发展；2020 年 8 月 17 日，由南方电网、中国移动、华为三方联手研发的小型化电力 5G 授时 CPE 在深圳现网试商用，5G 授时 CPE 和配网差动保护装置联调成功，授时精度、通信延时、线路差流都达到预期指标，到 2020 年 12 月，深圳电网 5G 业务正式大规模商用，正式对外发布全球首款 5G 授时 CPE 以及 5G 电力切片的应用，为电网信息交互提供安全可靠灵活的通信保障。2020 年 8 月 18 日，在浙江湖州南浔区菱湖镇山塘村，国网湖州供电公司利用 5G 无人机对特高压"湖州廊道"进行巡检，并通过可视化平台实时查看无人机传回的高清画面，监控廊道内输电线路运行状态；2020 年 7 月，由中国电信联合华为打造的国内规模最大的 5G 智能电网项目在山东青岛建设完成，既实现了电网对配电线路故障在几十毫秒内自动切除，又通过削峰填谷电源节省 5G 单基站电耗 20%，极大缓解了"功耗过高"这一困扰 5G 运营的最大难题；2020 年 9 月，中国移动联合国家电网在安徽省宣城市成功实现基于 5G 的电网信息数字化采集、移动作业远程智能管控、主辅设备智能联动等功能应用，标志着国内唯一一个"5G+特高压"新基建标杆案例建设完成，弥补了电力行业国内"5G+特高压"建设工程的空白，成为全国"5G+特高压"新基建应用的标杆；2020 年，中国联通推进 5G+MEC 在变电、输电等环节的应用，推出了 5G 无人机巡检、AR/VR 巡检、5G 安全帽、应急抢修等不同应用，并进行了商用部署……一系列 5G 在智能电网的应用，覆盖了 5G+智能电网控制类和信息采集类等诸多应用场景，说明 5G 在智能电网领域的应用正在全面推进和加速落地，形成了青岛电网、南方电网、5G+特高压等 5G+智能电网典型应用案例，5G+智能电网正呈现良好的发展势头。

（2）我国 5G+智能电网发展仍处于导入期。我们按照 5G+智能电网融合发展进程和时间两个维度，将 5G+智能电网发展划分为三个阶段（见图 11-1），即发展起步阶段、深度融合阶段和应用普及阶段。

第一阶段是发展起步阶段，大概还需要 2～3 年时间，这一阶段主要特点是电力行业对 5G 技术开始了解，5G 运营商主动联系电力行业，重点是选择和打造 5G+智能电网标杆应用项目，不断探索创新，为 5G 发展推广打基础。

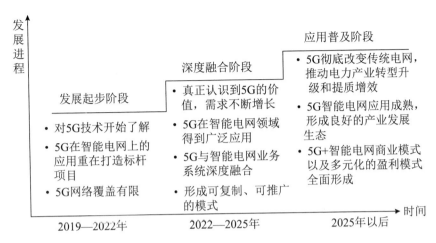

图 11-1　5G+ 智能电网发展三个阶段

第二阶段是 2023—2025 年，是深度融合阶段，这一阶段电力行业充分认识到 5G 的商业价值，在经过第一阶段市场培育后，5G 需求不断增长，5G 在电网应用向纵深方向发展，切入智能电网发电、输电、变电、配电、用电和控制，以及电网企业业务管理全流程，5G+ 智能电网蓬勃发展，形成可推广的发展模式。

第三阶段也就是 2025 年以后，是应用普及阶段，这一阶段，5G+ 智能电网发展日趋成熟和完善，5G 技术从根本上改变了传统电网，推动电力产业转型升级和提质增效，真正实现了电力产业的变革，这一阶段更为重要的是 5G+ 智能电网商业模式和健康的产业生态全面形成，多元化的盈利模式更趋成熟，5G+ 智能电网真正进入可持续发展阶段。

根据目前我国 5G+ 智能电网发展现状，我认为当前我国 5G+ 智能电网正处在第一阶段，即发展起步阶段，仍然处于发展的导入期，5G+ 智能电网还需要 2 ～ 3 年时间才能真正爆发，向第二阶段和第三阶段迈进。

（3）加强产业合作正成为推动 5G+ 智能电网发展的重要手段。5G+ 智能电网整体架构可分为终端层、网络层、平台层和应用层，终端层主要是通过终端设备感知和采集现场环境数据、设备的运营状态等各类数据，终端主要有智能传感器、智能电表、AR/VR 终端、行业 CPE、机器人、无人机等；网络层主要是解决网络的数据传输问题，通过有线、无线的方式将智能电网各环节中相关的人机物以及企业上下游、智能产品、用户等全要素进行连接，实现端到端的数据传输，为智能电网的高效运营提供网络支撑；平台层主要解决的是数据管理问题，平台层主要包括云服务平台、智能电网信息管理系统、数据中心、物联管理中心、企业中台等，重点是实现对各类采集数据的分析，挖掘数据价值，提升平台支撑能力，实现对电网的精准管理，同时实现平台的能力开放与共享；应用层主要承载对内业务和对外业务，对内业务主要建设方向为提升客户服务水平、提升企业经营绩效、电网安全经济运行、促进清洁能源消纳；对外业务主要建设方向为打造智慧能源服务平台、培育发展新兴业务，构建能源生态体系。

可以看出，5G+ 智能电网从内部运营来看，包括终端、网络、平台和应用，涉及产业链上下游众多领域，主要有设备商、终端厂商、电信运营商、系统集成商和方案提供商等。因此，要为电力行业提供 5G 解决方案，客观需要产业链各方通力合作，发挥各方优势，共同为满足客户需求而努力。如今，加强产业合作、积极打造智能电网生态已成为行业共识，在实践中不断探索前行。从近年来一些实践案例可见一斑：

2019 年 7 月，国网青岛供电公司与中国电信青岛分公司、华为公司签署《5G 战略合作框架协议》，携手成立了 5G 应用创新联合实验室，在 5G 电力切片建设模式、网络安全、典型应用、共建共享以及商业模式创新等方面开展广泛合作，全面推进 5G+ 智能电网建设。如今，国网在青岛建成国内最大规模的 5G 智能电网。

2020 年 8 月，在 3GPP SA#88e 全会上，由中国电信联合中国南方电网、国家电网、华为、中国移动、中国联通等 5G 确定性网络产业联盟成员单位，以及海内外运营商、设备商等 28 家成员单位提交的 5G 智能电网研究项目成功立项，将第一次定义"5G+ 智能电网"端到端标准体系架构，为"5G+ 智能电网"快速发展奠定基础。

2018 年起，依托国家发改委项目，中国移动联合南方电网在深圳开展 5G+ 智能电网应用示范。项目进展顺利，落地包括配网差动保护、配网自动化三遥、配网 PMU 等 9 项业务场景，取得包括发布首个《5G 助力智能电网应用白皮书》、完成首个 5G SA 切片端到端流程穿越、实现全球首条配网差动保护线路 5G 承载测试等。

近年来，中国联通积极与国家电网、南方电网及中国电科院等资源共享，优势互补，开展广泛合作，推进 5G、MEC、VR/AR、AI 等创新技术在输电、变电、配电和用电等环节的落地应用。

2019 年 8 月，河北石家庄供电公司与中国移动石家庄分公司、中国电信石家庄分公司、中国联通石家庄分公司、华为河北代表处、中兴通信河北省分公司签署合作协议，成立 5G+ 智能电网合作联盟，共同推进石家庄 "5G+ 智能电网" 生态合作建设。

2020 年 12 月，浙江移动宁波分公司联合国网宁波供电公司成功打造了基于 5G 模组的架空线路遥控智能开关，并顺利接入国网调度 I 区配网主站，实现配网主站对智能开关的遥测遥信采集以及对智能开关的可靠遥控。

近年来，中兴通讯先后与南瑞继保、国电南自、许继电气、平高电气等数十家智能电网行业领先的企业开展战略合作，通过共建联合 5G 实验室、联合创新、联合进行技术研究等工作，深度展开 5G 智能电网关键业务的联合创新。关于 5G+ 智能电网合作的案例很多很多，这里不一一列举。

上述一系列案例说明生态合作正成为拓展 5G+ 智能电网的重要战略，也是当前 5G+ 智能电网发展的一个重要特征，主要通过共同成立 5G 联合实验室、开展战略合作、联合研发等方式开展联合创新，共同为电力行业提供各类场景化应用，推动电力行业数字化、网络化和智能化升级。

从目前我国 5G+ 智能电网发展的现状来看，在产业链各方努力下，整体向前推进，5G+ 智能电网市场前景广阔。但在发展过程中仍面临诸多挑战和问题，主要表现在以下几个方面。

一是 5G 行业应用的产业链不成熟。尤其是适配电力业务的终端和模组方面尚处于起步阶段，厂家少、价格高、形式单一、业务适配性差，无法满足电力业务应用需求，需要产业链进一步协同努力。

二是满足 5G+ 智能电网业务发展的技术需要持续优化。对于电力行业，如何解决电力业务接入进行有效规划以及解决电力小颗粒带宽的高效承载技术问题，如适配电网安全分区业务的 SPN/IP-RAN 承载网技术问题，目前业界并没有成熟解决方案；在业务的高性能承载方面，电网业务有着自己的特点，电力业务有高精度授时（如差动保护、电网同步相量测量单元 PMU 等）、小颗粒带宽持续传输（自动化、计量、差动保护等）、确定性时延（如差动保护）、多协议适配等，均需要 5G 在网络上实现持续优化，以更好地满足电网数字化转型需要。

三是目前 5G 智能电网应用仍缺乏技术标准。5G 在电力业务的多种应用处于起步阶段，尚未达到规模应用程度，业务接入、网络承载、安全管理、业务运营等方面的标准相对空白，需要面向 5G 智能电网规模商用构建全方面的标准化体系，包括业务申请、网络承载、终端接入、平台管控、业务保障、运营维护、安全保障等，以促进产业标准化。

四是 5G 与智能电网深度融合有待加强。目前，5G 与智能电网的融合主要是在生产外围，以满足输配电场景化的需求为主，如配电自动化、无人机巡检等应用，5G 网络与智能电网业务系统性的深度融合不够，为客户提供整体化解决方案的能力尚有不足，商业模式处于探索之中，盈利模式不清晰。

五是网络安全有待提升。在实践过程中发现芯片、模组、设备、终端等环节都存在安全隐患，甚至安全漏洞，5G 技术需要结合电力业务特点，在安全性方面进行整改提升。

# 5G+ 智能电网商业模式评估及发展建议

前面几节内容对 5G+ 智能电网发展现状做了比较全面的分析，旨在为分析商业模式打下基础。商业模式始终是行业关注的热点话题，为探索持续的商业模式，做好对目前 5G+ 智能电网商业模式评估十分重要。这里的商业模式不只是指盈利问题，具体内容参见本书第 3 章相关内容。

## 5G+ 智能电网商业模式创新评估

做好商业模式的评估，首先要明确一个问题：5G+ 智能电网产业链中谁是主导者的问题。由于电力行业是国家基础性行业，在国民经济发展中具有重要作用，目前我国电网主要有国家电网和南方电网两大公司，以及一些独立运营的电网企业，而且实力强大，如自主创新能力强，在发明专利、3GPP标准方面处于领先，而且拥有电力通信网，5G 只是提升其网络化、数字化、智能化的有效手段，在 5G+ 智能电网生态合作中，电力部门具有相对的主导地位，从目前诸多 5G+ 智能电网应用案例来看，基本上是由电力行业组织牵头，这一特征十分明显，这决定了产业链各方在 5G+ 智能电网发展中的地位，以及商业模式的选择。

在电力部门处于主导地位的模式下，目前 5G+ 智能电网商业模式发展现状怎样？应如何创新呢？结合当前电信运营商 5G+ 智能电网发展现状，以及 5G 商业模式七要素模型，给出电信运营商 5G+ 智能电网商业模式分析判断的结果，见表 11-3。

**表 11-3　电信运营商 5G+ 智能电网商业模式分析判断**

| | 正确定位 | 目前现状 | 评估结果 |
|---|---|---|---|
| 战略定位 | 发挥优势，做好赋能者、整合者和推动者，最大程度发挥在满足客户需求中的价值 | 在满足电力行业 5G 多场景的网络需求方面发挥积极作用，但在满足客户核心价值需求方面有待进一步提升 | 尚可 |
| 产品服务 | 以提供 5G 专网 +MEC 服务为重点，在提供平台和解决方案上积极实践 | 加速与电力行业融合创新，积极打造 5G 专网 +MEC 行业应用标杆案例，但在为客户提供平台和整体解决方案上仍需努力 | 尚有差距 |
| 价值主张 | 传统的通信不能满足电力行业自动化、智能化需求，希望融合 5G 技术，提升电力行业运营管理效率，实现提质降本增效 | 电信运营商积极发挥云网融合优势满足客户多场景的通信需求，价值逐步显现 | 尚可 |
| 生态系统 | 把握在生态系统中的定位，加强产业合作，尤其要与电力行业通力合作 | 积极开展生态合作，在融入生态和打造生态上仍需努力 | 一般 |
| 运营系统 | 专业化运营、专业化人才和灵活的机制体制 | 以成立事业部或专业公司形式推进专业化运营，但在考核激励机制、人才队伍建设等方面需要加强 | 尚有差距 |
| 核心能力 | 尤其要提升跨界经营能力和产品服务提供能力 | 在跨界经营、产品提供能力方面需要提升 | 尚有差距 |
| 盈利模式 | 形成除流量收费、SLA 服务等级收费、切片模式收费等连接收费外的多元化收入模式 | 由于目前 5G+ 智能电网处于导入期，尚未形成清晰的盈利模式 | 差距较大 |

从表 11-3 中可看出，电信运营商除了在战略定位、价值主张、生态系统建设三方面表现尚可外，而在产品服务、运营系统、核心能力和盈利模式四

个方面尚有差距，尤其是尚未形成可持续的盈利模式。综合判断，目前电信运营商 5G+ 智能电网商业模式创新按照 5G 商业模式七要素模型系统推进，但有差距，需要在实践中不断创新和完善。

出现这一结果也是正常现象，主要原因是目前 5G+ 智能电网发展还处于起步阶段，整体产业生态尚未形成，如电网企业与电信运营商在合作上还有顾虑，如果电网企业自建 5G 专网，投入大，由电信运营商提供虚拟专网，电网企业又担心网络的安全性和独立性；要为电网企业提供整体化解决方案对运营商来说跨界门槛较高，专业化运营能力有待提升。至于盈利模式问题只是结果，只有将其他六个要素做好了，真正成为 5G+ 智能电网的赋能者、整合者和推动者，多元化的盈利模式问题才会迎刃而解。

同样，国家电网公司，作为 5G+ 智能电网产业链的主导者，目前 5G 的应用处于起步阶段，作为主导者，要发挥其产业链的聚合作用，在满足自身 5G 应用需求的同时，如何让产业链各方共享价值共创的成果应是当前急需考虑的问题。

## 加快 5G+ 智能电网商业模式创新之策

虽然目前 5G 在智能电网领域得到广泛应用，各种场景加速落地，但总体来看 5G+ 智能电网仍处于发展的起步阶段。商业模式创新水平与 5G+ 智能电网发展高度相关。商业模式要创新，需要我们遵循价值导向、问题导向、市场导向，正确把握 5G+ 智能电网发展面临的挑战和问题，综合施策，精准施策，产业链各方方能在 5G+ 智能电网大发展中实现共同发展、共同繁荣。

（1）加强产业合作，共同为客户提供"云管端"整体化解决方案。当前电力业务种类繁多，各类应用针对 5G 网络性能及安全隔离提出了不同需求。为此，电信运营商要以满足电网企业整体化解决方案需求为目标，发挥 5G 网络及云网融合优势，打造智慧电力"云管端"一体化行业解决方案，满足电力业务发、输、变、配、用各个环节的安全性、可靠性和灵活性需求，实现差异化服务保障，进一步提升电网企业对自身业务的自主可控能力，促进电网企业数字化、智能化转型。

"云"侧主要是 5G 基于 SDN/NFV，重点打造电力行业云服务平台、

5G 切片业务运营管理平台。电力行业云服务平台是面向电网企业提供连接管理、通信设备管理、云化控制、5G 端到端的切片管理、统计分析等核心能力，使电网企业对 5G 切片应用的全生命周期达到可视、可管、可控的效果。5G 切片业务运营管理平台提供 5G 网络的切片订购、切片管理、切片开通、业务监控、统计分析等切片管理能力。

"管"侧主要包括基站、传输承载和核心网等网络，提供电力行业 5G 专网服务，通过复用或新建基站、边缘计算设备等手段，实现业务数据分流和业务本地化处理，满足发电厂、变电站、换流站等对"数据不出厂"、多路高清大带宽视频采集处理等需求，同时通过 5G QoS、资源块（Resource Block，RB）预留、网络切片、UPF 下沉等技术手段满足电力广域场景下业务安全隔离、低时延高可靠、高精度网络授时及专属网络使用等业务需求。

"端"侧主要包括控制类终端和采集类终端以及其他电力终端，如智能分布式自动化终端、5G 工业级 CPE、模组、集中器、5G 电表、无人机、高清摄像头等，对于电信运营商来说要重点打造与通信模块相结合的 5G 工业级 CPE 终端和 5G 物联电表等终端。5G 工业级 CPE 终端支持基于 3GPP R16 协议的 5G 通信、有线数据传输、高精度网络授时、协议转换和安全加密功能，满足配网差动保护、配网 PMU 应用场景的高精度网络授时需求。5G 物联电表主要用于电表的数据采集、存储、传输，通过标准接口与电表连接，满足高级计量应用场景对电能表数据采集、参数远程下发的需求。

在实践中，最为关键的是与电网企业以及产业链合作伙伴一道，实现运营商的"云管端"与电网企业的核心价值需求深度融合，从电网企业整体需求的角度，共同研究和提供从满足应用场景需求到提供 5G 整体化解决方案方向转变。

（2）创新合作模式，积极打造良好的 5G+ 智能电网产业生态。生态模式是推动 5G+ 智能电网发展的最为重要的商业模式之一。对于电信运营商来说，加强产业合作，创新合作模式，打造良好的产业生态圈，应重点从以下几个方面推进。

一是加快与电网企业之间跨行业模式创新和资源共建共享合作的探索进程。智能电网专网建设投入大，专业性强，电信运营商与电网企业合作，专网建设发挥运营商云网融合、5G 切片、MEC 的核心优势，由运营商为电网企业打造定制化的虚拟专网；同时可以探索联合共建 5G 专网的模式；在投资模式、业务运营、资费管理、安全管理、职责分工、运维保障等方面加强合作，同时，电信运营商积极与电网企业进行沟通，希望电网企业在 5G 用电成本方面给予优惠，共同探索互利共赢的合作模式。电信运营商与电网企业可以成立联合团队，结合双方资源优势和战略诉求，开展面向 5G 规模商用的跨产业资源共建共享合作模式等研究。

二是积极与生态各方共同推动 5G+ 智能电网标准化体系建设，营造良好生态圈。电信运营商要持续跟进 5G 标准，尤其积极参与 3GPP R18 的标准制定，通过 5G 应用产业方阵（5GAIA）、5G 确定性网络联盟（5GDN）等组织，与产业各方进一步推动智能电网领域 5G 相关的技术研究、产品研制、测试验证、标准制定、前沿技术的研究等工作，共同引领产业链发展，孵化创新 5G 应用及产品。

三是创新合作模式，推动 5G 与智能电网深度融合。要通过成立 5G+ 智能电网产业联盟、与电网企业成立 5G 联合创新中心和 5G 开放实验室等多种方式，共同在具备标准授时等功能的电力定制化终端、5G 网络与智能电网业务系统结合的应用平台开发、融合 5G 技术的整体化解决方案、打造标杆行业应用项目等方面开展深入合作，共同推动 5G 与电力行业的深度融合。

（3）切实推进专业化运营，进一步完善政企体制机制，激发拓展智能电网市场的动力和活力。实施 5G2B 行业专业化运营是企业适应市场需求变化和实现企业高质量发展的客观要求。专业化运营需要 5G 运营商由专业队伍、专业化部门、专业化公司负责 5G+ 智能电网行业的拓展、产品和解决方案的研发、产业合作、项目推进等工作，同时企业内部要为专业化运营赋予灵活的市场化的运营机制，在自主经营、考核激励、资源投入、内部协同等方面给予支持，充分调动专业化运营的创新活力。

（4）打造 5G+ 智能电网行业应用标杆，加大规模复制推广力度。中国电信联合华为，为国网青岛公司开创性地打造了基于 5G 确定性网络的 5G 电力行业虚拟专网解决方案，成为国内规模最大的 5G+ 智能电网创新实践，这是虚拟专网模式的典型案例；南方电网与中国移动、华为合作，利用 5G 技术，为电网提供了一张灵活调度的虚拟专网，提供安全隔离的切片以及高精度授时和低时延的网络能力，实现了国内首个切片端到端网络与运营管理的打通，这也是虚拟专网模式的成功案例，这些成功的案例带来了示范效应。我们希望在实践中在打造融入 5G 技术的一体化解决方案、打造 5G 网络与电力行业业务系统相融合的应用平台、商业模式创新，以及积极探索多元化的收入模式等方面能不断涌现出更多的成功案例，更希望产业链各方携起手来，加强合作，勠力同心，共同推动 5G+ 智能电网新产品、新业态、新模式的发展和繁荣。

总之，5G+ 智能电网建设是一项长期复杂的系统工程，规模商用还需要产业链的相关组织、企业深化合作，共同解决落地难题和商业模式"最后一公里"问题。我想 5G+ 智能电网商业模式要真正实现创新和突破，最为关键的是要能为电力企业提供更优质的产品与解决方案，需要从技术、商业、生态、政策等方面共同推动 5G+ 智能电网的深度融合，实现产业的蓬勃发展和产业共赢。

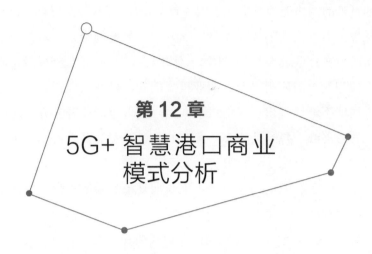

第12章

# 5G+智慧港口商业模式分析

　　港口作为交通运输的枢纽，在促进国际贸易和地区发展中具有重要作用，全球贸易中90%的贸易由海运承载。我国是航运大国，全球前十大港口有7个在中国，目前我国沿海港口达到150多个，其中亿吨级港口有36个，生产用集装箱泊位2万多个，万吨以上泊位2 520个，位居世界第一。

　　党的十九大报告提出"交通强国"的发展战略，力争在超级高铁、无人驾驶、无人船舶、自动化智能码头等战略前沿技术领域占领制高点。《"十三五"现代综合交通运输体系发展规划》提出要提升装备和载运工具智能化自动化水平，推进全自动集装箱码头系统建设。2019年11月，交通运输部等九部门共同印发了《关于建设世界一流港口的指导意见》，提出要加快智慧港口建设，到2025年，世界一流港口建设取得重要进展，主要港口绿色、智慧、安全发展实现重大突破，部分沿海集装箱枢纽港初步形成全面感知、泛在互联、港车协同的智能化系统。2020年8月，交通运输部出台的《关于推动交通运输领域新型基础设施建设的指导意见》中明确提出要以技术创新为驱动，以数字化、网络化、智能化为主线，引导自动化集装箱码头、堆场库场改造，推动港口建设养护运行全过程、全周期数字化，加快港站智能调度、设备远程操控、智能安防预警和港区自动驾驶等综合应用。港口是水路交通枢纽，是"一带一路"的重要节点，我国要从航运大国迈向航运强国，我国港口业普遍面临数字化转型的需求，港口智慧化发展是大势所趋。

当前，随着 5G 技术的快速发展，我国智慧港口也步入了 5G 时代，港口正加速推进与 5G 技术的融合，在产业链各方的努力下，共同帮助港口进行自动化、智能化的持续升级，利用 5G 技术为打造智慧港口注入新的动力，5G+ 智慧港口正迎来最好的发展时期。5G+ 智慧港口要发展好，不仅取决于技术驱动，更为重要的是要在发展过程中形成可持续的商业模式，这是决定 5G+ 智慧港口持续发展的关键要素，越来越引起行业的广泛重视。

# 5G+ 智慧港口主要应用场景

传统港口高度依赖人工近端操作集装箱起重机械、集卡车辆，工作环境恶劣、工人劳动强度大、人力短缺，存在现场作业风险大、安全隐患高、人员招募难等多种问题，已无法满足全球海运快速发展的需求。5G 介入后，可以在港口办公区设立远程控制中心，一个工人可以在这里面远控 3 ~ 4 台港机，实现港机远控后，既可提升生产效率，又能改善工作环境。

智慧港口是 5G 赋能千行百业的重点推进领域之一。目前港口很多作业场景对网络要求是比较严苛的，以往港口自动化主要采用的是 4G、光纤和 WiFi 等通信方式，存在建设和运维成本高、稳定性和可靠性差等问题，无法解决港口的核心痛点，如港口的远程吊车操作、港口高危险环境下的作业无人机器人、网络数据安全等对带宽、时延、可靠性要求较高。5G 的高带宽、低时延、广连接的特性能够满足港口自动化、智能化需求，助力港口数字化、自动化、智能化转型。所谓 5G+ 智慧港口是应用 5G 技术为港口提供包括远程高清监控、货船人工智能分析、高精度定位、智能网联驾驶等场景化应用的整体解决方案，助力港口操作智能化、物流服务电商化、企业管理平台化，提升港口运营效率，推动建设"绿色、低碳、智慧"型港口。当前国内宁波舟山港、厦门远海码头、青岛港、上海洋山港等港口已建成集装箱自动化码头，在轨道吊、桥吊、集卡实现远程控制，正在向港口码头无人化方向发展。

港口作为水陆交通枢纽，主要从事装卸、搬运、储存、理货等港口生产、流通或服务性经济活动。集装箱港口码头生产环节包括水平运输系统、垂直运输系统和整体安防监控等系统，具体如图 12-1 所示。

图 12-1　港口集装箱码头生产运输流程

在港口生产各环节中离不开信息通信技术，信息通信技术的运用有利于提高港口作业效率，如在新冠疫情期间，就需要作业人员进行远程操控作业，等等。从港口作业环节来看，5G 技术与港口的核心需求十分切合，从目前已经开展的 5G 场景应用来看，主要有以下四大场景。

### 装卸作业的远程控制

集装箱码头的运作效率主要取决于集装箱码头的相关运输设备、堆场的布置等因素。岸桥是集装箱码头在船舶泊位装卸集装箱的主要设备，场桥是集装箱堆场进行集装箱装卸的重要设备，这两者的效率是整个集装箱码头运输的关键。目前 90% 以上的岸桥、场桥为人工现场高空作业，具有远程控制需求。部分新建港口场桥（轮胎吊）用光纤部署，由于光纤易磨损，其改造升级成本高，难度大；少数信息化港口采用 Wi-Fi 或 LTE-U，但可靠性、时延、速率等性能欠佳。港口装卸远程控制是 5G 重要的应用场景，充分利用 5G 网络的高带宽、低时延、高可靠性实现岸桥、场桥远程控制、高清视频回传等业务。

应用 5G 技术实现远程控制，集装箱操作员可以在中控室观看多路视频进行操作，完成吊车吊具的精准移动、集装箱抓举等操作，1 名远程控制人员可操控多台场桥、岸桥或轮胎吊，可大幅降低人力成本，在改善工作环境的同时，大幅提升作业效率和作业安全性。

## 智能理货

在过去，港口生产作业过程中，理货员只能在室外采集信息，如抄箱号、验残损等，并通过对讲机等方式传送，工作条件差，劳动强度大，容易带来人为误差。现在，针对垂直运输系统中的岸桥设备，通过部署高清摄像头全天候、不间断采集集装箱岸边作业的高清视频流，并利用 5G 回传到中控室，配合后台大数据 AI 算法，对港口集装箱进行箱号自动识别、箱体残损鉴别、集装箱摆放位置识别，有效减少现场人机交叉作业带来的安全隐患，提升工作效率，改善工作环境。

## 港口无人运输

传统港口集卡一直是人工驾驶，司机机械式劳作，这容易造成疲劳驾驶，影响运输效率和安全。港口无人运输是智慧港口的重要组成部分，是智慧港口建设的基石。随着港口自动化的发展，采用 AGV/IGV（Intelligent Guided Vehicle，智慧引导运输车）和 5G 无人驾驶集卡进行运输，可以大幅降低人力成本，实现 24 小时作业。5G 能为港口的 AGV/IGV 自动运输、集卡无人驾驶和港区视频管理等应用提供更好的网络支持。

港口无人运输是 5G 重点应用场景之一，基于 5G 大带宽、低时延、高可靠和广连接特性，同时结合高精度定位与车路协同等技术实现 AGV/IGV/ 集卡无人驾驶以及实时路况回传，使得 AGV/IGV/ 无人驾驶集卡的运行数据能够实时传输到后台控制中心，由控制中心监管运输进度，对集卡的位置、状态、电量、载重等数据进行监控，并实时查看车辆的感知与规划信息。在集卡发生故障或需前往临时区域时，即可切换 5G 远程接管，保障其运输、驾驶安全。

## 港区视频监控和 AI 识别

视频监控在港口的应用场景主要有：
吊车摄像头对集装箱 ID 的 AI 识别，自动理货。

安全防护：对司机面部表情、驾驶状态进行智能分析，对疲劳、打瞌睡等异常现象进行预警。

运营管理：车牌号识别、人脸识别、货物识别的管理。

智能巡检：利用无人机、机器人快速智能巡检，利用 5G 的高带宽、低时延和低空覆盖能力实现无人机实时高清视频监控，同时配合后台视频分析系统，借助人工智能手段进一步提升巡检效能。

目前，港区很多区域无法部署光纤。对于临时部署场景和移动场景，无线回传作为光纤的补充具有部署灵活、调整便捷、成本低的优势。5G 大带宽低时延广连接能力可有效支持多路高清视频和传感器信息回传。结合边缘计算 +AI 能力以及高精度定位等技术，帮助港口设备和生产系统同步协调，提升港口作业效率和智能化运作水平。

总之，5G 网络以其高带宽、低时延、广连接的特性，以及网络切片、边缘计算两大核心能力，结合高精度定位、人工智能、物联网等技术，能够为港口打造定制化的行业专网，满足港口企业多场景应用需求，上面介绍的 5G 港口的应用场景已经在上海洋山港、宁波舟山港、厦门远海码头、深圳妈湾港、天津港等得到广泛应用，实现了 5G 全场景的应用落地，提升了港口自动化、智能化水平，提高了港口运营效率。随着 5G 技术的发展、模式的创新、产业链各方的协同努力，5G+ 智慧港口会发展得更好，真正开启 5G+ 智慧港口新时代。

## 从典型案例看 5G+ 智慧港口发展现状

为更好地把握我国 5G 智慧港口发展现状，还是从案例出发，从中总结一些规律性的东西或存在的不足，这对做好商业模式创新是不可缺少的一环。下面重点介绍宁波舟山港"5G+ 智慧港口"这个典型案例。

宁波舟山港货物吞吐量位列全球港口首位，集装箱吞吐量排名全球第三，在国际贸易和区域经济发展中具有举足轻重的地位。顺应智慧港口的发展趋势，宁波舟山港以 5G 行业专网为依托，落地多项贯穿港口作业流程的创新应用，充分利用 5G 等数字技术驱动智慧港口升级，5G+ 智慧港口走在行业的前列。

## 打造 5G+MEC 专网，满足港口多场景网络需求

智慧港口，网络先行。中国移动与宁波舟山港就 5G 智慧港口项目开展深度合作，针对智慧港口港机远程控制、智能理货、集卡自动驾驶等业务需求，提供港口 5G+MEC 虚拟专网解决方案。

5G 专网解决方案整体采用 SA 组网，在港区部署大网宏站和专用宏站，提供港口生产业务的频率专用服务，通过接入控制方案保障其他用户无法接入专网小区，大大增强了其业务性能（如时延、可靠性、速率）保障效果；目前已完成多个堆场连续覆盖，可满足港口对速率、时延、可靠性、安全隔离等方面的需求。核心网部署专用 5GC 核心网切片，将 UPF 下沉至港口区，保障港口敏感业务的数据安全隔离性，其余核心网设备位于运营商机房，物理设备与其他项目共享，通过切片进行虚拟隔离。港机 PLC 等港口设备通过 CPE 接入 5G 网络，港区内的人员和无人机等则通过 5G 基站直接接入。

目前，港口率先在港区开通了 5G 宏站，充分发挥 5G MEC 和网络切片的核心能力，建设了一张 5G 精品网，覆盖了在宁波的 5 个港区、35 个泊位和 77 个堆场。率先完成 5G 切片定制，满足轮胎式龙门吊远控低时延和视频上行大带宽等关键需求，提升港口自动化水平、实现降本增效。

## 加强产业合作，推进 5G+ 智慧港口建设

媒体公开信息显示，2020 年 5 月，宁波舟山港与中国移动浙江公司、上海振华重工、华为公司在浙江杭州签署《5G+ 智慧港口战略合作协议》，在之前合作建成全国首个基于 5G SA 边缘计算和切片网络的智慧港口基础上，继续致力于技术应用创新，打造全球 5G+ 智慧港口商用样板点。根据协议，四方将基于各自在 5G、港口等领域的优势，以 5G 行业专网为依托，打造 N 项示范应用，贯穿港口智慧作业全流程，推动 5G+ 智慧港口网络建设、应用场景、网络运营等发展，充分利用 5G 技术赋能港口数字化智能化转型。

从这一报道来看，宁波舟山港与电信运营商、通信设备制造商、重型装备制造行业等合作伙伴一起，共同为满足港口多场景的 5G 业务需求开展深入合作。

## 5G 多场景的应用已投入使用

在产业链各方的共同努力下，目前，宁波舟山港已建成 5G+MEC 虚拟专网，助力 5G+ 智慧港口建设。如今，宁波舟山港应用 5G 技术，实现了 5G+ 龙门吊远程控制、龙门吊高清视频回传等创新应用，完成了龙门吊远控从单点试验到实际规模应用的突破，打造了全国规模最大的 5G 龙门吊远控集群，工作人员通过计算机远程控制龙门吊、桥吊 24 小时不间断抓箱、放箱，装载在无人驾驶集卡上的货物来往于堆场和码头之间。实现了 5G+ 无人集卡的应用，使得多路高清摄像头可全方位记录车内外自动驾驶画面，并通过 5G 专网实时传输至云端控制室，结合车路协同、高精度定位、自动指令给位等技术，实现集卡自动驾驶，从而替代了传统地磁控制的远程驾驶。

5G 技术的应用为宁波舟山港带来效率变革、动力变革和质量变革，有效提升了港口生产效率。近年来，中国移动联合华为、宁波舟山港共同打造的 5G+ 智慧港口，实现了人力作业成本降低 50% 以上、设备改造成本节约 20% 以上的成果。

上述案例基本描述了当前 5G+ 智慧港口的发展现状。总体来看，当前，我国 5G+ 智慧港口发展主要呈现以下几个特征。

一是对于大的港口（如上海洋山港、宁波舟山港、厦门远海码头、深圳妈湾港）来说，由于自身在产业链中具有举足轻重的地位，决定了大港口在 5G+ 智慧港口产业链中处于主导地位，电信运营商、通信设备企业、港口机械设备制造商等合作伙伴应紧紧围绕大港口需求。发挥优势，在这些港口企业的协同推动下，满足其 5G 网络和应用需求。可以说，面对大的港口，对于包括电信运营商在内的合作伙伴，很大程度上是"被集成者"角色，这一点从实践来看，十分清晰，对于包括电信运营商在内的合作伙伴，要紧紧把握好这一定位，发挥优势，在合作中获得应得的利益。

二是 5G+ 智慧港口进展较为明显，在 5G 垂直行业应用处于比较领先的地位。这主要是由于 5G+ 智慧港口各种应用场景都已经在推广应用，而且产生了明显的经济效益和社会效益；还因为像宁波舟山港、上海洋山港、厦门远海码头等在内的越来越多的大型港口开始应用 5G 技术对港口进行技术改造升级，5G 正在改变港口的作业方式和运营模式，进一步提升了港口的综合竞争力。

三是 5G+ 智慧港口发展仍处于导入期。虽然目前 5G 在港口得到广泛应用，龙门吊远程控制、无人集卡、智能理货、无人机智能巡检等各类场景化应用不断推出，但目前 5G 一些应用（如 5G 无人驾驶集卡）尚处于试验和试点阶段，规模发展需要进一步加大，5G 智慧港口良好的产业生态仍需持续推进，5G+ 智慧港口盈利模式处于探索阶段，5G 网络覆盖仍需进一步扩大等，这些决定了 5G+ 智慧港口仍处于发展导入期，还需要时间不断探索和实践。

四是 5G+ 智慧港口市场潜力巨大。当前，我国港口码头顺应经济发展趋势，正加速推进 5G 智慧港口建设，5G 智慧港口必将迎来更好、更快的发展，未来市场潜力巨大。统计数据显示，目前我国沿海港口达到 150 多个，2019年，全国港口拥有生产用码头泊位 22 893 个，全国港口拥有万吨级及以上泊位 2 520 个，媒体报道显示，2020 年 5 月全国首个 5G 全场景应用智慧港口项目在厦门港远海码头启动，我国有这么多港口，如果要真正将其全面打造成 5G+ 智慧港口，那么 5G+ 智慧港口市场空间巨大。有统计数据显示，目前全国拥有内河港口达 2 000 多个，实现完全自动化的港口只有 3 个，这也从一个侧面反映出 5G+ 智慧港口发展前景广阔。

# 5G+ 智慧港口商业模式评估及发展建议

商业模式创新是决定 5G+ 智慧港口持续发展的重要因素。5G+ 智慧港口商业模式应如何创新呢？我们还是从目前成功的典型案例入手，对目前 5G+ 智慧港口商业模式进行客观分析和评估，揭示商业模式目前存在的问题，以利于探寻可持续的商业模式，促进 5G+ 智慧港口发展和繁荣。

我们基于 5G 商业模式七要素模型，结合当前 5G+ 智慧港口发展现状，进行综合分析判断。我们站在电信运营商的视角，给出 5G+ 智慧港口商业模式评估分析结果，详见表 12-1。

表 12-1  5G+ 智慧港口商业模式评估分析

|  | 正 确 定 位 | 目 前 现 状 | 评估结果 |
|---|---|---|---|
| 战略定位 | 把握在产业链中的定位，充分发挥优势，努力成为 5G+ 智慧港口的推动者、整合者和赋能者，努力成为 5G 一体化解决方案的提供商 | 按照"推动者、整合者和赋能者""成为 5G 一体化解决方案提供商"这个定位积极推进，取得明显成效 | 良好 |
| 产品服务 | 满足港口企业多场景的应用需求，提供 5G 整体化解决方案 | 在提供虚拟专网满足智慧港口多场景应用需求上取得积极进展，但在为港口企业提供切入港口核心流程的 5G 一体化解决方案上尚需努力 | 总体尚可，但有差距 |
| 价值主张 | 提升港口自动化、智能化水平，提升港口运营效率，降低运营成本 | 能够把握港口痛点需求，满足需求 | 较好 |
| 生态系统 | 积极发挥在生态系统建设中的推动作用，努力打造 5G+ 智慧港口良好产业生态 | 积极开展生态合作，在创新合作模式上积极探索，成效明显 | 较好 |
| 运营系统 | 推进专业化运营，建立灵活运营机制，激发勇拓智慧港口市场的活力 | 专业化运营和协同运营有效结合，但在考核激励机制等方面需要加强 | 尚可 |
| 核心能力 | 提升跨界经营能力和一体化解决方案提供能力 | 在跨界经营、产品提供能力方面需要进一步提升 | 一般 |
| 盈利模式 | 形成除流量收费、切片模式收费等连接收费外的多元化收入模式 | 尚未形成多元化的盈利模式 | 尚有差距 |

商业模式好不好，不能简单地看有没有盈利模式，而要系统地看，更要从长期趋势来看。从表 12-1 我们看出，5G+ 智慧港口商业模式总体处于比较健康的状态，除了在 5G 产品服务、盈利模式、核心能力三个方面尚有差距外，其他方面表现良好或尚可。

无论是港口企业还是电信运营商等产业链各方，希望通过应用 5G、物联网、人工智能、云计算等技术真正改变港口企业运营模式，提升港口运营效率，节约人力成本和运营成本，只有这方面做好了，才能有更多的港口企业应用 5G 等技术实现智慧港口的转型升级，才能为产业链各方带来真正的利益，良好的商业模式才能最终形成。从目前 5G+ 智慧港口应用实践来看，5G 技术的确为港口企业带来了实实在在的利益：运营效率的提升、人力成本和设备成本的减少等，这无疑为形成良好的商业模式奠定了坚实的现实基础。

从表 12-1，我们看出，当前制约 5G+ 智慧港口的最大问题是盈利模式问题，对于电信运营商来说，目前盈利主要来自整体解决方案项目收费以及连接收费等，网络建设主要是由运营商投资建设，投入较大，从产业生态来看，受益最大的是通信设备制造商、终端制造商、机械制造商以及港口企业，而电信运营商短期难以获得较好的投资回报，在这种情况下，电信运营商面临的压力较大，因此，探索可持续的商业模式对运营商至关重要。为此，电信运营商重点应做好以下几方面工作。

（1）正确把握在 5G+ 智慧港口产业链中的定位，努力成为整体解决方案提供商。正如前面分析指出的，宁波舟山港、上海洋山港、厦门远华港等大港口在 5G+ 智慧港口产业链中具有主导地位，对于电信运营商来说，要善做"被集成者"，在产业链合作中，要充分发挥 5G+ 云网融合优势，积极开放电信运营商网络、平台、应用、研发等资源，成为 5G+ 智慧港口的推动者和赋能者，努力成为 5G 整体化解决方案提供商。面对广大小的港口企业，电信运营商努力成为 5G+ 智慧港口建设的整合者，发挥自身优势，整合产业优势资源，共同为广大中小港口企业提供 5G 整体化解决方案，实现共同发展，共同研发，共同繁荣。

（2）把握好产品服务定位，以为港口企业提供 5G 整体化解决方案为目标，更好地满足港口智慧化转型需求。5G 垂直行业发展最为重要的是产品，电信运营商做赋能者、做连接者只是第一步，只有联合合作伙伴真正为港口企业提供 5G 一体化解决方案，让各方在合作中受益，商业模式才能真正发挥作用，才能为运营商带来更为多元化的盈利空间。图 12-2 是 5G+ 智慧港口整体化解决方案四层次架构图，从图中我们看出，一体化解决方案包括四个层次：终端层、网络层、平台层、应用层。电信运营商的优势在网络层，应用层只是最终的呈现，价值的核心在终端层和平台层，港口终端对于运营商来说不具有优势，可以加强与终端企业合作，最为重要的是要切入港口企业的生产运营中，为港口企业提供平台化服务。平台层中的平台有 5G 港口综合业务管理平台、港机远程控制管理平台、港区视频监控平台、智能理货管理平台、集卡远程控制管理平台等，只有打造 5G 与港口企业业务系统相结合的应用平台，方可最大化实现价值增值。

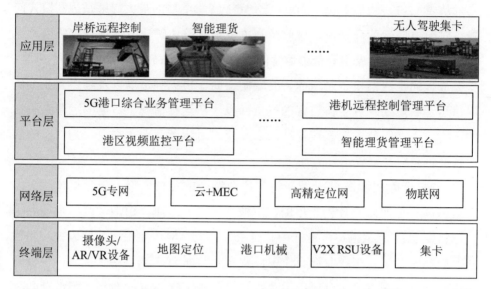

图 12-2　5G+ 智慧港口整体化解决方案四层次架构

网络提供是运营商的优势，根据客户需求打造 5G 专网。电信运营商要抓住专网发展的窗口期，加快专网发展。专网建设可以根据客户需求，通过采用软硬切片，部分独享模式，满足大部分港口企业的 5G 专网需求；对于安全需求特别高、愿意投入的大港口可以采用硬切片，全独享模式。实现港区 NB-IOT 全覆盖，结合边缘计算、高精度定位、人工智能、计算机视觉等技术打造 5G+ 智慧港口全场景应用落地，实现港口全面感知、泛在互联、港车协同的智能化要求。

（3）加强产业合作，打造 5G+ 智慧港口良好生态。这客观要求包括电信运营商在内的 5G 运营商联合港航产业链上下游企业，共同推进 5G 智慧港口转型升级，做大 5G 智慧港口"朋友圈"，努力打造世界一流的智慧港口。

一方面要加强与港口企业之间合作，尤其是与大港口的合作，开展跨行业模式创新和资源共建共享合作的探索。专网建设除了电信运营商投资建设外，可以探索联合共建 5G 专网的模式；在投资模式、业务运营、资费管理、安全管理、职责分工、运维保障等方面加强合作，同时，电信运营商积极与中小港口企业开展合作，发挥引领作用，积极推进 5G+ 智慧港口发展和普及。

另一方面就是创新合作模式和利益分享模式，打造多方共赢的 5G+ 智慧港口生态圈。中国移动在产业合作上进行了有益的探索，积极开展与宁波舟山港、上海洋山深水港、厦门远海码头等大港口战略合作，并与中远海运签署战略合作协议，共同成立"5G 智慧港口实验室"，2019 年 10 月，中国移动与振华重工、沃达丰和华为联合发布了《5G 智慧港口白皮书》；2020 年 8 月，中国移动成功举办 5G 智慧港航生态合作大会，发布 5G 智慧港航生态合作"千帆计划"，将推出 5G 智慧港口平台；再如 2019 年 5 月，中国联通与广东省新一代通信与网络创新研究院、华为技术有限公司等五家公司签署战略合作协议，共同成立大湾区 5G 港口创新中心，以推动 5G+ 智慧港口建设。因此，在实践中，包括运营商在内的 5G 运营企业，要坚持开放的姿态，创新合作模式，积极探索股权合作模式，联合合作伙伴共同开展智慧港口关键技术的攻关、应用和平台的打造，共同推动 5G+ 智慧港口的建设和发展。

（4）强化内部协同，推进专业化运营，更好地拓展 5G+ 智慧港口市场。专业化运营是拓展 5G 垂直行业市场的重要组织模式，目前包括电信运营商在内的 5G 运营企业都是通过专业化运营进行的，或成立专业部门或专业化公司或运营中心等。在实践中，一方面做好专业化运营，打造适应 5G+ 智慧港口的专业化队伍，提升适应 5G 行业发展的核心竞争力，以机制体制创新进一步激发勇拓市场的动力和活力；另一方面强化内部协同，中国移动拓展 5G+ 智慧港口市场形成了在集团政企公司统一指挥下，由省公司、产业研究院等协同推进的项目团队，共同面向市场、面向客户、面向合作伙伴，形成了强有力的战斗力。

（5）打造 5G 行业应用标杆，加大规模复制推广力度。中国移动联合华为为宁波舟山港打造 5G 智慧港口，中远海运、东风、中国移动联合为厦门远海码头打造的 5G 智慧港口，以及中国移动打造的上海洋山港 5G 智慧港口等案例都是 5G+ 智慧港口的成功实践，这些成功的案例带来了示范效应。根据中国移动发布的 5G 智慧港航生态合作"千帆计划"，在未来三年，要打造 10 个全球领先的 5G 智慧港航标杆，复制 100 个高质量 5G 智慧港口。我们希望在实践中，生态各方加强合作，形成合力，不断创新实践，在打造更多融入 5G 技术的可复制推广的 5G 一体化解决方案、打造更有效的 5G 与智慧港口业务系统相融合的应用平台、推进 5G 智慧港口商业模式创新以及积极探索多元化的收入模式等方面涌现出更多的成功案例，同时要加强宣传推广，让更多港口企业用上 5G、用好 5G。

（6）积极探索更持续、更有效、更多元的盈利模式。目前 5G+ 智慧港口处于起步阶段，受益最大的是通信设备制造商、港口重型机械设备制造商、终端企业以及港口企业，电信运营商由于投入大、收益少，对于电信运营商来说实现盈利模式创新更为重要，这关系到 5G 智慧港口的长远发展。拓展多元化收入来源，电信运营商不仅要在网络连接上做好，更为重要的是要为港口企业提供平台服务、应用服务以及整体化解决方案服务。产品的不断丰富必将拓展更多元的收入来源。这主要取决于运营商向综合智能服务提供商转型的力度，取决于重塑新型核心竞争力的成败。如运营商能联合合作伙伴为港口企业打造 5G 智慧港口平台，通过平台汇聚产业资源，实现平台增值，平台商业模式的成功必将为企业带来更多的盈利点，如平台开放变现、实现平台会员制收费等。

总之，5G+ 智慧港口建设是一项长期复杂的系统工程，规模商用还需要产业链各方深入合作，真正聚焦客户需求，重点从技术、商业、生态、政策等方面共同推动 5G 与智慧港口的深度融合，努力为港口企业提供 5G 整体化解决方案，助力港口企业数字化转型升级。

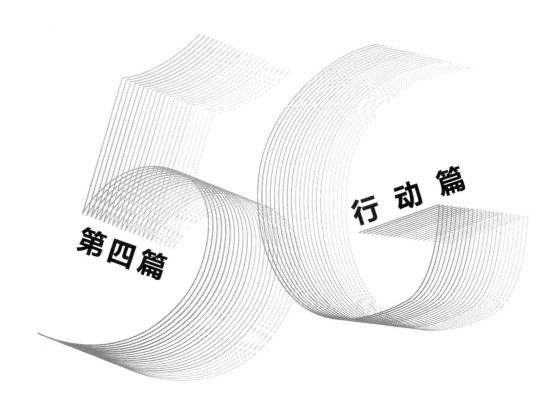

第四篇　行动篇

# 第 13 章
# 电信运营商 5G 发展在行动

当前我国社会经济正在加快数字化转型，经济结构不断优化，增长动力加速转换，电信行业正处于新的历史起点，新一轮科技和产业革命与新一代信息通信技术的融合创新，不断催生出新产业、新业态和新模式，以 5G、工业互联网、大数据中心等为代表的新型基础设施是第四次工业革命的关键基石，将为我们创造出新的发展机遇。

2019 年 6 月 6 日，工信部正式向中国电信、中国移动、中国联通、中国广电四家运营商颁发 5G 商用牌照，拉开了我国 5G 发展的序幕。本章重点介绍这四大运营商 5G 发展的情况。

## 中国电信，5G 发展在行动

中国电信公布的 2020 年年报显示，2020 年，中国电信经营收入达到 3 936 亿元，同比增长 4.7%，其中，通信服务收入达到 3 738 亿元，同比增长 4.5%，高于行业增速 0.9 个百分点，收入保持持续增长的态势。收入持续增长主要来源于新兴业务的快速发展，5G 发展发挥了重要作用。

5G 发展，网络是基础，服务是核心，应用是关键，技术创新是动力，生态是保障。中国电信作为网络强国、数字中国和智慧社会建设的"国家队""主力军"，5G 商用以来，中国电信以更好地服务社会经济发展为己任，积极践行新发展理念，深入贯彻落实国家关于加快 5G 发展的战略要求，遵循 5G 发展规律，坚持云改数转战略，与合作伙伴一起在 5G 网络建设、5G 应用创新、5G 生态合作等方面开展了大量的探索和实践，赋能千行百业，有力地助力经济社会高质量发展，促进社会数字化转型。

## 加快 5G 网络建设，高标准推进 5G SA 商用

5G 组网有 NSA 和 SA 两种模式，而面对行业用户高速率、低时延和广连接性等诸多应用场景，NSA 无法做到。在 5G 网络建设上，中国电信一直认为，SA 是 5G 创新的根本所在，始终坚持以 SA 为目标的 5G 发展策略。作为 5G SA 的先行者，早在 2018 上海世界移动大会上，中国电信就在全球运营商中率先发布《5G 技术白皮书》，明确提出优先选择 SA 方案组网。

2019 年 4 月，中国电信在 5G 模型网实现了业界首个基于 5G SA 的语音通话，有力推动了 5G SA 组网的业务能力成熟。2019 年 10 月 31 日，5G 正式商用时，中国电信在深圳率先开通 5G SA 网络。此外，中国电信牵头全球运营商制定了《5G SA 部署指南》，主导并完成 5G 超级上行等多项核心标准和关键技术，"三朵云（接入云、控制云和转发云）"的 5G 网络架构理念已经融入国际标准。

2020 年是 5G SA 商用部署的关键之年，中国电信全面启动针对 SA 独立组网的网络升级，推进 SA 独立组网规模商用。

2020 年 2 月，中国电信在业界率先完成了 5G SA 核心网商用设备整系统性能验证，同时完成 5G 端到端系统功能及异厂商互通测试，推动了 5G SA 设备在功能、性能和多厂家组网方面具备商用能力，为 5G SA 的规模部署奠定了坚实的基础。

在 SA 网络部署与运营中，中国电信基于"云网融合"的理念，以云原生化、三层解耦为目标，推进 5G 在基础设施、网元功能、业务应用、运营管理等全方位的云网融合，制定了基于云网融合架构和 IPv6 承载的 5G SA 部署方案，持续开展 5G SA 商用部署必备的 R16 增强功能、设备可靠性、维护管理功能、计费增强功能等验证测试，为 5G SA 的规模部署奠定了坚实的基础。如今，

中国电信在全球率先实现 5G SA 规模商用，中国电信 5G SA 无论是技术标准还是网络覆盖都走在行业前列。

2020 年，中国电信全面实施"云改数据"战略，加大 5G 投入，持续推进 5G 网络共建共享，率先实现 5G SA 规模商用。根据中国电信公布的 2020 年年报数据显示，2020 年 5G 投资达到 392 亿元，较 2019 年增长 3.21 倍。2019 年 12 月，广东联通和广东电信开通国内首个 5G SA 共建共享商用站点。在 SA 商用网建设上，中国电信与中国联通开展了 5G 网络共建共享，打造全球首个共建共享的 5G 精品网络，双方充分利用各自资源禀赋，实现了优势互补，降低了建设成本，提高了发展效能。2020 年 11 月，中国电信宣布 5G SA 网络规模商用，同时发布 5G SA 定制网。截至 2020 年底，中国电信累计开通 38 万个 5G 基站，5G 网络已覆盖全国 300 多个城市，建成全球最大的共建共享 5G 网络。2020 年在克服新冠疫情等不利的情况下，提前一个季度完成了全年 5G 建设目标，实现了全国地市以上的城市和主要城区 5G 网络基本覆盖。

## 坚持创新驱动，加快 5G 发展

5G 发展，应用是关键。中国电信紧紧把握 5G 发展的历史机遇，始终坚持以用户需求为导向，推进 5G 应用创新，不断满足社会不断增长的 5G 消费需求，不断增强人民群众的获得感、幸福感、安全感，真正体现"什么是 5G，用户说了算"。

面向 2C 市场，推出"套餐＋权益＋应用"产品体系。中国电信针对个人客户推出 5G 套餐，套餐起步价为 129 元，最高价 599 元，套餐内流量最高可达 300 G，套餐外流量 3 元 /GB。同时推出 5G 会员权益体系，用户可享受生态合作伙伴权益及网络权益。中国电信结合 5G 技术特点，发挥中国电信云网融合优势，针对用户对高带宽应用需求，为家庭客户提供千兆 5G、千兆光宽、千兆 Wi-Fi 等高速的三千兆家庭应用；为个人用户推出了云 VR/AR、5G 云游戏、超高清视频等 5G 大带宽数字娱乐产品，为用户带来更好的使用体验。自 2019 年 10 月 31 日 5G 商用以来，截至 2020 年 12 月，中国电信 5G 套餐用户达到 8 650 万。

# 第 13 章
## 电信运营商 5G 发展在行动

科技赋能，助力抗击疫情和复工复产。2020 年年初，为了支持和保障武汉抗击新冠疫情，中国电信在 36 小时内完成火神山、雷神山医院的信息化系统部署，快速完成 5G 基站建设，搭建起视频直播平台，实现了 24 小时不间断云直播，并发访问峰值超过 2 000 万，累计直播访问量超过 3 亿人次，被网友形象地称为史上最强"云监工"。各方共同开发的基于大数据的"行程卡、健康码"，通过短信、彩信推送疫情防控信息，保障了信息及时、透明发布；远程办公、视频会议、企业上云等产品与应用，有效地服务支撑了复工复产，增强了全社会战胜疫情的信心。

顺应产业互联网发展大势，中国电信大力拓展 5G2B 市场，推动产业数字化转型。中国电信聚焦客户需求，充分发挥"5G+ 云计算 + 边缘计算 +AI + 物联网"的融合技术优势，联合合作伙伴，重点聚焦工业互联网、医疗、能源、交通物流、教育等十大重点行业，努力为垂直行业客户提供"专网 + 终端 + 平台 + 应用"5G 整体化解决方案，远程控制、机器视觉、AGV 等 5G 垂直行业创新应用加速落地，有效推进传统行业数字化、网络化和智能化转型。截止 2020 年底，中国电信 5G 垂直行业应用累计签约近 1 900 家，落地场景超过 1 100 个。

例如，在智能电网领域，2020 年 7 月，中国电信联在青岛建成国内最大规模的 5G 智能电网，采用端到端 5G SA 网络建设，推出 5G+MEC 全自动多维动态切片解决方案，实现了基于 5G SA 切片的智能分布式配电、变电站作业监护及电网态势感知、5G 基站削峰填谷供电等新应用，有效提升电网运营效率。在装备制造领域，中国电信助力三一重工数字化转型，打造了 5G+ 设备数据采集分析、5G+ 机器视觉等一系列应用场景，大幅度提升了生产效率，实现了降本增效；与美的集团携手，打造了 5G+ 智慧工厂整体解决方案，创新引入 5G 超级上行和边缘计算能力，满足云化 PLC、机器人等对时延和可靠性的挑战；在医疗领域，中国电信与新华三合作，共同打造了 5G+ 远程医疗融合解决方案，这一方案以云网融合为底座，支持增强型移动带宽传输能力、低时延高品质连接能力、MEC 边缘计算等多种创新，能够为智慧医疗的发展提供诊断指导、远程操控、采集监测、医院管理等不同类型的服务。在能源领域，中国电信与神东煤炭集团合作，成功开通上湾煤矿井下 500 m 5G

网络，同时实现全国首个井下 5G+ 无人机智能巡检系统成功运转，无人机拍摄的井下高清图像不仅清晰，而且毫无延迟地实现了稳定的同步传输。5G 无人机成功下井，标志着 5G 技术在智慧矿井建设中取得了巨大突破性进展，同时加快了煤矿行业向安全、绿色、智能化转型。

为更好地拓展 5G2B 市场，中国电信于 2020 年 10 月对政企体制进行了调整和优化，将原政企客户事业部调整为政企信息服务事业群，并成立了卫健、应急、政法公安、农村农业、住建、居民服务、工业、教育、交通物流、要客服务等十大行业事业部，构建专业化、数字化、市场化的行业服务组织体系，进一步激发政企改革的动力和活力，加速推动行业应用落地、赋能行业转型发展。

面对不断增长的 5G 行业应用需求，中国电信以推动各行各业数字化转型为己任，以应用创新为引领，充分发挥中国电信云网融合优势，以成立 5G 产业创新联盟、5G 开放实验室、5G 联合创新中心为依托，携手产业链合作伙伴，在为客户提供个性化、场景化、智能化、综合化的 5G 行业解决方案上积极探索和实践，得到社会各界的广泛关注和认可，交出一份亮丽的成绩单。

## 加强生态合作，打造 5G 产业生态圈

一花独放不是春，百花齐放春满园。在产业互联网时代，企业之间的竞争已上升到企业生态系统之间的竞争。如今，加强生态合作、打造产业生态已经成为众多企业的重要战略选择。我国要成为 5G 大国、5G 强国，必须坚持走以生态建设推动 5G 产业繁荣的道路。近年来，中国电信实施 5G 生态战略，积极联合产业合作伙伴，在网络、平台、终端和应用服务等多方面开展产业合作，打通产业链上下游，形成良性的 5G 产业生态圈，正营造产业链齐头并进的良好态势。

构建了"1+1+1"生态联动发展模式，朋友圈不断发展壮大。2019 年 9 月 18 日，中国电信成立了 5G 产业创新联盟，一年多来，形成了"1+1+1"的总体发展思路，就是坚持以 5G 产业创新联盟为核心，以 5G 开放实验室和 5G 联合创新中心为创新平台的联动发展模式。在生态各方共同努力下，截至

2020 年 12 月，中国电信 5G 产业创新联盟成员超过 200 家，生态合作伙伴近千家，推动了多个 5G 与各行业融合创新的项目实施落地。中国电信 5G 产业联盟社会影响力不断提升，联盟在联合合作伙伴共抗疫情、打造 5G 产业生态、推进 5G 应用创新、推动开展联合研发等方面发挥了积极作用。

积极与行业头部企业开展战略合作，实现资源互换和优势互补，共同发展。战略合作主要是通过签署战略框架协议，发挥各方优势，履行各方义务，协同完成合作框架下的目标和任务，实现多方共赢。依托"云改数转"战略，中国电信赋能企业数字化转型的脚步正在加速。2020 年 7 月，中国电信与三一重工签署战略合作协议，根据协议，双方将在 5G+ 工业互联网领域开展深入合作。

2020 年 10 月，中国电信与美的开展战略合作，联合推动 5G 智能制造行业标准，联合华为制定了 5G 智慧工厂整体解决方案，旨在打造透明可视的 5G+ 工业互联网平台，实现全流程互联互通。2020 年 11 月 19 日，中国电信与中国石化签署战略合作协议。借助中国电信在 5G SA 独立组网、云网融合以及在工业互联网等方面的独特优势，为中国石化在 5G 建设、智能工厂、勘探开发、销售领域及海外信息化建设等方面，提供一体化解决方案，提升中国石化信息化建设水平，助力中国石化数字化转型和智能化战略转型升级。

2020 年 11 月 25 日，中国电信与科大讯飞签署战略合作协议，双方将充分发挥各自优势，在智慧家庭、智能客服、AI 平台和产业数字化拓展等领域开展长期战略合作，实现资源共享、互惠互赢；2020 年 12 月 18 日，中国电信与中国传媒大学签署战略合作协议，携手推进 5G 智能媒体应用、传播产业发展。同时，双方发挥各自资源优势，共同成立"5G 智能媒体传播与产业研究院"。中国电信通过与头部领先企业开展战略合作，旨在联合合作伙伴，更好地拓展 5G 垂直行业市场，打造 5G 产业生态。

创新合作模式，实现产业共赢。中国电信以打造价值共创、资源共享、互利共赢的 5G 产业生态圈为目标，积极探索多元化的合作模式，加快发展 5G 产业。目前，中国电信率先在全国建成"2+31+X+O"云网基础设施，在全国拥有 300 多个云节点，IDC 机架超过 42 万架，实现了网随云动、入云便捷、云间畅达的目标。积极与行业领先企业共同成立 5G 联合创新中心、5G 开放实验室，围绕技术、标准、终端、应用、解决方案等开展联合研发和重大攻关。目前，中国电信与三一重工等领先企业共合作成立了 54 家 5G 联合创新中心。面向合作伙伴开放云网、平台、研发能力、渠道、资本等资源，赋能千行百业，助力产业数字化转型；通过打造平台广聚合作伙伴，如中国电信打造的 5G 天翼云工业互联网平台为数千家中小企业提供平台对接服务；同时，中国电信成立产业基金和投资公司，打造"投资 + 孵化"的资本经营模式，旨在以资本为纽带进行生态布局和寻找新的业务增长点。

孤举者难起，众行者易趋。面对 5G2B 的巨大蓝海，中国电信深入贯彻以人民为中心的发展思想，积极践行新发展理念，坚持开放合作，强化科技创新，依托 5G 产业创新联盟携手合作伙伴，开展更全面、更深入、更开放、更紧密的合作，共建开放共赢的产业生态，共同推动 5G 产业的发展和繁荣，为建设网络强国、数字中国和智慧社会做出新的更大贡献。

# 中国移动，5G 发展在行动

中国移动作为网络强国建设的主力军，积极贯彻国家重要战略部署，把握 5G 发展战略机遇期，面对疫情，全面实施"5G+"计划，加快推动 5G 融入百业、服务大众，5G 发展在各方面取得积极进展。5G 在中国正式商用一年多来，中国移动积极推进 SA 规模商用，截至 2020 年 12 月，累计开通 39 万个 5G 基站，5G 商用城市超过 340 个，为全国所有地级市和部分重点县城提供 5G SA 服务。5G 套餐用户超过 1 亿，2020 年，中国移动 5G 套餐用户达到 1.65 亿户，成为全球 5G 网络覆盖和用户规模最大的电信运营商。同时，中国移动积极发挥"扁担效应"，加快推动信息通信技术与实体经济深度融合，加速 5G 应用创新落地，赋能千行百业，不断催生新产业、新业态、新模式，在引领我国经济社会发展的数字化转型、智能升级和融合创新中发挥重要作用。

## 战略先行，实施"5G+"计划

推动 5G 发展，战略是先导，网络是基础，融合是关键，合作是潮流，应用是根本。在 2019 年 6 月 6 日我国正式颁发 5G 商用牌照后不久，在

# 第13章
## 电信运营商 5G 发展在行动

2019 年 6 月 25 日上海 MWC 展上，中国移动正式对外发布实施"5G+"计划，这是中国移动 5G 发展的总体战略。"5G+"计划主要包括 5G+4G、5G+AICDE、5G+Ecology 和 5G+X 四个方面内容。

（1）推进 5G+4G 协同发展。大力推动 5G 和 4G 技术共享、资源共享、覆盖协同、业务协同，加快建设覆盖全国、技术先进、品质优良的 5G 精品网络。

（2）推进 5G+AICDE 融合创新。持续推动 5G 与人工智能、物联网、云计算、大数据、边缘计算等新兴信息技术深度融合、系统创新，打造以 5G 为中心的泛在智能基础设施，构建连接与智能融合服务能力、产业物联专网切片服务能力、一站式云网融合服务能力、安全可信的大数据服务能力、电信级边缘云服务能力，加速 5G 和 AICDE 各领域的相互融通、深度融合，更好地服务各行各业高质量发展。

（3）推进 5G+Ecology 生态共建。中国移动将全面构建资源共享、生态共生、互利共赢、融通发展的 5G 新生态。深入推进 5G 产业合作，携手共建 5G 终端先行者产业联盟、5G 产业数字化联盟、5G 多媒体创新联盟，创新推出 5G "BEST" 新商业计划。在 5G 产业数字化联盟方面，将推出百家伙伴优选计划、百亿资金腾飞计划、千场渠道推广计划、优惠资源享有计划，并设立产业基金，提供产业创新基本支持。

（4）推进 5G+X 应用延展。通过"5G+4G""5G+AICDE""5G+Ecology"来实现"5G+X"，加速推动 5G 在更广范围、更多领域的应用，实现更大的综合效益。面向各行各业，中国移动将推出"网络＋中台＋应用"5G 产品体系，打造 100 个 5G 示范应用，加速推动 5G 与各行各业深度融合。面向百姓大众，推出 5G 超高清视频、超高清 5G 快游戏、超高清视频彩铃等业务，更好地满足人们美好数字生活需要。

自 2019 年 6 月，我国 5G 正式商用以来，中国移动正是以"5G+"计划为行动纲领，在实践中不断丰富和发展"5G+"计划，如推动"五个升级"，即网络升级、平台升级、应用升级、模式升级和生态升级，使中国移动在 5G 发展中始终保持战略定力，深入推进 5G 网络建设、终端发展、应用创新、用户拓展，推动 5G 融入百业服务大众，助力经济高质量发展。

## 加快 5G 发展，加速应用创新和落地

中国移动作为我国信息通信领域的主力军，深入贯彻国家 5G 发展的战略要求，抓住 5G 等新技术的发展机遇，深入实施"5G+"计划，推动 5G 加快发展，在我国 5G 正式商用一周年之际，中国移动 5G 发展交出一份满意的答卷。

（1）推出自有品牌终端，推动 5G 终端发展。在 3G/4G 时代，中国移动就推出自有品牌手机和智慧家庭终端（如智能电视、家庭网关、魔盒和家投屏等）。终端是 5G 发展的重要载体，中国移动高度重视 5G 终端的发展。早在 2018 年 2 月，中国移动联合全球主要终端产业合作伙伴在巴塞罗那 GTI 产业峰会上宣布"5G 终端先行者计划"，旨在聚焦产业资源，快速推动 5G 终端产业发展和成熟。中国移动 5G 终端发展，一方面根据市场需求，加大终端自主研发创新力度，开发自有品牌终端，如 5G 手机先行者 X1、5G CPE 先行者 P1/P2、5G BOX 先行者 O1 等；另一方面加强终端联合研发。2019 年 11 月，中国移动在全球合作伙伴大会期间发布了"5G+终端智赢计划"，2020 年 5 月，中国移动正式启动 5G 行业终端扬帆计划，联合终端合作伙伴，共同打造 5G 终端产业生态，重点推动 5G 手机、智能家居、可穿戴设备、行业终端等多形态 5G 终端发展。截至 2020 年 12 月，中国移动联合合作伙伴推出 5G 终端 150 余款，在网 5G 终端数超过 9 000 万部。

（2）面向 5G2C 市场，促进信息消费体验升级。顺应用户信息消费需求变化，创新推广具有移动特色的 5G 应用，让广大用户在共享 5G 发展成果上拥有更多获得感。丰富业务权益，聚焦 4K 直播、在线音乐、VR/AR、旅游出行、电子商务等领域，打造优质头部权益"强磁场"，加强金融、合约、会员等权益合作和联合运营，规模推广"连接＋应用＋权益"融合产品。丰富产品形态，升级"5G+ 极光宽带"双千兆产品，深化大屏运营，推广和家亲、AI 交互、家庭云等智能应用，打造智慧安防、家中看护、环境监测等一体化解决方案。丰富商业模式，根据业务、服务、用户等不同属性，开放速率、时延、连接等 5G 网络差异化服务能力，提供分层分级的网络保障，促进创新应用的商业变现。

（3）面向 5G2B 市场，加速应用创新落地。中国移动以"5G+"计划为指引，加速 5G 与垂直行业的融合创新。聚焦智慧城市、智慧交通、工业互联网、智慧教育、智慧医疗等重点领域，持续推进"网 + 云 +DICT"信息服务；开展"超越在 5G"行动，推进 5G 行业应用示范和能力建设，打造了超过 100 个集团级龙头示范项目，拓展了 2 340 个省级区域特色项目，在 15 个细分行业推广渐成声势。根据垂直行业客户超低时延控制、高清视频回传、数据不出场、安全隔离等网络需求，中国移动推出 5G 专网的优享、专享、尊享三种模式，实现"灵活组网，按需定制"，满足了垂直行业客户多样化、定制化的需求，助力千行百业数字化转型。赋能产业融合，推动 5G 深度融入各行各业生产经营管理各环节，打造工业互联网平台、农业 AI 大脑，探索推进智慧工厂、智慧电网、智慧农田等建设，助力劳动密集型生产向无人化、少人化转型，涌现出很多成功案例。例如，中国移动联合全球货物吞吐量最大的宁波港打造首个 5G 港机远控的 5G+ 智慧港口，人力投入减少 75%；与全球第二大化纤企业新凤鸣联合打造 5G+ 智慧工厂，解决了行业公认的飘丝飘杂难题；与汽车厂商合作推出全球首款量产的 5G 乘用车和国内第一辆商用 5G 自动驾驶园区车；与知名医院合作，完成全国首例基于 5G 的远程脑外科人体手术；与电力企业合作打造 5G 智能电网和全国首个 5G 智慧电厂；针对教学质量提升、优质资源共享、校园智慧管理三大核心问题，推出了 5G 智慧校园综合解决方案；结合 5G 高精度定位技术，在湖北武汉打造长度 159 千米的全国最大城市级 5G 车路协同示范区……这些应用已经在实践中发挥了巨大效能，并且释放出更大的潜力。在 2020 年由工信部指导、中国信通院主办的第三届"绽放杯"5G 应用征集大赛中，中国移动共有 105 个项目获奖，占比约 60%，进一步彰显了中国移动在推进 5G 垂直行业应用落地上走在了行业前列。

## 加强 5G 产业生态建设，打造共创共享平台

5G 要发展好，必须靠整个产业共同协作，打造一个合作共赢的 5G 产业生态。打造 5G 产业生态也是中国移动全面实施"5G+"计划的重要内容。中国移动打造 5G 新生态，主要从以下几个方面系统推进：

（1）推进 5G 产业联盟建设。中国移动于 2018 年 12 月联合华为、阿里巴巴、海信等多家合作伙伴成立 5G 产业数字化联盟，同时鼓励省公司成立 5G 数字化产业联盟，目前超过 15 家省公司成立 5G 数字化产业联盟；同时，为更好地赋能产业，推动垂直行业数字化转型，中国移动纷纷成立重点领域 5G 产业联盟。目前中国移动已成立了 5G 工业互联网联盟、5G 商贸数字化联盟、5G 智慧教育合作联盟、5G 智慧矿山联盟、5G 行业终端联盟等 10 多个垂直领域联盟。如今，中国移动联盟合作伙伴超过 2 100 家，联盟在推进应用创新和落地、终端引领、标准制定等方面发挥了重要作用。

（2）与中国广电合作，推进 5G 共建共享。2020 年 5 月 20 日，中国移动与中国广电签署 5G 共建共享合作框架协议，开展 5G 共建共享以及内容、平台、渠道等多方面合作，共同探索产品运营等方面的模式创新，共同打造"网络 + 内容"生态，实现互利共赢。双方联合确定网络建设计划，按 1 : 1 比例共同投资建设 700 MHz 5G 无线网络，共同所有并有权使用 700 MHz 5G 无线网络资产。2021 年 1 月 26 日，中国移动与中国广电签署 5G 战略合作协议，正式启动 700MHz 5G 网络共建共享，这将进一步巩固中国移动 5G 的市场优势。

（3）成立 5G 联合创新中心和 5G 开放实验室，积极开展 5G 联合研发。为更好地推动 5G 技术、应用、终端等创新突破，中国移动牵头成立了全球 5G 联合创新中心，与领先企业和高校院所联合成立联合创新中心和开放实验室，目前已建成 25 个开放实验室。例如，2020 年 5 月 30 日，北京邮电大学与中国移动研究院联合创新中心正式成立，双方努力将联合创新中心建成国内顶尖的信息通信领域联合创新平台。再如，中国移动与中联重科成立 5G 联合创新中心湖南实验室，双方将组建团队，促进工程机械与 5G 通信技术的深度融合，实现 5G 在工程机械行业的创新应用。

（4）积极开展资本经营，推进"业务 + 资本"产融结合的发展新模式，助力 5G 生态圈建设。近几年来，中国移动围绕新媒体、新技术、金融科技、企业服务、云计算、智能终端、物联网、出行服务、信息安全等 TMT 相关领域开展战略投资等资本经营活动，先后投资小米集团、优刻得（UCloud）、世纪畅链、科大讯飞、青牛软件、联动优势、随锐科技、芒果超媒等公司，

2020 年以来，中国移动战略投资亚信科技，持股约占 20%，成为第二大股东；2020 年 4 月，中国移动牵头，联合太平洋保险、济南国际医学中心产业发展有限公司、浦东投控科创基金等 7 家公司共同成立联仁健康合资公司，共同拓展 5G+ 健康市场；2020 年 11 月，中国移动以 9 亿元战略入股华宇软件等。同时，中国移动打造"并购、参股、创投"三大投资平台，设立 300 亿元的产业基金，提供产业创新资本支持，推进 5G+ 资本的运营模式，探索 5G 发展的新业态、新模式、新产业，不断壮大 5G 生态圈。

同舟共济扬帆起，乘风破浪万里航。站在"十四五"新起点，中国移动在 2020 全球合作伙伴大会期间，联合通信设备、终端厂商、研发机构、垂直行业等产业合作伙伴共同启动"5G+ 绽放行动"，推进千亿产业拉动计划，开放十亿级用户市场，实施五百亿价值分享行动，并购参股规模未来 5 年达到千亿元，与全球合作伙伴一道，共拓数字蓝海，构建百花齐放 5G 产业新生态。

## 推进机制体制改革，不断激发组织活力

中国移动推进政企体制改革，形成 T 型结构和"1+3+3"的政企体系。T 型结构：集团、省地形成纵向一体化的政企体系。"1+3+3"中的"1"就是成立政企事业部，负责集团政企市场的统筹指挥、资源调度和整体协调。第一个"3"是三个非常重要的专业公司，即苏州研发中心、物联网公司及中国移动系统集成公司；第二个"3"是三个产业研究院，即上海产业研究院、成都产业研究院和雄安产业研究院，上海产业研究院负责工业制造、智慧交通、智慧金融等行业的 5G 技术、平台和产品的研发；成都产业研究院负责教育、医疗、农商等 5G 行业技术、平台和产品的研发；雄安产业研究院负责智慧城市等 5G 行业技术、平台和产品的研发。在实际面对客户、满足客户需求时，中国移动在集团公司政企事业部的统筹下，形成产业院、专业公司、省公司等单位分工明确、相互协同的运营机制，形成合力，从而进一步增强政企市场的研发、运营、支撑、销售和服务能力，为更好地拓展 5G2B 市场释放巨大的组织红利。

《十四五规划建议》指出"坚持创新在我国现代化建设全局中的核心地

位，把科技自立自强作为国家发展的战略支撑"。为切实贯彻落实国家创新驱动发展战略，中国移动根据创世界一流企业的战略要求，在 2020 年 11 月至 2021 年 1 月 3 个月时间里，中国移动分别在北京、广东、浙江、江苏成立了 4 家创新研究院：2020 年 11 月 13 日，中国移动携手清华大学在北京成立联合研究院，2020 年 11 月 20 日成立粤港澳大湾区创新研究院，2021 年 1 月 17 日成立中国移动浙江创新研究院；2021 年 1 月 19 日成立中国移动江苏创新研究院。很显然，这是中国移动面临新形势组织模式变革一次较大的动作，旨在进行科技创新体系的布局，增强企业科技创新能力，增加创新产品有效供给，继续保持在 5G 时代的行业领先地位。

深化机制改革，有效激发企业活力。中国移动建立了业绩导向、分类管理、重点突出的差异化薪酬机制，向 9 914 名管理骨干及核心人才授予约 3.06 亿股股票期权，建立健全利益共享、风险共担的中长期激励机制。设置政企业务专项激励，面向 5G 和 AICDE 等领域实施项目制及契约化人才"特区"激励。建立"十百千"技术专家体系，选聘首批 10 名集团级"首席专家"。

中国移动通过机制体制改革，进一步激发企业活力和员工动力，为中国移动更好地拓展 5G2B 市场提供坚强的组织保障。

展望未来，中国移动把握 5G 大发展和数字化转型的历史机遇，坚持稳中求进，按照创世界一流"力量大厦"的发展战略，以高质量发展为主线，以转型升级和改革创新为着力点，扎实推进"三融三力"落地落实，大力实施"5G+"计划，全面推动 5G 时代的数字化网络创新、产品创新、科技创新、生态创新，努力为经济社会发展贡献力量，为企业数字化转型创造更大的价值。

# 中国联通，5G 发展在行动

2020 年 9 月 22 日，中国联通提出了全新的品牌定位"创享有温度的智慧生活"，中国联通品牌标语焕新为"创新，与智慧同行"。可以看出，"创新""智慧"是中国联通面临 5G 时代新一轮发展的主题词，彰显了中国联通以品牌焕新为新的起点，用全新的姿态拥抱 5G 智慧未来。

从 2020 年中国联通财务业绩来看，中国联通经营发展持续向好，电信服务收入达到 2758 亿元，同比增长 4.3%，高于行业增速 0.7 个百分点，其中产业互联网业务收入增长迅速，2020 年，产业互联网收入达到 427 亿元，同比增长 30%，对收入增长的贡献率达到 86%。

产业互联网收入增长迅猛正是中国联通抓住国家加快 5G、工业互联网等新基建建设和疫情加速经济社会数字化、网络化、智能化转型的机遇，聚焦智慧城市、数字政府、智能医疗、工业互联网等关键领域，积极发挥资源禀赋优势，深度推进产业合作，加快 5G+ 垂直行业应用的培育和融合创新发展。如今，中国联通以 5G 发展为契机，不断推动企业转型升级，向更高的台阶迈进。

## 推进共建共享，加快 5G 网络建设

自 2019 年 6 月 5G 牌照发放以来，尤其是 2020 年以来，党中央多次强调要加快 5G 等新型基础设施建设，中国联通坚定落实网络强国、数字中国战略，践行新发展理念，扛起央企政治责任，坚持以 SA 独立组网为 5G 的目标架构，加快 5G 网络建设。

5G 网络建设投资巨大，共建共享是 5G 网络建设的重要选择。2019 年 9 月 9 日，与中国电信签署合作协议共同开展 5G 网络共建共享。可以说，共建共享是 5G 网络建设投资模式的最佳创新实践，也为全球 5G 网络建设提供了"中国方案"。

在共建共享模式下，中国联通 5G 网络建设加快推进，5G 网络实现了覆盖加倍、频率加倍，客户体验速率加倍的显著提升，在部分省市成功实现 2.1 GHz 频段软件升级 4G 基站为 5G 基站。同时，中国联通与中国电信在 4G 和其他资源领域扩大开展共建共享合作，促进资源利用效能进一步提升。值得一提的是，在江苏，江苏联通与江苏电信共同完成世界上跨度最大的斜拉公铁两用桥——沪苏通长江大桥 4G/5G 全覆盖。

在 5G 网络建设方面，2020 年，中国联通 5G 投资约 340 亿元，累计开通 5G 基站达到 38 万个，与中国电信合作建成全球首张规模最大的 5G 共建共享网络，历史上首次实现网络覆盖规模与主导运营商基本相当。如今，一

线城市及城市群核心城市已经实现市区、县城、重点乡镇的室外连续覆盖；重点城市实现主城区、发达县城的室外连续覆盖；其他城市实现核心城区、县城热点区域的室外连续覆盖。

同时，中国联通坚持以 5G SA 独立组网为目标架构，坚决打造技术领先的 5G 网络，积极推进 5G 网络的技术演进，部署全球首批 SA 网络，协同芯片、终端、设备厂家攻坚克难，推动 5G 产业链发展，实现 SA 商用。目前，全国 31 个省（区、市）已具备 SA 网络端到端商用基础能力，50 多个城市实现 SA 网络全覆盖。当前，中国联通已率先实现全球首批 SA 规模商用，5G 核心网实现 100%NFV 化，有效提升 5G 网络对用户和行业应用的支撑能力，赋能千行百业，助力全社会数字化转型。

中国联通正加速推进新基建建设，全力打造千兆 5G、千兆宽带、千兆 WiFi，夯实网络根基，凝聚增长新动能，全面步入三千兆的数字时代，全面满足用户通信网络需求。

## 赋能千行百业，加快 5G 应用创新

新冠疫情期间，以 5G 为代表的新一代信息通信技术在助力疫情防控和复工复产中发挥了重要作用。中国联通以央企的责任担当，充分利用 5G 网络的技术优势，在疫情防控和复工复产中不断丰富应用场景，激发经济发展新动能。5G+ 医疗云平台、5G+ 热成像人体测温方案、5G 巡检机器人、5G 直播背包等在抗击疫情中得到了广泛应用。全国两会期间，中国联通通过 5G 智慧传媒产品、5G+ 边缘云服务，以及 5G 大流量套餐"三位一体"的 5G 服务，保障通信畅通，协助各大新闻媒体进行两会报道，助力两会胜利召开。珠穆朗玛峰 5G+ 超高清 24 小时不间断直播，人们在家中即可"云"登珠穆朗玛峰，欣赏珠峰美景。

5G 为行业而生。中国联通更加注重 5G 与各行业融合应用的创新。中国联通打造"云、管、边、端、业"一体化服务能力，实现云网一体化服务，实现网络能力的开放，提供网络、平台、资源、渠道、服务、资本等六大赋能，助力行业数字化转型。根据行业市场碎片化、产品非标准化及大型政企的定制化网络需求特点，基于 5G+ 边缘计算 + 网络切片，中国联通为垂直行业客

户提供 5G 虚拟专网、混合专网和独立专网三款 5G 专网产品，为行业用户提供无线资源专属定制、网络时延超低保障、园区数据本地卸载、接口能力灵活开放等十项定制化服务。

为加速 5G 行业应用创新落地，中国联通 2019 年开展灯塔行动，发起成立了中国联通 5G 应用创新联盟，发布了领航者计划，重点聚焦工业互联网、能源、港口、智慧交通、智慧医疗、智慧教育、智慧旅游、安防等重点领域，打造 5G 典型示范标杆应用。目前，中国联通已与 300 余个灯塔客户签约合作，完成 200 余个项目落地实施，实现 100 余个项目商业转化，其中涌现出许多成功的应用案例，5G 技术与垂直行业的融合有效地促进了垂直行业企业提质降本增效，提升了客户体验。

在航空领域，中国联通与上海飞机制造有限公司合作，打造了超过 50 个 5G 工业互联网场景，应用 5G 技术进行复合材料表面缺陷检测，降低 95% 的人力成本。中国联通为山西焦煤庞庞塔煤矿部署了全球首个 5G 井下智能专网。建设 150 多个基站，覆盖井下 800 米深的 100 公里巷道，实现了井下环境的实时互联、生产控制和安全救援，将矿工从最危险的工作环境中解放出来，助力煤矿实现智能化、少人化、无人化。2020 年 3 月，中国联通在广东格力建成了国内首个基 5G 网络切片和 MEC 边缘云的专网，通过切片技术实现内部业务与公众业务的隔离，同时利用 MEC 实现业务数据不出厂区，保护数据安全。近年来，中国联通与三一重工开展战略合作，基于 5G SA 独立组网，为三一重工打造了"专建、专维、专用、专享"的 5G 专网，双方携手打造了 5G 高清视频采集、工厂物流 AGV 运输、工业相机 AI 分拣抓取质检、园区安防巡检机器人、PLC 数据采集、工业机械臂控制等 5G 场景化应用，助力三一重工打造柔性制造工厂。

作为 2022 年北京冬奥会唯一官方通信服务合作伙，中国联通致力于通过先进的网络技术和智慧的保障能力，助力打造一届智慧冬奥。中国联通正以 5G 创新技术为主导打造一系列智慧应用，在高速率、低延时、大连接的 5G 网络保障下，借助 AR/VR、人工智能、边缘计算等技术，为冬奥打造智慧应用平台，提供 360 度全景直播、VR 沉浸式体验、智慧场馆、赛场医疗、机器人裁判等智慧应用，通过 5G 技术赋能智慧冬奥。

在垂直行业领域，中国联通 5G 应用呈现百花齐放之势。联通"5G+AR 云""5G 文物修复助手""5G+AI 移动执法系统"已应用于文化旅游行业；"5G+ 智能感知 + 车路协同""5G+ 人脸识别 + 智慧航显""5G+ 云仓 + 自动化设备"已应用于交通物流领域；联通 5G、大数据、云计算等技术助力医疗创新应用，赋能远程会诊、院前急救、远程示教等场景；中国联通以 5G 专网 +MEC 模式实现远程互动、虚拟现实教学、校园智能管理等应用，构筑了一体化的智慧校园……

万物智联时代初显峥嵘，千帆竟发唯勇进者胜。面对 5G 发展带来的新机遇，中国联通将持续赋能 5G 行业应用与发展，推动产业数字化的发展，以产业数字化发展助力企业实现高质量发展。

## 引领未来，打造 5G 产业新生态

5G 时代，更加强调的是业务的生态布局与生态圈的打造。推动 5G 发展，离不开产业的合作。中国联通 5G 发展，始终坚持开放、合作、共赢，积极构建 5G 发展新生态，致力于成为 5G 时代数字经济的赋能者和使能者。

（1）成立 5G 产业联盟，以联盟推进 5G 创新发展。2019 年 4 月 23 日，中国联通在上海宣布成立 5G 应用创新联盟，并启动 5G 领航者计划。5G 应用创新联盟将汇聚产业生态优势资源，领航 5G 应用快速发展。经过近两年的发展，联盟共吸纳优秀会员企业超过 1 000 家，成员遍布产业链上中下游十多个行业，在 10 多个重点行业打造了超过 200 个 5G 灯塔示范项目。如中国联通携手产业合作伙伴为雅戈尔打造了宁波市第一家 5G 智能制衣工厂。此外，2020 年 3 月，中国联通与芯片商、引擎商、XR 终端商、XR 应用内容商等 21 家合作伙伴成立了专业化联盟——中国联通 5G XR 终端生态联盟，聚合各方力量在标准规范、联合运营、创新研发、平台孵化、行业探索等方面开展合作，共同推动 5G 终端产业向专业化领域纵深发展。

（2）与合作伙伴共建 5G 联合创新中心、联合实验室、终端创新中心，推进技术创新、应用创新和终端开发。截至 2020 年上半年，中国联通在工业互联网、医疗、AR/VR、媒体等 10 多个行业成立了超过 100 个联合实验室，如在上海成立了 5G 文旅创新联合实验室、5G+VR 创新实验室和中国联通

5G+AI 实验室；中国联通与 40 多家终端产业链合作伙伴共建 5G 终端创新联合研发中心、联合实验室、终端应用创新中心等研发机构，如中国联通与联想中国合作成立了 5G 终端创新联合研发中心，共同推进 5G 终端及应用创新，并取得明显成效。如中国联通携手合作伙伴共同开发的 5G CPE、5G MiFi 等数据类终端产品、全球首款 5G+eSIM 模组及全球首款千元 5G 终端——中国联通 5G CPE VN007。

（3）积极开展资本经营活动，一方面通过跨界拓展更大的 5G 市场，另一方面发展壮大 5G 生态圈。例如，2019 年 8 月，中国联通与金蝶集团合资成立工业互联网平台公司"云镝智慧"，"云镝智慧"将发挥联通与金蝶的优势资源，专注于工业互联网平台研发与运营，通过互联网与传统产业深度融合，助力中国制造业加速向数字化、网络化、智能化方向延伸拓展，加速中国制造高质量发展。2020 年 5 月，中国联通携手网龙网络控股有限公司、国家数字化学习工程技术研究中心和教育大数据应用技术国家工程实验室共同成立云启智慧科技有限公司，共同拓展 5G+ 教育市场；中国联通与新奥特、广科院及歌华有线合作成立云转播科技公司，赋能智慧冬奥。此外，为了推动 5G 应用创新发展，中国联通还成立 5G 创新基金，首期拿出 100 亿元和行业共同合作，推动 5G 产业发展。

面对 5G 发展新契机，作为数字基础设施建设者、垂直行业赋能者、商业模式探索者和生态建设驱动者，中国联通积极贯彻落实国家 5G 发展战略，坚持聚集信息化创新战略，以推动社会数字化转型、繁荣 5G 产业为己任，加强产业合作，持续推进应用创新、终端创新和技术创新，持续赋能 5G 行业应用与发展，推动数字经济的发展，为建设网络强国、数字中国和智慧社会贡献更大的价值。

# 中国广电，5G 发展在行动

2019 年 6 月 6 日，工信部向中国电信、中国移动、中国联通、中国广电发放 5G 商用牌照，中国广电正式成为我国 5G 第四大运营商。中国广电是中央大型文化企业，是负责全国有线电视网络整合发展、广电移动网的建设运营主体，是全国有线电视网络整合发展的主体和全国有线电视网络互联互通平台建设运营的主体。

我国 5G 牌照发放以来，中国移动、中国电信、中国联通三大运营商 5G 建设如火如荼。截至 2020 年 9 月，三家电信运营商提前完成了 2020 年 60 万 5G 基站的建设目标，生态建设、垂直行业应用拓展不断向纵深发展，作为拥有 5G 牌照的中国广电，其 5G 运营进展、发展策略值得关注。本章根据公开媒体信息，对中国广电 5G 运营情况进行了梳理。

## 中国广电网络股份有限公司正式成立

长期以来，广电行业是"网台分离"区域化运营、"一省一网"网络分散，这种状况无法发挥广电全网优势，更不能适应 5G 市场竞争。因此，"实现全国一网"和推动广电 5G 融合发展是中国广电发展的重要目标。早在 2016 年 12 月中共中央宣传部、财政部、国家新闻出版广电总局印发的《关于加快推进全国有线电视网络整合发展的意见》提出，到"十三五"末期，基本完成有线电视网络整合，实现全国"一张网"。2019 年 3 月，中国广播电视网络有限公司、中信集团、阿里巴巴签署战略合作协议，共同推动广电网络整合，标志着全国广电一网整合又迈出坚实一步。2019 年 8 月，广电总局在印发的《关于推动广播电视和网络视听产业高质量发展的意见》中提出，加快建设广电 5G 网络，建立全国有线电视网络统一运营体系，加快实现全国"一张网"，与广电 5G 网络建设一体化推进。2020 年 1 月广电总局印发的《关于加强广播电视公共服务体系建设的指导意见》指出"坚持移动优先，一体推动有线电视网络整合与广电 5G 发展"。2020 年 2 月 25 日，中宣部等九部委联合印发的《全国有线电视网络整合发展实施方案》提出，加快推动全国有线电视网络整合发展和互联互通，加快有线电视网络升级，形成中国广电主导、按现代企业制度管理的"全国一网"股份公司，推动全国有线电视网络整合和广电 5G 融合发展。2020 年 11 月，广电总局印发的《关于加快推进广播电视媒体深度融合发展的意见》指出：深入实施智慧广电战略，打造智慧广电媒体，加快广电新基建和 5G 应用，打造广电 5G 应用平台，建设智慧广电数据中心，一体化推动广电 5G 网络建设和全国一网整合。

2020 年 3 月 2 日，国家广播电视总局召开了"贯彻落实《全国有线电视网络整合发展实施方案》电视电话会议"，加快全国有线电视网络的整合步伐。在政策、市场推动下，在国家广电总局统筹推进下，2020 年 10 月 12 日，中国广电网络股份有限公司正式在京揭牌成立，成为国内继中国移动、中国联通、中国电信之外的第四大运营商，注册资本达到 1 012 亿元，这是中国广电实施"智慧广电"战略的重要里程碑，标志着全国有线电视网络整合取得突破性进展。

中国广电由 47 家公司组建而成，中国广电持股 51%，引入了国家电网、阿里巴巴等战略投资者，通过引入混合所有制改革，有效优化了资金、业务、技术、人才等方面的资源配置，极大激发了企业内部活力和发展动力，提升了企业的创新力和市场的竞争力。

同时，中国广电拥有丰富的牌照和频谱资源，目前已拥有 5G 移动通信、国内通信基础实施服务、互联网国内数据传送等技术电信业务经营许可，在 5G 方面拥有 700 MHz 黄金频段和 4.9 GHz、3.3 GHz 等频段，并且与中国移动实现了共建共享，更为重要的是中国广电在文化视听领域具有绝对优势，在有线电视领域也有长期运营积累的用户资源。截至 2020 年年底，全国有线电视用户达到 2.1 亿户，数字电视用户达到 2.01 亿，高清有线电视用户突破 1 亿……。有线＋无线＋内容三方面融合的优势以及混改激发的企业活力必将为中国广电实施智慧广电战略、实现 5G 差异化发展奠定坚实的基础，助推中国广电 5G 发展行稳致远。

## 实施 5G 差异化战略

在 2020 年 8 月由 BIRTV 主办的 2020 中国广电 5G 大会上，中国广播电视网络有限公司副总经理曾庆军做了《中国广电 5G：新广电 新启程》的报告，介绍了中国广电未来 5G 发展规划。在中国广电网络股份有限公司成立大会上，中国广电网络股份有限公司董事长宋起柱作了《发展智慧广电网络，赋能美好视听生活》为主题的报告，在 2021 年 2 月上海举办的 MWC 展上，中国广电网络股份有限公司董事长宋起柱作了主题为《顺势而为，乘势而上，携手共创 5G 发展新篇章》的报告，全面阐述了中国广电 5G 发展战略和发展策略。根据中国广电对外公布的信息，中国广电 5G 发展策略基本清晰。概括起来，主要体现在以下几点。

（1）中国广电总体发展战略。企业使命和战略愿景是企业战略的重要内容。中国广电的企业使命是坚持中央大型文化企业定位，践行"建设现代传播体系，满足人民新需求，赋能数字中国建设"的使命担当。战略愿景是致力于建设具有全球竞争力的媒体、信息和科技融合的平台型企业。中国广电 5G 发展总体考虑是坚持以客户为中心的圆心战略，并实施 359 发展战略，为社会各行业赋能，推动广电 5G 高质量发展，更好地服务数字中国建设。

圆心战略就是坚持以用户体验和行业发展为圆心，即要以人民为中心，着力强化平台化思维，践行新发展理念，主动融入新发展格局。以用户为中心，以市场为导向，以快速响应服务、精准配置资源为目标，建设极简网络，搭建扁平化的极简组织架构。坚持统分结合、管服一体，最终实现公司管理扁平高效和市场服务的最短距离。

359 发展战略构想，主要是践行现代传播体系巩固和扩大宣传文化主阵地，满足人民新需求的使命担当，成为创新驱动、有市场活力的国家级新型基础设施提供商、领先的数字生活服务商和智慧广电网络的运营商。

"3"是指秉承融合、创新、开放三大发展理念，聚焦 5G、有线电视和媒体内容及创新业务三大板块，实现"三步走"战略。经过十年左右的努力，基本建成具有全球竞争力的媒体、信息和科技融合的平台型企业。

"5"是要提升 5 个能力，即提升创新驱动能力、业务发展牵引能力、资源配置主导能力、资源投资回报能力及组织管理的系统能力。

"9"是实施 9 大工程，主要包括 5G 共建共享工程、有线网络升级改造工程、内容创新工程、差异化市场战略、全新运营体系架构及业务中台、数据中台等建设。

（2）5G 发展差异化策略。中国广电作为通信行业的"新进入者"，充分发挥自身优势，坚持有线与无线协同发展，聚焦 5G、有线电视和视听内容及创新业务三大业务板块，实现差异化运营。

在网络建设方面，中国广电 5G 将坚定地践行全国有线电视网络整合与 5G 一体化发展策略，聚焦"网络 IP 化、平台 IT 化、终端智能化"，加快建设智慧广电网络,坚持 5G SA 独立组网方式,充分利用 700 MHz 具有广覆盖、低时延、穿透能力强等技术特点,结合 4.9 GHz+3.3 GHz,通过共建共享打造一张体验最佳的 5G 网络,赋能全国有线电视网络的转型升级,将广电 5G 网络打造成为"安全可信、绿色可靠"的新型融合媒体服务网和国家信息化基础新网络,力争到 2021 年年底基本实现广电 5G 的全国覆盖。

在业务发展上,中国广电聚合 5G 与广播电视整合优势,立足家庭,深耕视听,以 5G+ 大小屏的融合业务为核心抓手,推动有线无线、广播通信、大屏小屏协同发展,开展智慧广电应用,持续拓展个人、家庭和行业市场。重点聚焦 5G+ 智慧工厂、5G+ 智慧交通、5G+ 新媒体、5G+VR/AR、5G+ 能源、5G+ 电力等垂直行业,加大 5G 垂直行业市场拓展,加强产业合作,打造共建共享、合作多赢的 5G2B 生态体系。

在内容创新方面,聚合海量优质资源,做高新视听助力做好内容的聚合者;立足有线无线协同网络,做强内容的分发者,提升内容的传播质量;抓住"新基建"、科技文化融合、"智慧广电"等战略机遇,做新内容的提供者。

在运营方面,实行母子公司制架构,着力构架"全国一网"的统分运营平台,建成统一的运营管理体系,首先是集团牵引,统一规划、统一运营,其次是分省运营,然后以基地运营推广优秀的区域性业务,最后以点带面,规模孵化,向前沿科技和新型领域扩大和应用。

## 中国广电 5G 发展的主要进展

我们首先看一看中国广电近一年多来 5G 发展大事记,从中可以看出广电 5G 发展的现状和主要进展。

2019 年 6 月 6 日,工信部向中国广电颁发 5G 商用牌照;2019 年 12 月,中国广电获得 192 号段公众移动通信网网号;2020 年 1 月,原湖北省通信管理局局长、党组书记宋起柱接替赵景春,担任中国广电董事长;2020 年 1 月 3 日,工信部向中国广电颁发 4.9 GHz 频段 5G 试验频率使用许可,同意其在北京、上海等 16 个城市部署 5G 网络;2020 年 2 月,工信部分别向中国电信、中国联通、中国广电颁发无线电频率使用许可证,同意三家企业在全国范围共同使用 3 300 ～ 3 400 MHz 频段频率用于 5G 室内覆盖;2020 年 3 月

19 日，中国广电 700 MHz 频段 2×30/40 MHz 技术提案获采纳列入 5G 国际标准；2020 年 5 月 20 日，中国移动、中国广电签署 5G 共建共享合作框架协议；2020 年 10 月 12 日，中国广电网络股份有限公司正式揭牌成立。2021 年 1 月 8 日，中国广电召开 2021 年工作会议，会议提出要抢抓历史机遇，树牢平台思维，坚持"创新、融合、开放"和"以人民为中心"的发展理念，积极融入新发展格局，自觉担负推动媒体深度融合、建设智慧广电、赋能数字中国的时代重任；2021 年 1 月 26 日，中国广电与中国移动签署 5G 战略合作协议，正式启动 700MHz 5G 网络共建共享。

从上述中国广电发展大事记来看，中国广电 5G 发展具有独特的优势，正在全力加快广电 5G 网络建设，推进有线电视和 5G 融合发展，为我国 5G 市场发展注入了活力。

下面我们再从公开媒体掌握到的信息，看看中国广电网络、终端、应用、生态等方面的发展情况。

在网络建设上，加快广电 5G 网络建设，坚持 SA 独立组网策略，坚持采用 700 MHz+4.9 GHz 未来毫米波的组合。自 2019 年 6 月 6 日获得 5G 牌照后，中国广电确定在北京、上海、广州、深圳等 16 个城市开展 5G 试点，2020 年上半年完成 40 个大中城市的 5G 网络部署，2020 年下半年再完成 334 个地级市和主要旅游城市的 5G 网络部署。到 2021 年，广电计划将 5G 覆盖范围扩大到全国所有市、县、乡和重点行政村，逐步实现覆盖全国 95% 以上人口的目标。

在 2020 年疫情期间，在国家广电总局的指导下，中国广电第一时间响应国家号召，在 72 小时内完成湖北省和武汉雷神山 5G 建设方案设计、站点安装、调测与开通，在湖北抗疫期间为国家信息发布提供了 5G 网络，并已累计支撑直播国务院新闻发布会 10 场、湖北新闻发布会 114 场，成功探索台网深度融合之道。在抗击疫情关键时期，中国广电联合北京歌华有线、西安广电网络、贵州广电网络、湖北广电网络等单位及时在疫情严重和相关重点地区优先部署广电 5G，例如，2020 年 2 月，中国广电携手歌华有线实现北京小汤山医院广电 5G 覆盖；2020 年 2 月，中国广电在北京市门头沟龙泉小学建设 5G 在线实时教育平台，实现停课不停学。

2020 年 10 月，中国广电 15 000m² 云数据中心落户江西，目前，山东广电、广东广电、陕西广电、贵州广电、江苏有线、天威视讯、湖南广电、新疆广电等地方参与了数据中心的建设。

2020 年 5 月 17 日，中国广电联合北京歌华、浙江华数、东方明珠、广科院、规划院基于广电 5G+8K 技术实现北京、杭州、上海等三地联动直播，是首个应用 5G 中低频段 8K 超高清直播的案例，是中国广电强势发力超高清视频产业的重要成果展示。

在 5G 产业生态合作上，中国广电与中国移动开展合作，实现 5G 网络共建共享；各地方广电公司积极行动起来，与华为等公司开展 5G 战略合作，在重点技术领域开展联合攻关，加快推进 5G 应用创新和落地；中国广电积极与华为、中兴、联发科、高通、紫光展锐、新华三等国内外产业合作伙伴开展合作，推动 700 MHz 产业链健康发展。随着 700 MHz、4.9 GHz 的模组、5G 手机、CPE 终端、基站设备等终端市场逐步成熟，中国广电移动终端走向市场。截止到 2020 年 12 月，已有 58 款手机、10 款 CPE 及工业模组、3 款平板电脑和 1 款笔记本电脑支持 700 MHz 频段。

从上面中国广电 5G 发展的历程来看，中国广电从网络、终端、产业链、应用等方面有序推进，加快了 5G 商用步伐。我们知道，中国广电有线电视用户现在逐年下降，700 MHz 产业链还不够成熟，在网络、技术、市场拓展、人才等方面与三大电信运营商尚有较大差距。我们相信，随着中国广电全国一网和 5G 融合发展进一步推动，在产业链各方努力下，中国广电 5G 必将迎来更好更快的发展，真正打破通信市场中国移动、中国电信、中国联通三足鼎立的局面。

本章介绍了中国电信、中国移动、中国联通、中国广电 5G 发展情况，毫无疑问，我国四大 5G 运营商紧紧抓住 5G 发展的历史机遇，站在国家战略的高度，以加快 5G 网络建设为己任，更加强化应用创新、技术创新和商业模式创新，联合社会力量，努力打造多方共赢的 5G 商业生态。面对 5G 巨大商机，对于我国四大 5G 运营商来说，推动 5G 高质量发展、加快 5G 商业模式创新及向 5G 整体化解决方案提供商转变任重而道远。

第 14 章
努力将 5G 打造成企业
成长的第二曲线

在整个 5G 产业链中，电信运营商具有举足轻重的地位。5G 牌照发放后，我国电信运营商加速 5G 网络建设，进一步推进 5G 网络共建共享。截至 2020 年 9 月，我国就已经完成全年建设 60 万个 5G 基站的目标，2020 年我国 5G 基站累计达到 71.8 万个，5G SA 独立组网实现规模商用。5G 网络建设投资巨大，对于电信运营商来说，如何提高投资回报，关系企业未来发展，更关系我国 5G 产业的健康发展。

近几年来，电信运营商处于低速发展阶段，5G 时代的到来，为电信运营商创造新的商业模式、构建新的发展格局、推动企业向好发展创造了新的机遇，谁能把握好，找到可持续的发展路径，谁就能实现更可持续和更高质量的发展。

5G 开启了万物互联的新时代，面临 5G 带来的巨大蓝海，电信运营商 5G 要发展好，必须抢占先机，要对 5G 发展面临的确定性和不确定性要有前瞻性的把握和认识，一方面加大 5G 网络建设，另一方面积极推进 5G 融合应用和创新发展，聚焦工业互联网、物联网、车联网等领域，为更多的垂直行业赋能赋智，努力把 5G 培育成推动社会经济发展的新引擎、企业转型发展的新动能。事实上，商业模式的成功是判断 5G 成功与否的重要标准。因此，如何将 5G 打造成运营商第二增长曲线，以及如何面对未来不确定性，推动 5G 商业模式的成功已成为当下运营商最为重要的议题。可以说，5G 发展是对电信运营商转型升级的一次全面检验，但有一点是必然的，就是在 5G 时代，电信运营商必须走出"管道化陷阱"，努力拓展更多的应用服务领域，打造 5G 开放平台，推进 5G 商业模式创新，做大做强 5G 产业生态。

5G 的高带宽、低时延、广连接、高可靠性开启了万物互联时代，从人与人之间的连接到物物互联，打开了全新的增量空间，带来了万亿元的市场规模。根据中国信息通信院预测，2020-2025 年，我国 5G 商用带动的信息消费规模将超过 8 万亿元，直接带动经济总产出达到 10.6 万亿元。根据毕马威测算，当前，5G 技术在主要垂直行业的全球市场潜在价值预计将达到 4.3 万亿美元。如今，我们迎来 5G 产业的最大风口，5G 正成为电信运营商扭转经营困境、推动企业转型升级的"第二曲线"。电信运营商如何打造 5G 第二曲线呢？

# 第二曲线的概念

第二曲线是由英国管理思想大师查尔斯·汉迪提出的。他指出：任何一条增长曲线都会滑过抛物线的顶点（增长的极限），持续增长的秘密是在第一条曲线消失之前开始一条新的 S 曲线，而这条新的 S 曲线就是第二曲线（见图 14-1）。在第一曲线和第二曲线之间有个间隙，就代表了"非连续性"，能否跨过这个非连续性，决定了一个企业的生死存亡。在第一曲线达到极限点时，开始需要突破点，即第二曲线破局点，通过非连续性创新，达到第二曲线，企业才能实现跃迁式发展。

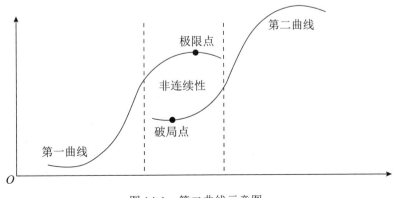

图 14-1  第二曲线示意图

查尔斯·汉迪在阐述他的"第二曲线理论"时说道:"当你知道你该走向何处时,你往往已经没有机会走了。或者,更严重的是,如果你一直沿原来的路走下去,你将失去通向未来的道路。"

第二曲线理论为企业管理者带来很多有价值的思考和启示。企业为了避免因原来主导业务的衰落而衰落,必须不断创新,居安思危,不断寻找新的第二曲线,努力将第二曲线打造成企业面向未来的主导业务。在拓展第二曲线过程中,要忘记过往的成就和优势,精心选择、培育市场、扬长避短是取得成功的有效策略。

第二曲线成功的案例有很多,如华为、阿里、谷歌、微软、苹果等,它们的成功无不是因为抓住了每一次时代浪潮,进行面向未来的布局,构建企业的第二曲线。如在比尔·盖茨和鲍尔默执掌微软时,一切均以 Windows 为核心,Windows 代表了微软。2014 年 2 月萨提亚·纳德拉出任微软 CEO 时,微软处于疲软状态,市值大幅缩水,全球 PC 销售量一路下滑,智能手机呈现爆发式增长,其标志着 Windows 时代的结束。临危受命的萨提亚·纳德拉做了三件事:①果断砍掉互联网业务,开辟新战场;②确定了"云为先,移动为先"的战略。如今,微软云计算业务全球第二,仅次于亚马逊云服务 AWS;③对微软组织和文化进行再造,鼓励创新,去官僚化、去行政化,激发员工士气,让组织焕发新的生机和活力。再看看华为,华为原来是做 2B 业务的,2B 业务做到了世界第一,但增长会越来越困难。华为取得今天的成就,就是因为华为成立了消费者事业部,主打华为手机,如今消费者业务收入占华为营收的比例超过 50%,2019 年,华为消费者业务收入达到 4 673 亿元,消费者业务收入占比达到 54.4%。2020 年,华为在逆境中站稳了脚跟,全年消费者业务收入达到 4 829 亿元,消费者业务收入占比达到 54.2%,消费者业务保持稳健发展。

企业持续发展、基业长青的过程,实际上就是不断探索第二曲线的过程。只有第二曲线取得成功才能真正促进企业持续增长。而如何发现企业的第二曲线和推动第二曲线走向成功则考验着企业家的智慧。

# 电信运营商拓展第二曲线的探索与实践

我国电信市场引入竞争机制始于 1994 年 7 月 19 日中国联通成立，真正推动我国电信业"打破垄断、引入竞争"是 2000 年 4 月中国移动成立。从我国电信市场引入竞争至今，主要经历了电话大发展时代、互联网经济时代、移动互联网时代及正在进入的 5G 智联时代四个时期。

由于长期压抑的通信需求得到释放，我国固定电话和移动电话得到蓬勃发展，在电话大发展时代，运营商获得了很好的发展，收入保持两位数增长，运营商收入增长率一度超过 20%，甚至更高。我们进一步分析看到（见图 14-2），在 2006—2007 年我国固定电话增长达到顶点前，移动电话、宽带接入进入快速成长期，使运营商顺利由固定电话第一曲线向移动电话第二曲线和宽带接入第三曲线演进，从而使运营商保持了持续的增长，其间中国电信发展的小灵通同样深受用户欢迎，在这段时间，我国三大运营商可以说共享了移动大发展、宽带大发展的红利，呈现蓬勃发展之势。

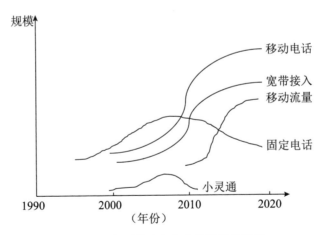

图 14-2　主要基础电信业务增长曲线图

2009 年 1 月 3G 牌照的发放，标志着移动互联网时代的来临。3G 时代，带宽大大提高，理论最高速度达到 100 Mb，随着智能手机的发展、普及和移动互联网应用市场的繁荣，3G 用户得到快速发展，2013 年我国 3G 用户突破 4 亿户，运营商流量经营发展迅猛，流量经营是 3G 时代运营商主流模式，流量经营成为拉动运营商收入增长的重要动力，这一时期，运营商收入仍保持较高增长。2013 年中国电信、中国联通、中国移动收入增长率分别达到13.6%、18.5% 和 8.3%。

这一时期，运营商为避免管道化风险，面向未来，加快转型，谋划布局，积极进入移动互联网应用服务、ICT、物联网、智慧家庭等新兴业务领域，以抓住移动互联网机遇，积极拓展企业的第二曲线、第三曲线、第四曲线和第 N 曲线，在拓展新兴业务上积极探索，如成立专业化公司、成立孵化基地、推进混合所有制改革等。电信运营商对未来转型发展充满信心，在 3G 发展近 5 年的时间，工信部于 2013 年 12 月 4 日正式向三大运营商颁发 4G 牌照，迎来 4G 时代。

4G 时代，运营商最大的成效就是 4G 用户规模发展和流量经营。用了 4 年时间，我国 4G 用户规模达到 10 亿，2020 年，我国 4G 用户达到 12.89 亿。无限流量套餐深受用户欢迎，流量呈现迅猛发展之势，移动流量收入成为拉动企业收入增长的第一动力。如今，无限量套餐逐步普及，流量增速持续回落，流量经营红利逐步消失。

4G 时代，社交、按需服务、视频分享类应用呈现爆发式增长，涌现出一大批高速增长的科技企业，如滴滴出行、蚂蚁金服、字节跳动、拼多多、美团等。然而，运营商在拓展移动互联网、物联网、智慧家庭、ICT 等新兴业务领域，虽然在商业模式上积极探索实践，成立专业化公司、推进平台经营、打造商业生态，但真正打造出市场叫得响、有规模、处于行业领先的新兴业务较少，新兴业务发展并不理想，如物联网收入与连接数发展严重不匹配，可以说，运营商错过了移动互联网大发展这一机遇。

可以看出，4G 时代，运营商收入增长依然靠连接和流量增长拉动，正因为传统基础电信业务日趋饱和、连接低值化和流量红利见顶，导致这一阶段运营商持续增长面临困境（见图 14-3），从图 14-3 我们看出，自 2013 年以来，我国电信运营商经营收入总体保持低速增长，从两位数增长进入个位数增长时代，尤其是 2019 年出现负增长。2019 年上半年，中国电信、中国移动、中国联通营收分别增长 -1.3%、-0.6% 和 -2.8%，2019 年中国电信和中国联通仍然负增长，分别为 -0.4% 和 -0.1%，中国移动小幅反弹，收入增长由负转正，达到1.2%。运营商经营收入增长持续下滑和出现负增长，这是在运营商面临一波接一波市场机遇、不断拓展第二曲线的情况下出现的，充分说明运营商在实施"第二曲线战略"上出现了问题，问题不在确定拓展第二曲线的战略和方向上，问题根本是出在拓展第二曲线的运营上，就是企业运营管理、组织模式、激励机制、体制制度、企业文化等不适应第二曲线发展的要求。

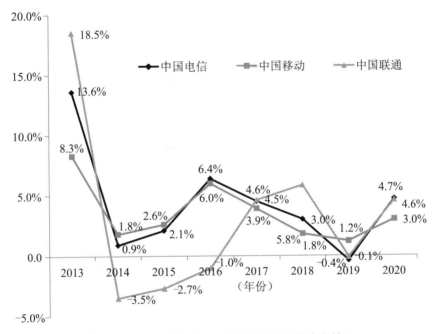

图14-3　2013年以来三大运营营收增长率变化情况

从图14-3我们清晰地看到，2020年，面对新冠疫情的冲击、经济社会数字化转型加速推进以及经济发展逐步好转的形势，三大运营商努力克服各种困难挑战，加快企业转型升级，牢牢把握5G大发展的机遇，积极开拓数字经济新蓝海，经营业绩实现V型反转。2020年，中国电信、中国移动、中国联通营收增长率分别达到4.7%、3.0%和4.6%，通信服务收入增长率分别达到4.5%、3.2%和4.3%。中国电信、中国联通从2019年的负增长到2020年实现高于行业增速的增长，中国移动则由2019年的1.2%提高到2020年的3%，实现稳健增长。2020年，我国三大运营商收入实现止跌回升，收入增长主要动力来自宽带、移动基础电信业务价值提升、新兴业务的快速增长和 5G 业务的蓬勃发展。可以说，5G 在推进企业转型发展中发挥了新引擎作用，正有望成为企业发展的第二曲线，但离真正成长为企业发展的第二曲线尚有差距。

# 5G 成长为第二曲线尚需努力

5G 时代的最大特征就是 5G 与 AI、云计算、大数据、IOT、区块链等新技术同步发展，它们之间的融合将创造巨大的市场，成为推动社会进步、经济转型的新引擎。

如今，我们正迎来 5G 产业发展的新风口，运营商对 5G 未来的发展充满期待，寄希望抓住 5G 机遇尽快扭转经营困局。当前，5G 市场热度高，但要从热度变成实实在在的应用、真正成为运营商转型发展的第二曲线仍需要 2 ～ 3 年时间。

## 5G 资费相比 4G 偏高

就在 2019 年 10 月 31 日我国宣布 5G 正式商用的当天，我国三大运营商公布了 5G 套餐资费，和 4G 相比，5G 资费明显高出不少。从中国电信的 5G 资费标准来看，共分七档套餐，价格在 129 ～ 599 元不等。最低价是 129 元 / 月，包含 30 GB 全国流量和 500 分钟全国通话；其次是 169 元 / 月，包含 40 GB 全国流量和 800 分钟全国通话；再次是 199 元 / 月，包含 60 GB 全国流量和 1 000 分钟全国通话；再往上有 239 元 / 月、299 元 / 月和 399 元 / 月，最高的是 599 元 / 月，包含 300 GB 全国流量和 3 000 分钟全国通话。值得注意的是，5G 套餐并不是不限量套餐，超出部分每 GB 5 元，满 15 元后，按照每 GB 3 元计算。对于用户来说，要真正畅游 5G，价格还是比较高的。

很显然，电信运营商是采取撇脂定价策略，但我国 5G 资费与国际 5G 商用国家相比相对较低。韩国 SKT 推出的 5G 资费套餐的最低档价格约 325 元 / 月，但流量只有 8 G，最高 300 G 流量的价格约合人民币 700 多元；美国运营商 T-Mobile 的最低资费套餐为 481 元 / 月；德国电信不限流量 5G 资费套餐约 581 元 / 月。但相对人均收入来看，我国 5G 资费并不便宜，但和 4G 资费相比，5G 资费明显高出不少，超出了一般消费者的消费能力。

5G 资费偏高起初会吸引 5G 尝鲜族和赶潮流的用户，普通消费者感觉用 4G 足够了，对 5G 持观望态度，2020 年，我国 5G 套餐用户达到 3.22 亿，但很多 5G 套餐用户仍是 4G 用户，5G 套餐用户不能真实反映 5G 发展状况，这在一定程度上影响了 5G 发展的战略抉择。如果今后在提速降费的推动下，5G 资费降低必将加速 5G 的大规模发展和普及。

## 5G 内容和应用不够丰富

人们用 5G 不仅仅追求速度快，更希望物有所值，这关键取决于 5G 应用和内容的丰富性和良好的用户体验。5G 在个人市场应用主要是 AR/VR、云游戏、视频直播等。从目前 5G 应用和内容来看，处于起步阶段，应用不够丰富，发展相对滞后，缺乏典型杀手级的应用，而且用户戴着 AR/VR 设备玩游戏、看视频影响用户体验，这在一定程度上影响 5G 发展的进程。

## 5G 手机终端价格较高

截至 2020 年底，我国 5G 手机上市新机型累计达到 218 款，而且 1 000 ～ 2 000 元手机逐步增多。但对于 5G 用户来讲，中高档 5G 手机还是首选，但价格较高，一般要在 4 000 元左右，甚至更高，如华为 Mate40 Pro 5G 手机价格高达 6 499 元，苹果 iPhone 12 Pro Max 5G 手机价格超过 1 万元。对普通消费者购买 5G 手机也是一笔不小的支出，而且 4G 网络下的网速和带宽已足够满足用户的需求，目前消费者对 5G 技术没有核心的应用需求，这在很大程度上延缓了消费者使用 5G 的进程。

## 5G 网络建设是逐步推进的

5G 网络建设投资巨大，是 4G 的 2 倍以上，目前我国四大 5G 运营商正加快 5G 网络建设。截至 2020 年 12 月，我国 5G 基站累计达到 71.8 万个。当前，5G 网络建设主要集中在重点城市、重点区域和热点地区，5G 网络尚未达到广覆盖、深覆盖。很多面向广大消费者、2B2C 的应用以及在较广区域开展的行业应用仍然需要广覆盖的 5G 网络支持。因此，5G 网络要达到现在 4G

的覆盖水平，不可能一蹴而就，而需要分布建设，逐步到位。目前，受限于 5G 网络覆盖问题，这在一定程度上限制了用户使用 5G 的冲动。

## 5G 行业应用发展仍处于导入期

自 2019 年 6 月我国发放 5G 牌照以来，经过一年多时间，我国 5G 垂直行业应用从试验走向市场，正呈现蓬勃发展之势，但总体来看，我国 5G 发展仍处于导入期。受限于 5G 网络覆盖、垂直行业信息化程度参差不齐、个性化的 5G 行业应用解决方案难以大规模复制推广，以及 5G 商业模式仍处于探索之中等多种因素的影响，5G 在行业市场取得大规模应用和发展需要一个过程。

## 回收 5G 投资将是一个长期的过程

5G 网络建设投资巨大，任何企业投资都要追求效益，包括社会效益和经济效益。加快 5G 新型基础设施建设助力网络强国、数字中国、智慧社会建设，发展 5G 能有效推动数字经济发展，助力传统行业数字化转型，能更好地满足人民日益增长的美好生活需要，发展 5G 社会效益不言而喻。从投资 5G 经济效益来看，对于个人用户来说，5G 是 4G 的升级版，收入增量有限；对行业客户，行业市场是全新的增量市场，是未来发展 5G 的主要收入来源。由于 5G 发展尚处于导入期，5G 商业模式仍在探索，目前 5G 垂直行业市场发展主要靠政府推动，真正的 5G 垂直行业市场没有激发出来，5G 垂直行业市场能为运营商真正带来真金白银仍具有不确定性，而且运营商向一体化解决方案提供商转变也是一个渐进的过程，这决定了收回 5G 投资成本必将是一个长期的过程。

从我国三大电信运营商 2020 年度经营业绩来看，业务收入实现 V 型反转，其中 5G 在推动企业收入增长的作用逐步显现，如中国移动的 5G ARPU 较迁转前增长 5.9%，5G DOU 增长 23%，而且，5G 用户均为高端用户，但 5G 要真成为运营商转型发展的"第二曲线"还有很长的路要走。

# 如何将 5G 打造成运营商 "第二曲线"

大力发展 5G 是电信运营商履行社会责任、满足市场需求的重要战略。5G 发展是一项系统工程，包括网络建设、技术创新、商业模式、应用创新、生态系统建设、机制体制创新等诸多内容，5G 要真正发展成为推动企业持续发展的第二曲线，不仅需要电信运营商突破传统惯性思维，更为重要的是要遵循 5G 发展规律，坚持 5G 发展正确的战略定位，积极推进应用创新、技术创新和商业模式创新，打造合作共赢的 5G 产业生态，为 5G 发展创造良好的内部生长环境。

## 努力向打造以平台为核心的 5G 整体化解决方案方向转变

5G 要打造成为电信运营商 "第二曲线" 最终靠什么？答案不言自明，就是靠产品。提供什么样的 5G 产品决定运营商未来能走多远。我们知道，在 3G/4G 时代，运营商建好网络，但平台和应用没有发展好，好的平台和应用几乎都是由互联网公司提供的，电信运营商依然是靠连接和流量谋求发展，但增长之路越走越窄。5G 时代，运营商要吸取 3G/4G 时代的经验教训，一定要走出依靠连接的老路，我在本书阐述的一个重要观点就是运营商一定要抓住 5G 发展机遇，努力向 5G 一体化解决方案提供商转变。

向 5G 一体化解决方案提供商转变的基础依然是充分发挥电信运营商在 5G 产业链中的网络优势，加快推进 5G SA 独立组网建设，加快推进 5G 网络广覆盖和深覆盖，加快推进基于 MEC、网络切片的 5G 专网建设，满足客户对 5G 的网络需求。我认为电信运营商在做好连接的基础上，更为重要的是要实施平台战略，打造 5G 数字化平台，这是电信运营商向一体化解决方案提供商转变的核心。可以说，抓住了平台也就抓住了 5G 发展的 "牛鼻子"。

平台是一个多边市场，连接着网络、合作伙伴和最终用户，通过平台能充分发挥平台的杠杆作用，可以为电信运营商拓展更大的发展空间。平台建设一方面需要电信运营商发挥云网融合优势，打造数字化能力平台，实现能力封装，开放赋能，为社会提供数字化基础设施；另一方面更需要电信运营商面向 5G2C 和 5G2B 打造业务平台，尤其是面向 5G2B 市场打造与垂直行业客户核心流程相融合的综合业务平台，我们可以想象，如果电信运营商面向工业互联网打造的工业互联网平台能取得市场 TOP10 或 TOP5 这样的影响力，平台的成功无疑能为电信运营商拓展更多的想象空间，必将进一步拓宽更加多元化的盈利模式。

当然，打造面向广大消费者和垂直行业打造 5G 业务平台不是运营商的强项，但运营商必须集中力量实现突破，力出一孔。面向垂直行业，电信运营商核心能力、对行业知识的理解、运营经验不具有优势，但在实践中，电信运营商可以有效选择工业互联网、医疗、港口、能源、农业等重点行业为突破口，以明确向 5G 一体化解决方案提供商转变为目标，联合行业伙伴共同打造 5G 业务平台。同时，通过专业化运营，充分授权，实现重点领域重点突破，打造专业化运营的新标杆，我想电信运营商一定能在向一体化解决方案提供商转变中取得丰硕的成果。

## 打造基于核心能力的开放共赢的 5G 产业生态

近年来，我国电信运营商在打造 5G 产业生态方面积极探索，积极实践，成立各类创新联合体，如成立 5G 产业联盟、共建 5G 联合创新中心和 5G 开放实验室，与行业领先企业开展战略合作、积极开展战略投资等，取得了较好的成效。如何让生态战略更成功、如何使生态战略能更好地促进 5G 规模发展应是运营商关注的重点。

从目前 5G 垂直行业应用案例来看，以电信运营商牵头为主体，也从一个侧面说明电信运营商在 5G 产业链中的影响力和聚合力。因此，电信运营商要发挥整合者角色，打造更有竞争力的 5G 产业生态。电信运营商要在以下 3 个方面进行努力。

（1）重塑新型核心竞争力。目前运营商聚合合作伙伴的主要驱动力是电信运营商直接面向客户进行产品销售，以及具有网络连接无法替代的优势，但光有这两点要做整合者是不够的，还需要电信运营商重塑新型核心竞争力。在我国更加重视增强产业链、供应链自主可控的今天，提升科技创新能力最为紧迫。令人振奋的是，从 2020 年我国三大电信运营商召开的科技创新大会传递的信息来看，电信运营商更加重视科技创新和实现关键技术的自主掌控。例如，2020 年 11 月 2 日，中国电信召开科技创新大会，中国电信提出：加大科技创新投入，加快科技体制改革，激发科技人员活力，把中国电信打造成为关键核心技术自主掌控的科技型企业，进入国家科技创新企业第一阵营。除了提升自主创新能力外，要做好 5G 产业生态的整合者，还要努力提升跨界整合能力、跨行业知识运营能力和提供 5G 端到端解决方案能力，这需要通过专业化运营在实践中不断提升。

（2）打造成功的 5G 数字化平台，以平台汇聚产业链合作伙伴。平台和生态是一对孪生兄弟。这方面我这里不再多说，但有一点在这里还是强调一下，打造 5G 产业生态，通过打造有影响力的平台永不过时，而且越来越重要。

（3）做好价值分配，让合作伙伴跟着你"有饭吃"。这里举一个例子，目前电信运营商为垂直行业客户提供 5G 行业解决方案实行项目收费是一种普遍的收费模式，这是与垂直行业客户统谈的，这里面有技术服务费、终端和设备采购、网络连接费、项目集成费、平台建设费等，项目费由垂直行业客户与电信运营商签约按时付费，这时运营商为了合作的长期性，就要采取积极的价值分配政策，可探索联合投资建设、收益分成为导向的模式，让合作伙伴聚拢在你周围。所以说，采取积极的价值分配政策更有利于 5G 商业生态的发展和繁荣。

关于如何打造 5G 产业生态主要提三点，具体内容读者可参见第 5 章和第 7 章关于生态模式的介绍，这里不再赘述。

## 实现创新引领，推进 5G 应用试点示范

通过推进融合创新、成立 5G 创新主体、打造应用示范、举办创新大赛等手段，加强产业合作，实现创新引领，推进 5G 融合创新。

（1）推进融合创新。持续推动 5G 与人工智能、大数据、云计算、物联网等融合技术创新，加强 5G 技术和标准研发，开展跨领域、跨行业的资源对接、平台对接，加速 5G 融合创新成果的转化和推广。

（2）成立各类 5G 创新主体。鼓励企业更多地成立 5G 开放实验室、5G 研发中心、5G 创新研究院、5G 联合创新中心、5G 孵化平台、5G 示范园区、5G 运营中心，积极开展技术研发和攻关，推进行业应用创新和发展。

（3）打造应用示范。5G 产业链各方，要以工业互联网、远程医疗、教育、车联网、能源等行业为重点，努力打造 5G 垂直行业应用示范项目和标杆应用案例，探索 5G 商业模式，促进 5G 与垂直行业融合发展，培育和拓展 5G 行业市场，逐步由试点示范向规模推广迈进。

（4）举办创新大赛。搭建 5G 开放创新平台，联合合作伙伴和社会力量，举办 5G 应用创新大赛（如"绽放杯"5G 应用征集大赛），吸引社会各方积极参与 5G 的应用创新，促进 5G 产业合作和产业发展。

## 更加重视运营模式创新

实践中，要按照划小承包的要求，成立各类 5G 自主经营体，充分授权；坚持正确的考核导向，加大激励力度，创新股权激励、科技成果转化激励等多元化的激励机制，考核激励要向价值贡献大的战略业务单元和高端人才倾斜，集团公司对各类自主经营体坚持"重服务、少干预"，不断激发各类自主经营体的自主活力；建立有利于 5G 发展的制度，企业需要在资本、能力、人才等资源上加大 5G 的投入；要积极营造创新文化，建立一套鼓励创新、宽容失败的机制，积极引导员工立足岗位，勇于创新；树立正确的用人观，坚持以用为本，要用良好的激励机制、好的先进典型激发人、鼓舞人、留住人、吸引人，不断激发广大干部员工的创新激情。

## 打造 5G 高端专业人才队伍

重点在用好、吸引、培养各类 5G 专业化人才上下功夫。要引进和培养各类紧缺的 5G 人才，要择天下英才而用之。一方面通过筑巢引凤、创造良好的发展环境，做好 5G 高端人才引进，尤其是要引进高端技术人才、关键性人才、创新型人才以及熟悉垂直行业的专家型人才；另一方面做好内部人才激励培养。加大技术、研发、管理、网络、营销等各类人才的专业培训力度，要用好企业里的专家、科技人员、专业人员，培养和建立 5G 的技术专家、行业专家、产品专家、销售专家、解决方案专家等专家队伍，更好地满足垂直行业客户 5G 整体化解决方案需求；进一步完善市场化激励机制，激发员工的创新激情，为能做事、想做事、干成事的干部员工创造条件，为各类创新人才、专家人才施展才华提供更大空间、更广阔的舞台，促进各类人才快速成长。

5G 发展是对电信运营商转型升级的一次全面检验。如今，5G 商用的巨轮已经起航，对电信运营商来说，要吸取 3G/4G 时新兴业务发展不理想的经验教训，再不能错过 5G 时代，在加快 5G 发展的同时，更为重要的是要面向未来不断寻找新的第 $N$ 曲线。当前，电信运营商要以 5G 发展为契机，始终坚持以人民为中心的思想，突破传统惯性思维，做好布局，坚持"推应用、重创新、强优势、补短板、促转型"，全面推进。我们相信，我国电信运营商一定能创造 5G 发展的美好未来！

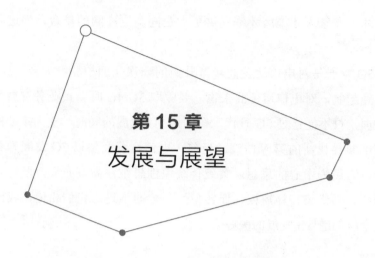

# 第 15 章
# 发展与展望

当前 5G 已成业界关注的焦点，产业各方纷纷布局。在 2020 年中国国际信息通信展、2020 年中国电信天翼智能生态博览会、2020 年中国移动全球合作伙伴大会、2020 年中国 5G+ 工业互联网大会，以及 2020 年世界 5G 大会等重大会展上，5G 创新应用成为最大的亮点，包括我国 5G 四大运营商在内的 5G 运营企业竞相展示 5G 在工业制造、车联网、智慧城市、医疗、教育等众多垂直领域的应用，与 2019 年相比较最大的变化就是 5G 应用创新已从试验走向现实，从标杆打造逐步走向规模推广。

2020 年三季度，我国 GDP 同比增长 4.9%，前三季度 GDP 同比增长 0.7%，实现由负转正，2020 年，我国国内生产总值首次突破 100 万亿元，较上年增长 2.3%。2020 年我国经济实现逆势增长，其中以 5G 为代表的新一轮信息通信技术为推动产业数字化转型发挥了不可替代的作用，成为推动我国经济社会发展的新引擎。统计数字显示，新冠疫情中数字化程度越高的企业受疫情影响越小。如今，在新基建和疫情防控的催化下，5G 加速与垂直行业的融合，5G 在各个行业得到广泛应用，正成为推动经济社会数字化转型的重要力量。

5G 具有高速率、低时延、广连接的特点，可以满足消费者对虚拟现实、超高清视频等更高网络体验的需求；5G 的发展能够有力推动各行各业数字化转型，加快智能制造、自动驾驶、智慧医疗等应用的落地，真正实现万物互联。与 3G/4G 相比，5G 对社会生产生活产生的影响更加深远。毫无疑问，5G 时代为运营商开启新一轮转型升级创造了无限的想象空间，5G 未来发展不能走 4G 注重流量经营的老路，而要坚持走商业模式创新之路，以模式创新推动 5G 高质量发展。

随着 5G 网络的部署和商用进程的加快，关于 5G 商业模式的探讨受到业界的普遍关注，如何让 5G 产业链各方在 5G 大发展中获得实实在在的真金白银，尤其是让承担 5G 网络建设重任的 5G 运营商获得新的盈利点是整个行业需要思考的问题。

根据 5G 商业模式七要素模型进行分析，决定 5G 商业模式成败的关键在于 4 个方面：一是能否创造和满足客户 5G 现实和潜在需求，提升客户价值。二是能否为广大消费者和垂直行业客户开发好用的 5G 数字化平台？三是 5G 产业生态圈是否健康？5G 产业链供应链是否自主可控？四是能否拓展更加多元化的盈利模式？如果这 4 个方面做得非常好了，5G 商业模式就会成功。这四方面做得怎样呢？下面进行简要分析。

从当前 5G 发展来看，第一方面，在产业链各方努力下，能够为行业用户提供场景化、个性化、智能化的 5G 产品和解决方案，在创造和满足客户需求方面正朝着向 5G 一体化解决方案模式迈进，这方面值得肯定，有目共睹。当然面向 5G2C 市场尚缺乏杀手级应用，在创造和满足客户应用需求方面尚有不足。

5G 运营企业拓展 5G 市场至关重要的是要开发满足客户 5G 应用需求的数字化平台，这越来越在行业达成广泛共识。目前，包括电信运营商在内的 5G 运营企业充分认识到打造 5G 数字化平台的重要性和紧迫性。在服务广大消费者、家庭和垂直行业客户过程中打造各类 5G 数字化平台，在工业互联网领域已涌现出海尔 COSMOPlat 工业互联网平台、航天云网 INDICS 工业互联网平台、华为 FusionPlant 工业互联网平台等成功的工业互联网平台。总体来看，在 5G 平台打造方面值得肯定，但面向 5G2C 市场的成功的应用平台还不多，面向 5G2B 市场在打造 5G 与垂直行业核心环节融合的数字化运营平台还处于起步阶段，满足不同行业需求的成功的 5G 业务支撑平台还处于探索阶段。打造面向 5G2C 和 5G2B 市场的有竞争力、有影响力的数字化平台任重而道远。

关于 5G 产业生态方面是否健康，是 5G 发展能否持续的核心所在。5G 产业链横向和纵向都比较长，涉及的产品和技术多且复杂，哪一个环节出现问题都将影响 5G 产业的发展。在当前形势下，5G 产业链供应链仍持续面临健康发展的不确定性。同时，国际资本市场持续震荡，未来预期不明确，将影响 5G 全球投资，世界经济遭遇重挫，新冠疫情仍在全球肆虐，全球需求市场萎缩，国际局势呈现出前所未有的复杂格局，这些必将影响全球 5G 产业链供应链的安全性和稳定性，我国 5G 产业链供应链稳定安全面临重大风险，等等，这给我国 5G 产业健康发展带来诸多不确定性。

当今世界正经历百年未有之大变局，新一轮科技革命和产业变革蓬勃兴起，我们要深刻认识 5G 产业发展面临复杂的国际环境带来的新挑战。基于 2020 年以来国际环境的变化，我国提出了"加快形成以国内大循环为主体、国内国际双循环相互促进的新发展格局"的"双循环"战略格局。2020 年 12 月中央经济工作会议强调指出，强化国家战略科技力量，增强产业链供应链自主可控能力，尽快解决一批"卡脖子"问题。

面对 5G 产业链受到美国打压的风险，打造 5G 产业生态的"双循环"、构建现代化产业链供应链体系关系到我国 5G 产业的未来发展，也是决定 5G 商业模式成败的不可忽视的因素。打造现代化产业链和供应链的核心就是提升 5G 关键技术领域的自主创新能力，这方面国家在政策上大力支持，更需要我国 5G 产业链各方协同努力，充分利用我国集中力量办大事的制度优势，努力攻克制约我国 5G 发展的"卡脖子"技术，补齐产业链短板，提高产业链供应链自主可控水平，从而更好地占领全球 5G 发展的制高点。

随着 5G 的加速发展，从 5G 产业链来看，得益最大的是设备制造商、芯片商、终端制造商，运营商肩负巨大的网络投资的压力，但 5G 盈利模式尚不清晰，投资回报面临压力。目前 5G 商业模式不清晰主要集中在这一点，就是没有找到多方共赢的盈利模式。其实这不是问题的本质。出现这一结果的主要原因主要有两点：一是当前我国 5G 发展仍处于导入期，5G 发展还处于起步阶段，没有得到规模推广，这符合一般新产品发展的规律，即发展初期投入大、收益少，一旦 5G 取得规模发展，就能为产业链各方带来持续增长的收入。因此，当前，最为重要而又紧迫的任务是产业链各方行动起来，做好 5G 市场的培育和推广工作，让更多的用户了解 5G、感知 5G 和使用 5G。二是 5G 产品和解决方案还有待进一步创新和发展。5G 路建好了，关键要看路上的车，光有路没有车是不行的。5G 技术的应用能带来新的应用场景，也为 5G 应用创新带来更多的可能性。5G 要发展，要有好的商业模式，一定要在应用创新上下功夫。只有深入洞察客户需求，不断为客户提供丰富的产品和解决方案，形成多元化的盈利模式，才能事半功倍。因此，在当前和今后一段时间，5G 产业链各方要在为客户提供丰富的产品和应用上加强合作，推进应用创新，我想多方共赢的盈利模式一定会在实践中逐步形成。

综合本书提出的 5G 商业模式七要素模型，很多人会问"什么才是 5G 成功的商业模式"这一问题，这也是行业关注的问题，这里我简要作一回答，以为产业链各方更好地推进 5G 商业模式创新提供指引。

对于 5G 运营企业来说，要获得 5G 商业的成功，我们不能沿袭 3G/4G 时代的做法，而要顺应时代和技术的发展趋势，最关键的是要彻底改变顶层思维模式，改变传统商业模式下所形成的惯性思维，充分认识到 5G 对社会经济发展、数字化转型和产业变革的重要意义，以 5G+ 思维、互联网 + 思维等推进 5G 模式的创新与变革。5G 发展是对企业转型发展的一次全面的检验，我们必须作出改变，做时代的企业，打造柔性化、扁平化的组织，补上企业跨界融合的短板，不断提升企业的竞争力。

5G 商业模式要成功，也可以从改变游戏规则这方面考虑，因为改变游戏规则是 5G 商业模式创新的最高境界，也是众多企业追求的目标。打造 5G 新业态、新产业、新模式就是改变游戏规则的一种表现。随着 5G 与传统行业融合进程的加快，新业务、新模式、新产业不断涌现，未来 5G 发展空间、对行业的改变超乎想象。可以说，谁率先重新定义 5G 的新业态、新模式和新产业，谁就能在 5G 市场竞争中赢得主动、赢得未来。

5G 商业模式要成功，一个最为关键的变量就是 5G 技术一定要与物联网、人工智能、云计算、大数据、边缘计算等新技术有效结合起来，而不是 5G 单打独斗。只有这样，才能充分发挥技术的"乘数效应"，才能创造无限想象的空间，才能更好地促进传统产业转型升级，才能创造更多的新应用、新业态、新模式。

当然，改变 5G 市场游戏规则还要求 5G 运营企业在 5G 行业标准、关键技术等方面实现创新和突破。如华为的 5G 专利数量全球第一，在全球 5G 市场处于领先地位，为华为带来持续增长的收入来源。虽然近年来华为受到美国持续打压，对华为 5G 发展带来一定的影响，我想华为一定能挺过这最艰难的时刻，真正成为一家伟大的公司。

在 5G 新的商业环境下，任何企业的 5G 发展要取得成功，一方面不能盲目照搬照抄别人的做法，或走 3G/4G 时代的老路，而要基于自身的优劣势做好定位和长期规划，把关注的焦点放在明确企业在 5G 产业链中的位置和充当的角色，以做长长板为根本，提升 5G 产业链现代化水平，实现与企业资源相匹配的价值创新。

最后，根据 5G 商业模式七要素模型及目前我国 5G 发展现状，从战略、产品与客户、业务运营和盈利模式 4 个模块和 8 个指标（见表 15-1），对当前我国 5G 商业模式成熟度做出比较客观的评估。

表 15-1　我国 5G 商业模式成熟度综合评估

|  | 主 要 指 标 | 权　重 | 评 价 得 分 |
|---|---|---|---|
| 战略 | 战略定位正确性 | 0.1 | 80 |
| 产品与客户 | 5G 产品创新性和丰富性 | 0.15 | 60 |
| | 5G 数字化平台的影响力 | 0.15 | 60 |
| | 客户洞察的有效性 | 0.1 | 60 |
| 业务运营 | 生态建设的健康度 | 0.15 | 80 |
| | 新型核心竞争力的有效性 | 0.1 | 50 |
| | 专业化运营的有效性 | 0.1 | 70 |
| 盈利模式 | 盈利模式的有效性和多元性 | 0.15 | 50 |
| 综合评估得分 | | 1 | 63.5 |

从表 15-1 我们可以看出，目前我国 5G 商业模式成熟度综合得分为 63.5 分，刚好及格，但离打造成功的 5G 商业模式仍有差距。差距就是机会，差距就有未来。我们相信，在产业链各方的协同努力下，只要我们牢牢把握 5G 发展机遇，始终坚持以客户为导向，坚持以应用创新为引领，聚焦行业应用市场，加强产业合作，创新合作模式，锻造 5G 新型核心竞争力，持续推进 5G 专业化运营，不断激发组织活力和员工活力，打造运营高效、相互协同、

融通创新、多方共赢的 5G 产业生态，推动 5G 高质量发展，5G 一定能在推动我国经济高质量发展和企业数字化转型中发挥越来越重要的作用。

如今，5G 已上升为国家战略，5G 产业发展从商用起步到真正爆发是一个长期的过程受市场及国际环境的影响，未来 5G 发展仍具有不确定性。无论怎样，未来 2～3 年，将是我国 5G 商用发展的关键时期，我们期待随着 5G 商业模式的创新和发展，我国 5G 产业必将迎来更好更快的发展，中国 5G 必将在全球处于引领地位。